EU FI-LO À
"SUA MANEIRA"

Testemunho pessoal escrito por

Elizabeth Das

© 2011 Elizabeth Das Republicado em 2018 e 2023

Novo ISBN 978-1-961625-21-1 para um livro revisto I did it His Way

ISBN 978-1-961625-22-8. Eu fi-lo à Sua maneira. Ebook ou número ISBN digital

ISBN 978-1-961625-23-5. Eu fi-lo à Sua maneira. Número ISBN do livro áudio

Library of Congress Control Number: 2023946635

Todos os direitos reservados para audiolivros, livros eletrónicos e livros impressos. Nenhuma parte deste livro pode ser utilizada ou reproduzida por quaisquer meios, gráficos, electrónicos ou mecânicos, incluindo fotocópias, gravações, fitas ou por qualquer sistema de recuperação de armazenamento de informação, sem a autorização escrita do editor, exceto no caso de breves citações incluídas em artigos críticos e recensões. Devido à natureza dinâmica da Internet, quaisquer endereços ou ligações Web contidos neste livro podem ter sido alterados desde a publicação e podem já não ser válidos. Todas as pessoas representadas em imagens de stock fornecidas pela Think-stock são modelos e essas imagens são utilizadas apenas para fins ilustrativos. Algumas imagens de stock © Think-stock."
Excerto de: ELIZABETH DAS. "Eu fi-lo à Sua maneira".

"ESTE LIVRO está classificado como "A" no mundo cristão e religioso"

Republicado em 2018 e 2023

Contacto:nimmidas@gmail.com
nimmidas1952@gmail.com

Canal de YouTube "Dieta espiritual Diária Elizabeth Das"
https://waytoheavenministry.org
1. youtube.com/@dailyspiritualdietelizabet7777/videos

2. youtube.com/@newtestamentkjv9666/videos
Este livro está disponível em cinco línguas em brochura, livro eletrónico e áudio.

PREVISÃO

"Porque os meus pensamentos não são os vossos pensamentos, nem os vossos caminhos os meus caminhos, diz o Senhor. Porque, assim como os céus são mais altos do que a terra, assim são os meus caminhos mais altos do que os vossos caminhos, e os meus pensamentos mais altos do que os vossos pensamentos."
(Isaías 55:8-9)

Este livro é uma composição de memórias e pequenos testemunhos de Elizabeth Das, que se dedicou ao ministério de evangelizar e ensinar a Palavra do Senhor. Procurando "o Seu caminho" através da determinação e do poder da oração, Das levá-lo-á numa viagem pessoal através das suas próprias experiências de mudança de vida. Nascida e criada na Índia, Das adorava regularmente no altar da família. Não estava satisfeita com a religião, pois o seu coração dizia-lhe que Deus tinha de ser mais do que isso. Visitava frequentemente igrejas e juntava-se a organizações religiosas, mas nunca estava totalmente satisfeita.

Um dia, ela partiu para encontrar a verdade num país distante da sua terra natal, a Índia. A sua viagem começa em Ahmadabad, na Índia, onde ela tinha um profundo desejo de encontrar o Deus Único e Verdadeiro. Devido às liberdades existentes na América na altura e longe das culturas e tradições religiosas da sua terra natal, a Sra. Das viajou para a América com o objetivo de encontrar a verdade deste Deus Vivo. Não que não se possa encontrar Deus em qualquer outro lugar que não a América, porque Deus está presente e é omnipotente. No entanto, foi para aqui que o Senhor levou a Das, pois este livro explicará o caminho da sua salvação e do seu profundo amor pelo amante da sua alma.

„Pedi"*e dar-se-vos-á; buscai, e achareis; batei, e abrir-se-vos-á. Porque todo aquele que pede, recebe; e o que busca, encontra; e ao que bate, abrir-se-lhe-á." (Mateus 7:7-8)*

Conheço pessoalmente Das há cerca de 30 anos, quando ela entrou pela primeira vez numa pequena igreja que eu frequentava no Sul da Califórnia. O amor pela sua terra natal e pelo povo da Índia é um ministério sentido com urgência por Das, que tem um profundo desejo de ganhar almas de todas as culturas e origens para o Senhor.

"O fruto do justo é árvore de vida; e o que ganha almas é sábio.
(Provérbios 11:30)

Das trabalha ativamente na divulgação da Palavra de Deus a partir do seu escritório em casa, em Wylie, Texas. Pode visitar o seu website em www.gujubible.org ou waytoheavenministry.org onde pode obter estudos bíblicos traduzidos da língua inglesa para gujarati. Pode também encontrar locais de igrejas na Índia. Os pastores destas igrejas partilham o mesmo amor pela verdade que Das. Ela trabalha em rede com ministros da fé apostólica nos Estados Unidos e no estrangeiro com o objetivo de obter oradores convidados para as Conferências Anuais que se realizam na Índia. O ministério e o trabalho de Das na Índia são bem conhecidos. Incluem a criação de um Colégio Bíblico Apostólico pastoral na Índia, um orfanato e centros de dia. A partir da América, Das ajudou a estabelecer igrejas na Índia, onde muitos conheceram o Senhor Jesus Cristo. É uma mulher de grande fé, firme e infalível na oração. Estas realizações foram alcançadas enquanto dependia totalmente de Deus para tudo e enquanto vivia com uma deficiência. O seu escasso apoio financeiro é um testemunho da sua forte vontade e determinação, que é maior do que os seus meios. Das dirá com segurança: "Deus provê sempre e cuida de mim". Sim, de alguma forma Ele fá-lo e excede as suas necessidades em abundância!

Ocupada a fazer o trabalho do Senhor desde o amanhecer até ao anoitecer, Das está sempre pronta a rezar comigo ou com qualquer pessoa que precise de ajuda. Deus é sempre a resposta. Ela coloca-se no meio desse fosso, num instante de oração profunda, com autoridade e intercessão. Deus cuida de facto da Sra. Das porque ela tem amor à evangelização. Ela escuta a sua voz e não vai contra os "seus caminhos". A obediência é maior do que o sacrifício, a obediência com uma paixão para agradar a Deus.

Este é o momento certo para escrever este livro. Deus é o "Grande Estratega". Os Seus caminhos são perfeitos e meticulosos. As coisas e situações não acontecem antes do seu tempo determinado. Ore por orientação para ouvir a mente e sentir o coração de Deus através do

Espírito Santo. Este livro continuará a ser escrito no coração das vidas de homens e mulheres que ela tem influenciado através dos Seus caminhos.

Rose Reyes

O nome em inglês é I did it His Way.

O nome francês do livro é: Je l'ai fait à "sa manière"

O nome do livro em espanhol é "Lo hice a "a Su manera"

Gujarati name is me te temni rite karyu.... મેં તે તેમની રીતે કર્યું

O nome em hindi é Maine uske tarike se kiya...मैंने उसके तरीके से किया

Estes livros estão também disponíveis em plataformas áudio e Ebook.

Daily Spiritual Diet é uma leitura anual de Elizabeth Das disponível em inglês, gujarati e hindi. Ebook e livro em papel.

AGRADECIMENTOS

Expresso o meu mais profundo agradecimento à minha família e amigos, especialmente à minha mãe Esther Das. Ela é o maior exemplo de uma senhora cristã que me ajudou a desenvolver o meu ministério e que me apoia sempre em todas as direções que tomo.

Agradeço à minha amiga Rose o facto de me ter apoiado e ajudado a compor partes deste livro.

Gostaria também de agradecer à minha companheira de oração, a Irmã Veneda Ing, por se ter disponibilizado para mim a toda a hora; mas agradeço-lhe sobretudo pelas suas fervorosas orações.

Agradeço a Deus por todos aqueles que me ajudaram muito na tradução e edição. Agradeço a Deus por muitos outros que deram o seu tempo para me ajudarem a elaborar este livro.

Índice

Capítulo n.º	Página n.º
1. O início: Em busca do Espírito da Verdade.	2
2. O Médico Poderoso	19
3. As armas poderosas de Deus "Oração e jejum"	31
4. Deus, o grande estratega	34
5. Falar da sua fé	43
6. O poder de cura de Deus e do seu servo	45
7. Não dar lugar ao demónio ou às coisas do demónio	50
8. Sonho e Visão - O "Aviso"	55
9. A reunião de oração de toda a noite	58
10. A mensagem profética	61
11. Um Movimento De Fé	65
12. A libertação demoníaca e o poder de cura de Deus	73
13. A confissão e a consciência limpa	75
14. No Limite da Morte	77
15. Paz na presença de Deus	81
16. Um estilo de vida sacrificial na vida	83
17. Ministério de Viagens: Chamado para ensinar e espalhar o Evangelho	100
18. Ministério em Bombaim, Índia "Um homem de grande fé"	113
19. Ministério em Gujarat!	119
20. Pastor da Nossa Alma: O som da trombeta	127
21. Ministério no trabalho	131

22. Aprender os Seus caminhos obedecendo à Sua voz   136

23. Utilizar os Média   141

24. Estudo que explora   144

25. Testemunhos pessoais que mudam a vida   151

Testemunhos das pessoas   153

Secção II   178

A._Línguas que Deus usou   180

B._Como é que Deus preservou a Sua Palavra?   183

C._Traduções da Bíblia do nosso tempo: 190

D._KJV Vs Bíblia Moderna: Alterações que foram adicionadas ou retiradas.   206

Eu Fi-Lo à "Sua Maneira"

OS CAMINHOS DO SENHOR

• *Quanto a Deus, o Seu caminho é perfeito; a palavra do Senhor é provada; Ele é um escudo para todos os que Nele confiam. (Salmos 18:30)*

• *Mas Ele conhece o caminho que eu sigo; quando Ele me provar, sairei como ouro. Os meus pés apegaram-se aos Seus passos, guardei o seu caminho, e não me desviei dele. Não me afastei do mandamento dos Seus lábios; estimei as palavras da Sua boca mais do que o meu alimento necessário. (Job 23:10-12)*

• *Espera no Senhor, e guarda o Seu caminho, e Ele te exaltará para herdares a terra; quando os ímpios forem exterminados, tu O verás. (Salmos 37:34)*

• *O Senhor é justo em todos os Seus caminhos, e santo em todas as Suas obras. (Salmos 145:17)*

• *O Senhor te estabelecerá para Si por povo santo, como te jurou, se guardares os mandamentos do Senhor teu Deus e andares nos Seus caminhos. (Deuteronómio 28:9)*

• *E muitos povos irão e dirão: Vinde, subamos ao monte do Senhor, à casa do Deus de Jacó, e Ele ensina-nos os Seus caminhos, e nós andaremos nas Suas veredas; porque de Sião sairá a lei, e de Jerusalém a palavra do Senhor. (Isaías 2:3)*

• *Ele guiará os mansos no juízo, e aos mansos ensinará o Seu caminho. (Salmos 25:9)*

Referências de livros: BÍBLIA Sagrada, versão King James

Capítulo 1

O INÍCIO: EM BUSCA DO ESPÍRITO DA VERDADE.

Em junho de 1980, vim para os Estados Unidos da América com um forte desejo de encontrar a verdade sobre Deus, o criador de todas as coisas. Não era que não pudesse encontrar Deus na Índia, porque Deus está em todo o lado e enche o universo com a Sua presença e glória; mas isso não era suficiente para mim. Queria conhecê-lo pessoalmente, se fosse possível.

"E ouvi como que a voz de uma grande multidão, e como que a voz de muitas águas, e como que a voz de grandes trovões, que dizia: Aleluia; porque o Senhor Deus omnipotente reina."
(Apocalipse 19:6)

Estava a fazer uma viagem extraordinária quando Deus me conduziu aos Estados Unidos da América. Pensava que era para lá que tinha escolhido ir, mas o tempo provou que estava enganada. Acabei por compreender que Deus tinha mais a ver com esta decisão do que eu pensava. Foi a "Sua maneira" de mudar os meus pensamentos e a minha vida.

A América é um país que oferece liberdade de religião, uma fusão de povos multiculturais, com liberdades e proteção para aqueles que desejam exercer os seus direitos religiosos sem medo de perseguição. Comecei a dar saltos sobre águas turbulentas neste país, à medida que Deus começava a orientar-me. Era como se Ele estivesse a colocar pedras para me guiar. Foram estas "pedras" que lançaram os alicerces de uma longa e tumultuosa viagem que conduziu a uma revelação onde não haveria volta a dar. A recompensa valeria a pena viver segundo os Seus Caminhos, em cada curva e teste da minha fé.

> *"Prossigo para o alvo, pelo prémio da soberana vocação de Deus em Cristo Jesus. Portanto, todos quantos formos perfeitos, tenhamos este sentimento; e, se em alguma coisa tiverdes outro sentimento, Deus vo-lo revelará. Todavia, quanto ao que já alcançámos, andemos segundo a mesma regra, pensemos a mesma coisa."*
> *(Filipenses 3:14-16)*

Quando cheguei à Califórnia, não vi muitos índios de Leste durante esse tempo. Adaptei-me à vida na América e concentrei-me naquilo para que estava aqui. Estava à procura do Deus vivo da Bíblia, o Deus dos apóstolos João, Pedro e Paulo e de outros que carregaram a cruz e seguiram Jesus.

Aventurei-me a encontrar o Deus do Novo Testamento que fez muitos milagres, sinais e prodígios maravilhosos de acordo com a Bíblia Sagrada, a Palavra do Deus Vivo. Poderia eu ser tão presunçosa a ponto de pensar que Ele me conhecia? Deus tinha de ser mais do que isso. Comecei a visitar muitas igrejas de várias denominações na área de Los Angeles, uma metrópole localizada no sul da Califórnia. Mais tarde, mudei-me para uma cidade a leste de Los Angeles, chamada West Covina, e comecei também a visitar igrejas nessa zona. Venho de um país muito religioso, com provavelmente mais deuses conhecidos pelo homem do que qualquer outro país do mundo. Sempre acreditei num só Deus, o Criador. O meu coração procurava conhecê-lo de uma forma pessoal. Pensei: "Certamente Ele existe e poderá encontrar-me por causa do meu desejo apaixonado de o conhecer pessoalmente. Procurei incessantemente e li a Bíblia constantemente, mas faltava sempre alguma coisa. Consegui um emprego nos Correios dos Estados Unidos em agosto de 1981, onde comecei a fazer perguntas sobre Deus aos meus colegas de trabalho. Comecei também a ouvir a rádio cristã, onde ouvia diferentes pregadores a discutir temas bíblicos e nunca concordavam, nem mesmo entre si. Pensei: "Não pode ser um Deus de confusão? Tinha de haver uma resposta verdadeira para este dilema religioso. Eu sabia que tinha de procurar nas Sagradas Escrituras e continuar a rezar. Muitos colegas de trabalho cristãos também falaram comigo e partilharam o seu testemunho. Fiquei surpreendido por eles saberem tanto sobre o Senhor. Na altura não sabia que Deus já tinha marcado um tempo para eu receber a revelação da Sua maravilhosa verdade.

O meu irmão sofria de possessão demoníaca e precisava de um milagre. Fui obrigada a procurar cristãos que acreditassem na Bíblia e que acreditassem em milagres e na libertação destas forças demoníacas. Sem piedade, estes espíritos demoníacos estavam a atormentar a mente do meu irmão. A minha família estava extremamente preocupada com ele e não tivemos outra alternativa senão levá-lo a um psiquiatra. Eu sabia que era o prazer do demónio atormentar e destruir o meu irmão. Esta era a guerra espiritual, tal como é descrita na Bíblia. Em desespero, levámos o meu irmão ao psiquiatra. Depois de o ter avaliado, ela perguntou-nos se acreditávamos em Jesus. Respondemos que sim e ela começou a escrever os endereços de duas igrejas e os números de telefone e entregou-mos. Uma vez em casa, coloquei os dois papéis com a informação na minha cómoda com a intenção de telefonar a ambos os pastores. Rezei para que Deus me conduzisse à igreja e ao pastor certos. Ouvi falar de coisas muito negativas a respeito das igrejas nos Estados Unidos, o que me deixou muito cautelosa. O Senhor usa profetas, professores e pregadores para guiar aqueles que O amam a toda a verdade. O Senhor tornou-se a minha Lâmpada e Luz que iluminou a minha escuridão. Deus iria certamente tirar o meu irmão das suas trevas também. Acreditava verdadeiramente que Deus me encontraria no que parecia ser um mar sem fim de escuridão; porque este era um momento muito escuro e difícil para a minha família.

"Lâmpada para os meus pés é a tua palavra, e luz para o meu caminho." (Salmos 119:105)

"Oração e Jejum".
Coloquei os dois endereços na minha cómoda. Telefonei a ambos os pastores e falei com ambos. Ao mesmo tempo, rezava para que o Senhor me orientasse quanto ao pastor com quem poderia continuar a minha conversa. Durante este tempo, apercebi-me que um número da cómoda tinha desaparecido. Procurei-o cuidadosamente, mas não o

Eu Fi-Lo à "Sua Maneira"

consegui encontrar. Agora só havia um número disponível para mim. Liguei para esse número e falei com o pastor da igreja situada na Califórnia, a apenas 10 minutos da minha casa. Levei o meu irmão a esta igreja, pensando que o meu irmão seria libertado hoje, mas não foi o que aconteceu. O meu irmão não foi completamente libertado nesse dia. Então o pastor ofereceu-nos um estudo bíblico. Aceitámos a oferta e começámos a frequentar a sua igreja, sem intenção de nos tornarmos membros, mas apenas visitantes. Mal sabia eu que este seria o ponto de viragem da minha vida. Naquela altura, era contra o estilo pentecostal e a sua crença de falar em línguas.

Os santos da igreja eram muito sinceros nas suas crenças. Adoravam livremente e obedeciam ao pastor quando ele pedia um jejum, porque as forças espirituais que controlavam o meu irmão só sairiam, como diz a Palavra de Deus, "pela oração e pelo jejum". Uma vez, os discípulos de Jesus não conseguiram expulsar um demónio. Jesus disse-lhes que era por causa da sua incredulidade e afirmou que nada lhes seria impossível.

"Contudo, esta espécie não sai senão pela oração e pelo jejum."
(Mateus 17:21)

Todos nós jejuámos alguns dias de cada vez em várias ocasiões, e eu via que o meu irmão estava a melhorar muito. Continuámos a ter estudos bíblicos em minha casa com o pastor, compreendendo tudo o que ele nos ensinava; no entanto, quando ele começou a explicar o batismo nas águas, fiquei incomodada com a sua interpretação. Nunca tinha ouvido falar do batismo em nome de "Jesus", apesar de Ele nos ter mostrado claramente as escrituras. Estava lá escrito, mas eu não O via. Talvez o meu entendimento estivesse cego.

Depois de o pastor ter saído, virei-me para o meu irmão e disse-lhe: "Já reparou que todos os pregadores que usam a mesma Bíblia têm ideias diferentes? Já não acredito mais no que esses pregadores dizem". O meu irmão virou-se para mim e disse: "Ele tem razão!" Fiquei muito aborrecida com o meu irmão e perguntei-lhe: "Então vais acreditar nos ensinamentos deste pastor? Não acredito nisso". Ele olhou novamente para mim e disse: "Ele está a dizer a verdade". Eu respondi de novo: "Acreditas em todos os pregadores, mas não em mim!" Mais uma vez o meu irmão insistiu: "Ele tem razão". Desta vez, pude ver que o rosto do meu irmão estava muito sério. Mais tarde, peguei na Bíblia e comecei a estudar o Livro dos Atos, onde estava a história da igreja primitiva. Estudei e estudei, mas ainda não conseguia perceber porquê, Deus tinha a SUA MANEIRA. Acredita que Deus lida com cada pessoa de forma diferente? Aqui estava eu à procura de Deus através de todas as fontes e meios de comunicação. Durante este tempo, ouvi Deus falar ao meu coração: "Tens de ser batizada". Ouvi a Sua ordem e escondi estas palavras no meu coração, desconhecidas de qualquer outra pessoa.

Chegou o dia em que o Pastor se aproximou de mim e me fez uma pergunta: "Então, agora, está pronta para ser batizada?" Olhei para ele com surpresa por nunca ninguém me ter feito esta pergunta antes. Ele disse-me que o Senhor Jesus tinha falado com ele sobre o meu batismo, por isso eu disse "sim". Fiquei espantada com o facto de Deus ter falado com o Pastor sobre este assunto. Saí da igreja a pensar: "Espero que Deus não esteja a dizer tudo a este homem, pois os nossos pensamentos nem sempre são justos ou mesmo apropriados."

Batismo para a Remissão dos Pecados.

Chegou o dia do meu batismo. Pedi ao pastor para se certificar de que me batizava em nome do Pai, do Filho e do Espírito Santo. O pastor continuou a dizer-me: "Sim, esse é o nome de Jesus". Fiquei preocupada e perturbada; pensei que este homem me mandaria para o inferno se não me batizasse em nome do Pai, do Filho e do Espírito Santo. Por isso, voltei a repetir-lhe que se certificasse de que ele invocava em nome do Pai, do Filho e do Espírito Santo, mas o pastor também não parava de se repetir. "Sim, o seu nome é Jesus". Comecei a pensar que o pastor não estava a perceber o que eu queria dizer. Uma vez que Deus me tinha dito para ser batizada, eu não podia desobedecer-Lhe. Não tinha percebido isso na época, mas eu estava a obedecer a Deus sem ter a revelação completa do Seu nome, nem entendia completamente que a Salvação não é por nenhum outro nome, mas no Nome de Jesus.

Eu Fi-Lo à "Sua Maneira"

"E em nenhum outro há salvação, porque também debaixo do céu nenhum outro nome há, dado entre os homens, pelo qual devamos ser salvos." (Actos 4:12)

*"Vós sois as minhas testemunhas, diz o Senhor, e o meu **servo**, a quem escolhi; para que saibais, e Me creiais, e entendais que <u>Eu sou o Senhor</u>; antes de Mim não houve Deus formado, nem haverá depois de Mim. Eu, Eu mesmo, Sou o Senhor, e fora de mim não há **salvador**." (Isaías 43:10-11)*

Antes, depois e para sempre, existiu, existe e existirá apenas um Deus e Salvador. Aqui um homem terá o papel de <u>servo</u>, Jeová Deus diz que **eu sou ele**.

Que, sendo em forma de Deus, não julgou ser impossível ser igual a Deus: Mas esvaziou-se a si mesmo, e tomou a forma de servo, e fez-se semelhante aos homens: E, achado na forma de homem, humilhou-se a si mesmo, e foi obediente até à morte, e morte de cruz.
(Filipenses 2:6-8)

Jesus era o Deus, em corpo humano.

*E, sem dúvida alguma, é grande o mistério da piedade: **Deus Se manifestou em carne**, (1 Timóteo 3:16)*

Porque é que este Deus único, que era espírito, veio em carne e osso? Como sabe, o espírito não tem carne e sangue. Se Ele precisasse de derramar sangue, então precisaria de um corpo humano.

A Bíblia diz:

*Olhai, pois, por vós, e por todo o rebanho sobre que o Espírito Santo vos constituiu bispos, para apascentardes <u>a **igreja de Deus**, que</u> Ele <u>adquiriu com **o Seu próprio sangue**.</u> (Actos 20:28)*

A maioria das igrejas não ensina a unicidade de Deus e o poder do nome de Jesus. Deus, um Espírito em carne e osso como o homem Cristo Jesus, deu a grande comissão aos Seus discípulos:

*Ide, pois, e ensinai todas as nações, batizando-as em **nome** (singular) do Pai e do Filho e do Espírito Santo". (Mateus 28:19)*

Os discípulos sabiam claramente o que Jesus queria dizer, porque saíram a batizar em Seu Nome, como está escrito nas Escrituras. Fiquei espantada com o facto de eles pronunciarem "Em Nome de **Jesus**" cada vez que realizavam um batismo. As Escrituras confirmam isso no Livro de Atos.

Naquele dia, fui batizada na água em nome de Jesus, em imersão total. Saí da água sentindo-me tão leve como se pudesse andar sobre a água. Uma pesada montanha de pecado tinha sido removida. Não sabia que carregava esse peso sobre mim. Que experiência maravilhosa! Pela primeira vez na minha vida, apercebi-me de que me tinha chamado "cristã com pecados pequenos", porque nunca me senti uma grande pecadora. Independentemente do que eu acreditava, o pecado continuava a ser pecado. Eu estava a fazer e a pensar em pecado. Já não acreditava apenas na existência de Deus, mas experimentava a alegria e o verdadeiro cristianismo ao participar no que a Palavra de Deus dizia.

Voltei a pegar na Bíblia e comecei a procurar a mesma escritura. Adivinha o que aconteceu? Ele abriu-me o entendimento e vi claramente, pela primeira vez, que o batismo é apenas em NOME DE JESUS.

Então abriu-lhes o entendimento, para que compreendessem as Escrituras (Lucas 24:45)

Comecei a ver as escrituras com tanta clareza e pensei como Satanás é conivente para acabar com o plano do Deus Altíssimo, que veio em carne para derramar sangue. O sangue está escondido sob o Nome de **JESUS**. Descobri imediatamente que o ataque de Satanás era contra O Nome.

*"Arrependei-vos, e cada um de vós seja batizado em **nome de Jesus Cristo,** para remissão (PERDÃO) dos pecados, e recebereis o dom do Espírito Santo." (Actos 2:38)*

Eu Fi-Lo à "Sua Maneira"

Estas palavras foram ditas pelo apóstolo Pedro no dia de Pentecostes, no início da igreja primitiva do Novo Testamento. Depois do meu batismo, recebi o dom do Espírito Santo na igreja de um dos meus amigos em Los Angeles.

Isto foi manifestado pelo meu falar numa língua ou línguas desconhecidas e de acordo com as Escrituras sobre o tema do batismo do Espírito Santo:

*"Estando Pedro ainda a dizer estas palavras, caiu o Espírito Santo sobre todos os que ouviam a palavra. E os fiéis da circuncisão, todos quantos tinham vindo com Pedro, maravilharam-se de que também sobre os gentios se derramasse o dom do Espírito Santo. Porque os ouviam **falar em línguas** e magnificar a Deus". (Actos 10: 44-46)*

Percebi claramente que o Homem tinha alterado a cerimónia do batismo. É por isso que hoje temos tantas religiões. Os primeiros crentes foram batizados de acordo com as Escrituras que foram escritas mais tarde. Pedro pregava-o e os apóstolos realizavam-no!

*"Pode alguém proibir a água para que não sejam batizados os que receberam o Espírito Santo, assim como nós? E ordenou-lhes que fossem **batizados em nome do Senhor**. Pediram-lhe então que se demorasse alguns dias". (Atos 10:47-48)*

Mais uma vez, a prova do batismo em nome de Jesus.

*Mas, quando creram em Filipe, que lhes pregava as coisas concernentes ao reino de Deus **e ao nome de Jesus Cristo, foram batizados, tanto homens como mulheres** (porque ainda não tinha caído sobre nenhum deles; **somente eles foram batizados em nome do Senhor Jesus**). (Atos 8:12,16)*

Atos 19

E aconteceu que, estando Apolo em Corinto, Paulo, tendo passado pelas regiões altas, chegou a Éfeso; e encontrando alguns perguntou-

*lhes: Recebestes o Espírito Santo desde que crestes? Responderam-lhe eles: Nem sequer ouvimos dizer se existe o Espírito Santo. Perguntou-lhes então: Em que fostes batizados? E eles responderam: No batismo de João. Então disse Paulo: João batizou com o batismo de arrependimento, dizendo ao povo que cresse naquele que havia de vir depois dele, isto é, em Cristo Jesus. Quando ouviram isso, foram **batizados em nome do Senhor Jesus**. E, impondo-lhes Paulo as mãos, **veio sobre eles o Espírito Santo, e falavam em línguas** e profetizavam. (Atos 19:1-6)*

*Atos 19 foi uma grande ajuda para mim, porque a Bíblia diz que há um só **batismo**. (Efésios 4:5)*

Fui batizada na Índia e, devo dizer aqui, que fui aspergida e não batizada.

A verdadeira doutrina foi estabelecida pelos **apóstolos e** pelos **profetas**. Jesus veio para derramar o sangue e dar o exemplo. (1Pedro 2:21)

*Atos 2:42 E perseveravam na **doutrina dos apóstolos, e na comunhão, e no partir do** pão, e no*

Efésios 2:20 *E estão **edificados sobre o fundamento dos apóstolos e dos profetas**, sendo o próprio Jesus Cristo a principal pedra da esquina;*

Gálatas. 1:8, 9, Mas, ainda que nós ou um anjo do céu vos anuncie outro evangelho além do que já vos temos anunciado, seja anátema. Assim como antes dissemos, agora digo outra vez: se alguém vos anunciar outro evangelho além do que já recebestes, seja anátema.

(Isto é profundo; ninguém pode mudar a doutrina, nem mesmo os Apóstolos que já estavam estabelecidos).

Estas escrituras abriram-me os olhos, agora compreendo Mateus 28:19.

A Igreja é a Noiva de Jesus, quando somos batizados em nome de Jesus, assumimos o Seu Nome. Cantares de Salomão é uma alegoria da igreja e do noivo, em que a noiva assumiu o Nome.

*Por causa do aroma dos teus bons unguentos, **o teu nome é como unguento** derramado; por isso as virgens te amam (Cântico dos Cânticos de Salomão 1:3)*

Agora eu tinha o batismo como mencionado na Bíblia e o mesmo Espírito Santo. Não era algo imaginário; era real! Conseguia senti-lo e ouvi-lo e outros testemunharam a manifestação do novo nascimento. As palavras que eu pronunciava, não conhecia nem conseguia entender. Era espetacular.

*"Porque o que fala em **língua estranha** não fala aos homens, mas a Deus; porque ninguém o entende, ainda que em espírito fale mistérios." (I Coríntios 14:2)*

*"Porque, se eu orar em língua estranha, o meu espírito ora, mas o meu **entendimento fica infrutífero**." (I Coríntios 14:14)*

A minha mãe testemunhou que, um tempo antes de eu nascer, um missionário do sul da Índia a batizou num rio e, ao subir, ficou completamente curada. Sem saber como esse pastor a batizou, perguntei-me como é que ela tinha sido curada. Anos mais tarde, o meu pai confirmou-me que esse pastor a batizou em nome de Jesus, o que é bíblico.

A Bíblia diz:

"Que perdoa todas as tuas iniquidades, que cura todas as tuas enfermidades;" (Salmos 103:3)

Depois do meu novo nascimento, comecei a dar estudos bíblicos a amigos no trabalho e à minha família. O meu sobrinho recebeu o dom do Espírito Santo. O meu irmão, o meu primo e a minha tia foram batizados, juntamente com muitos outros membros da minha família. Mal sabia eu que havia muito mais nesta viagem do que apenas o desejo de conhecer Deus mais intimamente. Eu não sabia que essa experiência era possível. Deus habita dentro do crente através do Espírito.

Revelação e compreensão.

Dedicada ao estudo das Sagradas Escrituras e lendo a Bíblia repetidamente, Deus continuou a abrir o meu entendimento.

> *"Então abriu-lhes o entendimento para compreenderem as Escrituras". (Lucas 24:45)*

Depois de receber o Espírito Santo, a minha compreensão tornou-se mais clara e comecei a aprender e a ver muitas coisas que não tinha visto antes.

> *"Mas Deus no-las **revelou pelo seu Espírito**, porque o Espírito esquadrinha todas as coisas, até as profundezas de Deus."*
> *(1 Coríntios 2:10)*

Aprendi que temos de ter a compreensão da Sua vontade para nós, a sabedoria para viver de acordo com a Sua Palavra, conhecer os "**Seus Caminhos**" e aceitar que a obediência é uma exigência e não uma opção.

Um dia perguntei a Deus: "Como é que me estás a usar?" Ele respondeu-me: "Na oração"

Portanto, irmãos, esforçai-vos, antes, por assegurar a vossa vocação e eleição; porque, se fizerdes estas coisas, nunca caireis:
(2 Pedro 1:10)

Aprendi que ir à igreja pode dar-nos uma sensação de falsa segurança. A religião não é a salvação. A religião por si só só pode fazê-lo sentir-se bem com a sua própria justiça. O conhecimento das Escrituras por si só não traz a Salvação. É preciso entender as Sagradas Escrituras através do estudo, receber revelação através da oração e ter o desejo de conhecer a verdade. O diabo também conhece as Escrituras e está condenado a uma eternidade no lago que arde com fogo. Não se deixe enganar por lobos em pele de cordeiro que têm uma **forma de piedade**, mas **negam** o *poder de Deus*. Nunca ninguém me disse que eu precisava do Espírito Santo com a evidência de falar em línguas, como é dito na Bíblia. Quando os crentes recebem o Espírito Santo, acontece algo milagroso. Os discípulos foram cheios do Espírito Santo e de fogo.

> *Mas recebereis **poder**, ao descer sobre vós o Espírito Santo, e ser-me-eis testemunhas, tanto em Jerusalém como em toda a Judéia e Samaria, e até aos confins da terra. (Atos 1:8)*

Eles estavam tão entusiasmados para espalhar o evangelho que muitos cristãos daquela época, como alguns ainda hoje, perderam a vida pelo Evangelho da verdade. Aprendi que esta é uma fé profunda e uma doutrina sólida, ao contrário da doutrina que é ensinada nalgumas igrejas hoje em dia.

Depois da ressurreição, Jesus diz na Sua palavra que este será o sinal de que alguém é SEU DISCÍPULO.

> *".... falarão em novas línguas;" (Marcos 16:17)*

Língua na língua grega é glossa, em inglês, dom sobrenatural de linguagem dado por Deus. Não se vai à escola para aprender esta forma de falar. É por isso que se diz "uma **nova língua**".

Este é um dos sinais para reconhecer o discípulo do Deus Altíssimo.

Não é Deus tão maravilhoso? Ele fez com que os Seus discípulos fossem reconhecidos de uma forma muito especial.

Poder da adoração.

Aprendi sobre o poder da adoração e que se pode realmente sentir uma presença Santa na adoração. Quando vim para a América em 1980, observei que os indianos de Leste tinham vergonha de adorar Deus livremente. No Antigo Testamento, o rei David dançava, saltava, batia palmas e levantava bem alto as mãos perante o Senhor. A glória de Deus vem quando o povo de Deus adora com o mais alto louvor e exaltação. O povo de Deus cria a atmosfera para que a presença do

Senhor habite entre eles. A nossa adoração envia ao Senhor um aroma saboroso ao qual Ele não pode resistir. Ele virá e habitará nos louvores do Seu povo. Depois da oração, dedique tempo a louvá-lo e adorá-lo com todo o seu coração, sem lhe pedir coisas ou favores. Na Bíblia, Ele é comparado a um Noivo que vem buscar a Sua noiva (a igreja). Ele está à procura de uma noiva apaixonada que não se envergonhe de O ADORAR. Aprendi que podemos oferecer uma adoração que chegará à Sala do Trono se deixarmos de lado o nosso orgulho. Graças a Deus pelos pregadores que pregam a Palavra e não escondem a importância da adoração para Deus.

"Mas a hora vem, e agora é, em que os verdadeiros adoradores Adorai o Pai em espírito e em verdade, porque o Pai procura a tais que o adorem". (João 4:23)

Quando a presença de Deus desce sobre os Seus filhos, começam a acontecer milagres: cura, libertação, línguas e interpretações, profecia, manifestações dos dons do espírito. Oh, quanto poder de Deus podemos conter num culto da igreja se nos juntarmos todos oferecendo adoração, exaltação e o mais alto louvor. Quando já não tiveres palavras para orar, adora e oferece o sacrifício de louvor! O diabo odeia quando adoramos o seu Criador, o Deus Único e Verdadeiro. Quando te sentires sozinho ou quando o medo te atormentar, adora e liga-te a Deus!

No início, este tipo de adoração e louvor era muito difícil para mim, mas depois tornou-se fácil. Comecei a ouvir a Sua voz a falar comigo. Ele queria que eu fosse obediente ao Seu Espírito. A minha formação religiosa tinha-me impedido de adorar a Deus livremente. Em breve fui abençoado no Espírito, recebi curas e fui libertado de coisas que não considerava pecado. Tudo isto era novo para mim; cada vez que sentia a presença de Deus na minha vida, começava a mudar interiormente. Estava a crescer e a experienciar uma caminhada pessoal com Deus, centrada em Cristo.

Espírito de Verdade.

O amor pela verdade é essencial porque a religião pode ser enganadora e pior do que uma dependência do álcool ou das drogas.

"Deus é Espírito, e importa que os que o adoram o adorem em espírito e em verdade." (João 4:24)

As correntes da escravatura da religião caíram de mim quando o Espírito Santo me libertou. Quando falamos em línguas desconhecidas ou línguas no Espírito Santo, o nosso espírito fala com Deus. O amor de Deus é avassalador e a experiência é sobrenatural. Não pude deixar de pensar em todos aqueles anos anteriores, quando recebi a doutrina bíblica que era contrária à Palavra de Deus.

Na minha relação com Deus, Ele revelou mais verdades à medida que eu crescia na Sua Palavra e aprendia os "**Seus Caminhos**". Foi como o pardal que alimenta os seus filhotes com pequenas porções, que se tornam mais fortes e consistentes a cada dia, até aprenderem a voar pelos céus. Buscai o Espírito da Verdade e Ele vos guiará para conhecerdes todas as coisas. Um dia, também nós subiremos aos céus com o Senhor.

"Quando vier o Espírito da verdade, Ele guiar-vos-á em toda a verdade." (João 16:13a)

Santa Unção:

Através de muita tristeza por causa da condição do meu irmão com espíritos malignos, descobrimos esta verdade maravilhosa. Abracei esta verdade e o Espírito Santo deu-me poder para ultrapassar os obstáculos que interferiam com a minha nova vida em Jesus Cristo, o que me deu a santa unção para operar e ministrar, ensinando as pessoas. Aprendi que, através desta unção, Deus se movia através do fervor espiritual e da expressão. Ela vem do Santo, sendo o próprio Deus, e não de um rito religioso ou de uma ordenação formal que nos dá este privilégio.

A unção:

Comecei a sentir a unção de Deus na minha vida e a dar testemunho a todos os que me queriam ouvir. Dei por mim a tornar-me um professor da Palavra através do poder da unção de Deus. Houve uma altura na

Índia em que eu queria exercer advocacia, mas o Senhor transformou-me numa professora da Sua Palavra.

"Mas a unção que dele recebestes permanece em vós, e não necessitais de que alguém vos ensine; mas, como a mesma unção vos ensina todas as coisas, e é a verdade, e não é mentira, e assim como ela vos ensinou, nele permanecereis." (1 João 2:27)

"Mas vós tendes a unção do Santo, e sabeis todas as coisas." (1 João 2:20)

Coloquei-me à disposição de Deus e Ele fez o resto através do Seu poder de unção. Que Deus fantástico! Ele não o deixará sem poder para fazer a Sua obra. Comecei a rezar mais à medida que o meu corpo se foi enfraquecendo devido a doenças e enfermidades, mas o Espírito de Deus em mim foi-se fortalecendo a cada dia que passava, à medida que eu dedicava tempo e esforço à minha caminhada espiritual, rezando, jejuando e lendo constantemente a Sua Palavra.

Mudança de vida:

Olhando para trás por um momento, vi de onde Deus me tinha trazido e como a minha vida tinha sido vazia dos Seus caminhos. Eu tinha uma natureza carnal sem poder para a mudar. Tinha outros espíritos, mas não o Espírito Santo. Aprendi que a oração muda as coisas, mas o verdadeiro milagre foi o facto de eu também ter mudado. Queria que os meus caminhos fossem mais parecidos com os d'**Ele**, por isso jejuei para mudar a minha natureza carnal. A minha vida tinha mudado significativamente neste caminho percorrido, mas estava apenas a começar, à medida que o meu desejo apaixonado por Deus aumentava. Outros que me conheciam bem, podiam testemunhar que eu tinha mudado.

Guerra espiritual:

Tive o cuidado de ensinar apenas a verdade e não a religião. Ensinei que o batismo em Nome de Jesus Cristo e do Espírito Santo de Deus (Espírito Santo) é uma necessidade. Ele é o Consolador e o seu poder para vencer os obstáculos e as forças do mal que vêm contra os crentes.

Esteja sempre pronto para lutar de joelhos por aquilo que deseja de Deus. O diabo quer esmagá-lo a si e à sua família. Estamos em guerra com os poderes das trevas. Temos de lutar para que as almas sejam salvas; e rezar para que o coração do pecador seja tocado por Deus para que ele se afaste dos poderes que o dominam.

Porque não temos que lutar contra a carne e o sangue, mas sim contra os principados, contra as potestades, contra os príncipes das trevas deste século, contra as hostes espirituais da maldade, nos lugares celestiais." (Efésios 6:12)

Uma alma viva.

Toda a gente tem uma alma viva; não é sua, pertence a Deus. Um dia, quando morrermos, a alma voltará para Deus ou para Satanás. O homem pode matar o corpo, mas só Deus pode matar a alma.

*"Eis que todas as almas são minhas; como a alma do pai, assim também a alma do filho é minha; a alma que pecar, essa **morrerá**." (Ezequiel 18:4)*

"E não temais os que matam o corpo, mas não podem matar a alma; temei antes aquele que pode fazer perecer no inferno a alma e o corpo." (Mateus 10:28)

Espírito de Amor.

Uma vida significa muito para Deus porque Ele se preocupa e ama muito cada um de nós. Os crentes que têm este Evangelho da Verdade são responsáveis por falar aos outros sobre o amor de Jesus no Espírito de **Amor**.

*"Um novo mandamento vos dou: Que vos **ameis uns aos** outros; como eu vos amei a vós, que também vós vos **ameis** uns aos outros. Nisto conhecerão todos que sois meus discípulos, se vos **amardes** uns aos outros." (João 13:34-35)*

O diabo virá contra nós quando nos tornarmos uma ameaça para ele. O seu trabalho é desencorajar-nos; no entanto, temos a promessa de vitória sobre ele.

> *"Mas graças a Deus, que nos dá a vitória por nosso Senhor Jesus Cristo." (1 Coríntios 15:57)*

Permitam-me que sublinhe aqui que, o que Satanás pretendia que fosse mal, Deus transformou em bênção.

A Bíblia diz:

> *"E sabemos que todas as coisas contribuem juntamente para o bem daqueles que amam a Deus, daqueles que são chamados segundo o seu propósito." (Romanos 8:28)*

Louvado seja o Senhor Jesus Cristo!

Capítulo 2

O MÉDICO PODEROSO

As ciências médicas referem que há um total de trinta e nove categorias de doenças. Tomemos o cancro como exemplo: há muitos tipos de cancro. Há também muitos tipos de febre, mas todos eles se enquadram na categoria das febres. Segundo a antiga lei romana e a lei de Moisés, não se podia infligir mais de 40 açoites como castigo. Para não violar esta lei romana e judaica, só lhe deram trinta e nove açoites. Será coincidência o facto de Jesus ter levado trinta e nove açoites nas costas? Eu acredito, como muitos, que há uma correlação entre este número e Jesus.

"Quarenta açoites lhe poderá dar, sem exceder; para que não suceda que, excedendo-se, o castigue com muitos açoites, e teu irmão te pareça desprezível." (Deuteronómio 25:3)

"O qual levou ele mesmo em seu corpo os nossos pecados sobre o madeiro, para que, mortos para o pecado, vivêssemos para a justiça; e pelas suas feridas fostes sarados." (1 Pedro 2:24)

"Mas ele foi ferido por causa das nossas transgressões, e moído por causa das nossas iniquidades; o castigo que nos traz a paz estava sobre ele, e pelas suas pisaduras fomos sarados." (Isaías 53:5)

Ao longo deste livro, lerá testemunhos sobre o poder de cura de Deus e o poder de libertação das drogas, do álcool e da possessão demoníaca. Começo com as minhas próprias doenças pessoais, em que Deus me mostrou, desde cedo, que nada é demasiado difícil ou demasiado grande para ele. Ele é o Médico Poderoso. A gravidade da minha condição física mudou de mau para pior através de doenças dolorosas. Foi e é a Palavra de Deus e as Suas promessas que me sustentam hoje.

Sinusite crónica.

Eu tinha um problema de sinusite tão grave que me impedia de dormir. Durante o dia, telefonava e pedia às pessoas que rezassem por mim. De momento, ficava bem, mas à noite o problema recomeçava e não conseguia dormir.

Um domingo fui à igreja e pedi ao Pastor que rezasse por mim. Ele pôs a mão na minha cabeça e rezou por mim.

> *"Está alguém doente entre vós? Chame os presbíteros da igreja e estes orem sobre ele, ungindo-o com óleo em nome do Senhor."*
> *(Tiago 5:14)*

Quando o culto começou, comecei a louvar e a adorar a Deus, pois o espírito veio sobre mim muito livremente. O Senhor disse-me para dançar diante dele. No Espírito, comecei a dançar perante Ele em obediência e, de repente, o meu nariz entupido soltou-se e o que estava a obstruir as passagens nasais saiu. Instantaneamente, comecei a respirar e este problema não voltou. Tinha aceite este problema de sinusite com as minhas próprias palavras e pensamentos. No entanto, acabei por aprender que devemos sempre manifestar a nossa fé e nunca confessar ou pensar em dúvidas.

Amigdalite.

Tive uma amigdalite crónica e não conseguia dormir devido à dor horrível e persistente. Sofri com esta doença durante muitos anos. Depois de consultar um médico, fui encaminhada para um hematologista. Para efetuar o que era uma amigdalectomia relativamente pequena, seria uma cirurgia perigosa e demorada para mim devido a uma doença do sangue que dificultava a coagulação do meu corpo. Por outras palavras, podia sangrar até à morte! O médico

Eu Fi-Lo à "Sua Maneira"

disse que não maneira de eu aguentar esta operação ou tolerar a dor. Rezei pela minha própria cura e pedi também à igreja que rezasse por mim. Um dia, um pregador convidado veio à minha igreja. Ele cumprimentou a congregação e perguntou se alguém precisava de ser curado.

Incerta sobre a possibilidade de receber a minha própria cura, dirigi-me para a frente na mesma, confiando em Deus. Quando voltei ao meu lugar, ouvi uma voz que me dizia.

"Tu não vais ser curada".Fiquei zangada com esta voz. Como é que esta voz podia ousar dizer esta dúvida e descrença? Eu sabia que era um truque do demónio para impedir a minha cura. Respondi em oposição a esta voz,"Eu vou curar-me!"

A minha resposta foi firme e forte porque eu sabia que vinha do pai de todas as mentiras, o diabo. O Espírito Santo dá-nos autoridade sobre o diabo e os seus anjos. Eu não ia permitir que ele me roubasse a minha cura e a minha paz. Ele é um mentiroso e não há verdade nele! Eu estava a lutar com a Palavra e as promessas de Deus.

"Vós sois do vosso pai, o diabo, e fareis os desejos do vosso pai. Ele foi homicida desde o princípio e não permaneceu na verdade, porque não há verdade nele. Quando ele profere a mentira, fala do que lhe é próprio, porque é mentiroso e pai da mentira." (João 8:44)

Instantaneamente, a minha dor desapareceu e fiquei curada! Às vezes temos de entrar no campo do inimigo para lutar pelo que queremos e recuperar o que o inimigo, o diabo, quer tirar-nos. Quando a dor me deixou, o diabo disse: "Tu não estavas doente". O inimigo estava a tentar convencer-me, através de uma "nuvem de dúvida", que eu não tinha estado realmente doente. A razão desta mentira do demónio era para eu não dar a glória a Deus. Com uma resposta firme a Satanás, eu disse: "Sim, eu estive doente!" Instantaneamente, Jesus pôs a dor de cada lado das minhas amígdalas. Eu respondi: "Senhor Jesus, eu sei que estava doente e tu curaste-me." A dor deixou-me para sempre! Nunca mais sofri. Imediatamente levantei as mãos, louvei o Senhor e dei glória a Deus. Jesus levou açoites nas costas para que eu pudesse ser curado naquele dia. A Sua Palavra também diz que os meus pecados também seriam perdoados. Levantei-me e testemunhei à igreja, naquele mesmo dia, como o Senhor me curou. Eu tomei a minha cura à força.

> *"E desde os dias de João Batista até agora, o reino dos céus sofre violência, e os violentos tomam-no à força." (Mateus 11:12)*

> *"E a oração da fé salvará o doente, e o Senhor o levantará; e, se houver cometido pecados, ser-lhe-ão perdoados." (Tiago 5:15)*

> *Que perdoa todas as tuas iniquidades, que sara todas as tuas enfermidades." (Salmos 103:3)*

Quando nos levantamos e damos testemunho do que o Senhor fez, não só damos a Deus a Glória como também elevamos a fé de outros que precisam de a ouvir. Também é sangue fresco contra o demónio.

> *E eles o venceram pelo sangue do Cordeiro e pela palavra do seu testemunho; e não amaram as suas vidas até à morte". (Apocalipse 12:11)*

Deus faz milagres grandes e pequenos. É você que derrota o diabo quando conta aos outros o que Deus fez por si. É você que faz o diabo fugir quando começa a adorar a Deus com todo o seu coração! Temos armas de fé e o poder do Espírito Santo disponíveis para derrotar o pai de todas as mentiras. Temos de aprender a usá-las.

Defeito de visão.

Tive um problema de visão em 1974, antes de vir para a América. Não conseguia distinguir a distância entre mim e outro objeto à minha frente. Isto causava-me fortes dores de cabeça e náuseas. O médico disse-me que eu tinha um problema na retina que podia ser corrigido com exercícios; no entanto, não resultou e as minhas dores de cabeça continuaram.

Eu estava a frequentar uma igreja na Califórnia que acreditava no poder da cura. Pedi à igreja que rezasse por mim. Continuei a ouvir testemunhos de cura que me ajudaram a acreditar na cura. Estou muito grata pelo facto de as igrejas permitirem testemunhos, para que outros possam ouvir relatos de louvor de milagres que Deus tem realizado na vida de pessoas comuns hoje em dia. A minha fé foi sempre elevada ao ouvir os testemunhos. Aprendi muito através dos testemunhos.

Mais tarde, fui a um oftalmologista, pois Deus pediu-me que fosse ao oftalmologista.

Este médico examinou os meus olhos e encontrou o mesmo problema, mas pediu-me para obter uma segunda opinião. Uma semana depois, pedi a oração porque tinha uma forte dor de cabeça e uma dor insuportável nos olhos.

Fui a uma segunda opinião, que examinou os meus olhos e disse que não havia nada de errado com os meus olhos. Fiquei muito contente.

Seis meses depois, estava a conduzir para o trabalho e pensei no que o médico tinha dito e comecei a acreditar que não havia nada de errado e que o outro médico que diagnosticou imperfeição nos olhos estava errado. Fiquei curada durante todos estes meses e esqueci-me de como estava doente.

Deus começou a falar comigo: "Lembras-te que tinhas dores insuportáveis, dores de cabeça e náuseas?"

Eu disse: "Sim". Então Deus disse: "Lembras-te de quando estavas na Índia e o médico te disse que tinhas um problema nos olhos e te ensinou exercícios de coordenação ocular? Lembras-te que nos últimos seis meses não voltaste para casa doente por causa desse problema?"

Eu respondi: "Sim".

Deus disse-me: "Curei os teus olhos!"

Graças a Deus, isto explica o facto de o terceiro médico não ter encontrado nada de errado comigo. Deus permitiu que eu passasse por essa experiência para me mostrar que Ele é capaz de entrar no fundo dos meus olhos e curá-los. A Palavra de Deus diz: "Eu conheço o coração, não aquele que possui o coração". Comecei a refletir cuidadosamente sobre estas palavras na minha mente. Posso ser dono do meu coração, mas não conheço o meu próprio coração nem sei o que tenho no meu coração. Por isso, rezo, jejuo e leio a Palavra continuamente para que Deus só encontre bondade, amor e fé no meu coração. Temos de ter cuidado com o que pensamos e com o que sai da nossa boca. Medita na bondade porque Deus conhece o nosso pensamento.

> "Sejam agradáveis as palavras da minha boca e a meditação do meu coração perante a tua face, Senhor, força minha e redentor meu."
> (Salmos 19:14)

> "Enganoso é o coração, mais do que todas as coisas, e desesperadamente mau; quem o conhecerá? Eu, o Senhor, esquadrinho o coração, eu provo os rins, para dar a cada um segundo os seus caminhos e segundo o fruto das suas ações".
> (Jeremias 17:9-10)

Rezo o Salmo 51 por mim:

> "Cria em mim, ó Deus, um coração puro e renova dentro de mim um espírito reto." (Salmos 51:10)

Ansiedade.

Estava a passar por um período em que vivi algo que não conseguia exprimir em palavras. Lembro-me de dizer a Deus que não sabia porque é que me estava a sentir assim. Rezei e pedi a Deus que não conseguisse compreender este sentimento avassalador porque não estava preocupado com nada naquela altura. Este sentimento durou algum tempo e fez-me sentir "desligada" mentalmente, mas não fisicamente, que é a melhor maneira de o descrever. Mais tarde, no trabalho, tinha na mão um pequeno livro de inspiração.

O Senhor disse: "Abre este livro e lê".

Encontrei o tópico sobre "ansiedade". Deus disse que o que tens é ansiedade. Eu não estava familiarizada com esta palavra. Como eu não tinha uma compreensão clara desta palavra, Jesus disse para procurar no dicionário. Encontrei os sintomas exatos que estava a ter. A definição era preocupação ou solicitude em relação a alguma coisa ou acontecimento, futuro ou incerto, que perturba a mente e a mantém num estado de inquietação dolorosa.

Eu disse: "Sim, Senhor, sinto-me exatamente assim!"

Trabalhava no turno da noite e no meu dia de folga ia dormir cedo. Durante esse tempo, costumava acordar de manhã cedo para rezar e um dia Deus disse-me para ir dormir. Pensei: "Porque é que Deus diria isto?" Nesta fase inicial da minha caminhada com Deus, estava a aprender a discernir e a ouvir a Sua voz. Mais uma vez disse a mim mesmo: "Porque é que Deus me está a dizer para ir dormir? Acho que isto é o diabo".

Depois lembrei-me que, por vezes, Deus diz-nos coisas que podem não fazer sentido, mas está a transmitir-nos uma mensagem importante. Em suma, a Sua mensagem era que não precisamos de ser mais santos do que tu.

> *"Porque os meus pensamentos não são os vossos pensamentos, nem os vossos caminhos os meus caminhos, diz o Senhor. Porque, assim como os céus são mais altos do que a terra, assim são os meus caminhos mais altos do que os vossos caminhos, e os meus pensamentos mais altos do que os vossos pensamentos".*
> *(Isaías 55:8-9)*

Por outras palavras, a oração é o caminho certo, mas durante esse tempo, não era. Ele já tinha enviado o Seu Anjo para me ministrar e eu precisava de estar na cama. Há um tempo para descansar e um tempo para Deus reabastecer as nossas lâmpadas com óleo fresco através da oração que renova o Espírito Santo. Na natureza, precisamos de dormir e descansar para refrescar o nosso corpo e a nossa mente, tal como Deus pretende. Somos o Templo de Deus e precisamos de cuidar de nós próprios.

*Mas a qual dos **anjos** disse Ele em qualquer altura: "Assenta-te à minha direita, até que Eu ponha os teus inimigos por escabelo dos teus pés? Não são todos eles **espíritos ministradores, enviados para servir a favor daqueles que hão de ser herdeiros da salvação**?(Hebreus 1:13,14)*

Quando voltei a adormecer, sonhei com um homem sem cabeça. O homem sem cabeça tocou-me na cabeça. Mais tarde, acordei sentindo-me revigorada e totalmente normal; sabendo que Deus tinha enviado um Anjo da Cura para tocar na minha cabeça e para me libertar desta ansiedade. Fiquei tão grata a Deus que contei a toda a gente que me quisesse ouvir. Experienciei os horríveis sintomas debilitantes da ansiedade que tinha afetado a minha mente. Acordamos todos os dias com a ansiedade, que nunca nos dá paz porque a nossa mente não está totalmente descansada para relaxar. A ansiedade é também um instrumento do diabo para o fazer sentir-se dominado pelo medo ou pelo pânico. Apresenta-se sob muitas formas e pode nem sequer saber que a tem. A melhor coisa a fazer é mudar a forma como reage ao stress e perguntar a si próprio se está a dar ao seu corpo o que ele precisa para o renovar diariamente. Deus fará o resto quando cuidar do "Seu Templo".

"Se alguém destruir o templo de Deus, Deus o destruirá; porque o templo de Deus é santo, e vós o sois". (1 Coríntios 3:17)

A sua voz.

Quando se tem Deus, está-se cheio porque se está imerso no seu amor. Quanto mais O conheces, mais O amas! Quanto mais falas com ele, mais aprendes a ouvir a sua voz. O Espírito Santo ajuda-nos a discernir a voz de Deus. Só temos de ouvir essa voz mansa e delicada. Nós somos as ovelhas do Seu pasto que conhecem a Sua voz.

"Respondeu-lhes Jesus: Já vo-lo disse, e não acreditastes: as obras que eu faço em nome de meu Pai, essas dão testemunho de mim. Mas vós acreditais não, porque não sois das minhas ovelhas, como eu vos disse. As minhas ovelhas ouvem a minha voz, e eu conheço-as, e elas seguem-me: E dou-lhes a vida eterna, e nunca hão de perecer, e

ninguém as arrebatará da minha mão. Meu Pai, que me deu, é maior do que todos, e ninguém as pode arrancar da mão de meu Pai. Eu e o meu Pai somos um". (João 10:25-30)

Há aqueles de entre nós que se dizem Suas "ovelhas" e aqueles que não acreditam. As Suas ovelhas ouvem a voz de Deus. Os demónios religiosos são enganadores. Fazem-nos sentir que temos Deus. A Bíblia Sagrada alerta-nos para as falsas doutrinas.

"tendo forma de piedade, mas negando o Seu poder". (2 Timóteo 3:5)

Deus diz: "Procurai-Me com todo o vosso coração e encontrar-Me-eis". Não se trata de encontrar um estilo de vida que nos convenha. Segue a verdade, não a tradição religiosa. Se tiveres sede da verdade de Deus, encontrá-la-ás. Deves ler e amar a Palavra de Deus, escondê-la no teu coração e manifestá-la no teu estilo de vida. A Palavra muda-nos interiormente e exteriormente.

Jesus veio para quebrar o poder da tradição e o poder da religião com o preço do Seu Sangue. Ele deu a Sua vida para que pudéssemos ter o perdão dos pecados e a comunhão direta com Deus. A Lei foi cumprida em Jesus, mas eles não o confessaram como Senhor e Salvador, o Messias.

"Todavia, também entre os principais chefes muitos creram nele; mas, por causa dos fariseus, não o confessavam, para não serem expulsos da sinagoga: Porque amavam mais o louvor dos homens do que o louvor de Deus." (João 12:42, 43)

Gripe:

Tinha febre alta acompanhada de dores no corpo. Os meus olhos e a minha cara estavam também muito inchados. Mal conseguia falar e chamei o Ancião da minha igreja para rezar pela minha cura. Os meus traços faciais voltaram instantaneamente ao normal e fiquei curada. Agradeço a Deus pelos homens de fé e pela segurança que Ele dá àqueles que confiam n'Ele.

"Porque o nosso evangelho não chegou até vós só em palavras, mas também em poder, no Espírito Santo e em muita certeza."
(1Tesalonicenses 1:5a)

Alergia ocular.

No sul da Califórnia, temos um grave problema de *smog*. Eu tinha uma irritação nos olhos que se agravou com a poluição do ar. A comichão, a vermelhidão e a dor constante eram intoleráveis; dava-me vontade de tirar os olhos da órbita. Que maneira terrível de me sentir. Eu ainda estava a crescer e a aprender a confiar em Deus. Pensava que era impossível Deus curar isto, apesar de já me ter curado no passado. Estava a ter dificuldade em acreditar em Deus para a minha cura. Pensava que, uma vez que Deus já conhece todos os meus pensamentos, não poderia curar os meus olhos por causa da minha incredulidade, por isso usei colírios para aliviar a comichão. O Senhor começou a falar-me para deixar de usar os colírios. Mas a comichão era muito forte e eu não parava. Ele repetiu isto três vezes até que finalmente deixei de usar o colírio.

*"Jesus, porém, olhando para eles, disse-lhes: Aos homens é impossível, mas a **Deus tudo é possível**". (Mateus 19:26)*

Algumas horas mais tarde, enquanto estava no trabalho, a comichão deixou-me. Fiquei tão feliz que comecei a contar a toda a gente no trabalho sobre a minha cura. Nunca mais tive de me preocupar com os meus olhos. Nós sabemos tão pouco sobre Deus e como Ele pensa. Nunca O poderemos conhecer porque **os Seus caminhos** não são os nossos. O nosso conhecimento sobre Ele é extremamente pequeno. É por isso que é tão crucial para os verdadeiros crentes andarem no Espírito. Não nos podemos inclinar para o nosso próprio entendimento humano. Jesus foi bondoso, paciente e misericordioso comigo naquele dia. Jesus estava a ensinar-me uma grande lição. Eu tinha dúvidas quanto à cura, mas naquele dia obedeci e Ele curou-me! Ele nunca desistiu de mim e nunca desistirá de si!

Depois desta lição de obediência, pus de lado todos os medicamentos. Acreditei no meu coração e comecei a confiar em Deus para me curar de todas as minhas doenças e enfermidades. Aprendi a acreditar n'Ele com o passar do tempo e cresci no Senhor. Ele continua a ser o meu médico atualmente.

Lesão no pescoço:

Uma tarde, ia de carro para a igreja quando fui atropelada por outro veículo e sofri uma lesão no pescoço que exigiu uma baixa médica. Queria voltar ao trabalho, mas o médico recusou. Comecei a rezar: "Jesus, estou aborrecida, por favor deixa-me ir". Jesus disse: "Volta para o trabalho e ninguém saberá que te magoaste".

> *"Porque te restaurarei a saúde, e te curarei as tuas feridas, diz o Senhor" (Jeremias 30:17a)*

Depois voltei ao médico e ele deu-me autorização para voltar ao trabalho, uma vez que eu insisti. Comecei a sentir dores de novo e fui repreendida por ter voltado ao trabalho demasiado cedo. Lembrei-me do que Jesus me tinha dito e prometido. Comecei a dizer a mim própria para me agarrar à promessa de Deus e comecei a melhorar de dia para dia. Quando dei por mim, a minha dor tinha desaparecido. Nessa noite, o meu supervisor pediu-me para fazer horas extraordinárias. Eu ri-me a brincar e disse-lhe que não estava bem para fazer horas extraordinárias porque estava com dores. Confessei que tinha algo que não tinha. As dores voltaram imediatamente e a minha cara ficou muito pálida, pelo que o meu supervisor me mandou ir para casa. Lembrei-me de que Deus tinha dito que eu ia ficar bem e estava decidida a manter-me firme. Disse ao meu supervisor que não podia ir para casa por causa da promessa de Deus. Outra supervisora era cristã, por isso pedi-lhe que rezasse por mim. Ela insistiu para que eu voltasse para casa. Comecei a repreender a dor e falei a palavra da fé. Chamei o diabo de mentiroso com a autoridade do Espírito Santo. Instantaneamente, a minha dor desapareceu.

> *"Então tocou-lhes os olhos, dizendo: Seja-vos feito segundo a vossa fé". (Mateus 9:29)*

Voltei à minha supervisora e contei-lhe o que tinha acontecido. Ela concordou que o demónio é um mentiroso e o pai de todas as mentiras. É importante nunca invocar a existência da doença ou da dor. Nesse dia, Deus ensinou-me uma lição muito importante sobre a brincadeira com a mentira.

"Seja, porém, a vossa comunicação: Sim, sim; Não, não; porque tudo o que é mais do que isto vem do mal." (Mateus 5:37).

Capítulo 3

AS ARMAS PODEROSAS DE DEUS "ORAÇÃO E JEJUM"

Num domingo de manhã, durante o culto, estava deitada no último banco, com dores excruciantes e mal conseguia andar. De repente, Deus disse-me para ir para a frente e receber oração. De alguma forma, eu sabia no meu coração e no Espírito que não ia ser curada, mas como ouvi a voz de Deus, obedeci. Como lemos em

1 Samuel 15:22b. Obedecer é melhor do que sacrificar.

Fui-me dirigindo lentamente para a frente e, quando comecei a caminhar pelo corredor lateral, reparei que as pessoas começavam a levantar-se quando eu passava por elas. Testemunhei o Espírito de Deus a cair sobre cada pessoa e perguntei-me qual seria o propósito de Deus ao enviar-me para a frente.

"E há de ser que, se ouvires atentamente a voz do Senhor teu Deus, para guardares e cumprires todos os seus mandamentos que eu hoje te ordeno, o Senhor teu Deus te exaltará sobre todas as nações da terra: E todas estas bênçãos virão sobre ti, e te alcançarão, se ouvires a voz do Senhor teu Deus." (Deuteronómio 28:1-2)

Eu estava a frequentar a minha igreja local quando isto aconteceu, mas pensei neste dia em particular durante algum tempo. Depois disso, fui visitar uma igreja na cidade de Upland. Uma irmã da nossa antiga igreja também estava a frequentar essa igreja. Ela viu o anúncio no meu carro onde eu dava explicações de matemática e quis contratar-me. Um dia, enquanto a ensinava em minha casa, ela disse-me: "Irmã, lembro-me do dia em que estava doente na nossa antiga igreja e que se dirigia para a frente para receber oração. Nunca tinha experienciado a presença de Deus daquela maneira, apesar de ter sido batizada em nome de Jesus e de ter ido à igreja durante dois anos. No dia em que passaste, senti o Espírito de Deus pela primeira vez e foi muito forte. Lembras-te que toda a igreja se levantou quando o Espírito caiu sobre eles quando passaste?" Eu lembrava-me bem desse dia porque ainda me perguntava porque é que Deus me tinha mandado para a frente quando eu mal conseguia andar. Senti que Deus permitiu que ela voltasse a cruzar o meu caminho por uma razão. Através dela, Deus respondeu à minha pergunta sobre aquele dia.

Fiquei contente por ter ouvido Deus e ter obedecido à Sua voz.

"Porque andamos por fé, e não por vista:" (2 Coríntios 5:7)

Depois da minha lesão, em setembro de 1999, já não podia andar, por isso fiquei na cama a rezar e a jejuar constantemente, dia e noite, pois não dormi durante 48 horas. Rezava dia e noite, pensando que preferia manter Deus na minha mente em vez de sentir a dor. Estava constantemente a falar com Deus. Somos vasos de honra ou de desonra. Quando rezamos, enchemos o nosso vaso com o óleo fresco de Deus, rezando no Espírito Santo.

Devemos usar o nosso tempo com sabedoria e não permitir que os cuidados da vida nos impeçam de ter uma relação espiritualmente íntima com o nosso Criador. A arma mais poderosa contra o diabo e o seu exército é a oração e o jejum.

"Mas vós, amados, edificando-vos sobre a vossa santíssima fé, orando no Espírito Santo," (Judas Vs.20)

Derrota-se o mal quando se reza e se tem uma vida de oração consistente. A consistência é omnipotente. O jejum aumentará o poder do Espírito Santo e terá autoridade sobre os demónios. O Nome de

Eu Fi-Lo à "Sua Maneira"

Jesus é tão poderoso quando dizemos as palavras "Em Nome de Jesus". Lembre-se também que o precioso "Sangue de Jesus" é a sua arma. Peça a Deus que o cubra com o Seu Sangue. A Palavra de Deus afirma:

*"E da parte de Jesus Cristo, que é a fiel testemunha, e o primogénito de entre os mortos, e o príncipe dos reis da terra. Àquele que nos amou, e **em Seu sangue nos lavou dos nossos pecados**."*
(Apocalipse 1:5)

*"De sorte que levavam os enfermos para as ruas, e os punham em leitos e macas, para que ao menos a **sombra** de Pedro, que ia passando, cobrisse alguns deles." (Atos 5:15)*

Capítulo 4

DEUS, O GRANDE ESTRATEGA

Quem pode conhecer a mente de Deus? Em 1999, eu estava a trabalhar no turno da manhã nos Correios quando me baixei para ir buscar um artigo e senti uma forte dor nas costas. Procurei a minha supervisora, mas não a encontrei nem a ninguém. Fui para casa, pensando que a dor passaria depois de rezar antes de ir dormir. Quando acordei na manhã seguinte, ainda com as dores, telefonei ao Ancião da igreja que rezou pela minha cura. Enquanto rezava, ouvi o Senhor dizer-me para telefonar ao meu patrão nos correios para o avisar do meu ferimento. Foi-me então dito que avisasse o meu superintendente assim que voltasse ao trabalho. Quando regressei ao trabalho, fui chamada ao escritório para preencher o relatório de lesão. Recusei-me a ir ao médico deles porque não acreditava em ir ao médico. Confiava em Deus. Infelizmente, as minhas dores nas costas só pioraram. A minha entidade patronal necessitava de um atestado médico que comprovasse que eu tinha sofrido uma lesão, para justificar um trabalho ligeiro. Por esta altura, já tinha feito vários pedidos para ser visto pelo médico deles, mas agora não estavam tão inclinados a mandar-me. Só quando viram alguma melhoria quando andei é que pensaram que tinha recuperado. Agora, mandaram-me consultar o seu médico de acidentes de trabalho que, mais tarde, me encaminhou para um ortopedista. Este confirmou que eu tinha sofrido uma lesão permanente nas costas.

Isso deixou a minha entidade patronal muito aborrecida. Fiquei muito contente por ter aceitado consultar o médico deles desta vez. Eu não sabia o que o futuro me reservava, mas Deus sabia. Não só me foi dado um trabalho ligeiro, como agora eles sabiam que eu tinha uma deficiência grave. À medida que o meu estado se agravava, só me era permitido trabalhar seis horas, depois quatro e depois duas. As minhas dores tornaram-se tão insuportáveis que o trajeto para o trabalho tornava difícil a deslocação de ida e volta. Eu sabia que tinha de depender de Deus para me curar. Rezei e perguntei a Deus qual era o Seu plano para mim. Ele respondeu: *"Vais para casa"*. Pensei: "De certeza que me vão chamar ao escritório e mandar-me para casa". Mais tarde, chamaram-me ao gabinete e mandaram-me para casa, tal como o Senhor tinha dito. Com o passar do tempo, o meu estado piorou e precisei de apoio para andar. Um médico, que reconheceu a gravidade da minha lesão, recomendou-me que fosse a um médico do Centro de Emprego que se encarregasse do meu caso.

Numa sexta-feira à noite, quando abri a porta ao sair dos correios, ouvi uma voz de Deus a dizer: *"Nunca mais voltas a este lugar"*. Fiquei tão espantada com as palavras que comecei a pensar que talvez pudesse ficar paralisado ou mesmo ser despedido. A voz era muito clara e poderosa. Eu sabia, sem sombra de dúvida, que isso iria acontecer e que não voltaria a olhar para este sítio onde tinha trabalhado durante 19 anos. A minha situação financeira era incerta. No entanto, Deus vê as coisas à distância, pois estava a dar mais um passo para que eu seguisse o meu caminho.

Deus estava a lançar lenta e habilmente os alicerces do meu futuro, como um mestre estratega, para um tempo em que eu já não trabalharia para mais ninguém, mas para Ele. Depois do fim de semana, encontrei um novo médico ortopedista que me examinou. Colocou-me numa situação de incapacidade temporária durante quase um ano. Os correios enviaram-me para ser avaliada por um dos seus médicos e a sua opinião foi contrária à do meu médico. Ele disse que eu estava bem e que podia levantar até 30 quilos. Eu nem sequer conseguia andar, ficar de pé ou sentar-me muito tempo, quanto mais pegar num peso equivalente ao do meu corpo frágil. O meu médico ficou muito aborrecido. Discordava da avaliação que o outro médico fazia da minha saúde e das minhas capacidades físicas. Graças a Deus, o meu médico contestou o facto em meu nome e contra o médico da minha entidade patronal. A minha entidade patronal remeteu então o assunto para um terceiro médico que atuaria como "árbitro" mediador. Este árbitro era um cirurgião ortopédico que, mais tarde, me diagnosticou uma deficiência. Não era por causa do acidente de trabalho, mas por causa da minha doença do sangue. Agora tudo tomava um rumo diferente. Eu nasci com esta doença. Não sabia nada sobre a reforma por invalidez. Rezei sobre esta situação com raiva no meu coração. Eu sabia que o trabalho dele era fazer o que era justo para o doente e não para a entidade patronal. E, numa visão, vi este médico completamente louco.

Pedi imediatamente a Jesus que o perdoasse. O Senhor começou a falar comigo dizendo que o médico tinha feito o melhor que podia para o seu bem. Pedi ao Senhor que me mostrasse porque eu não conseguia ver as coisas assim; no entanto, a minha resposta viria mais tarde. Entretanto, pedi o subsídio de invalidez permanente porque já não podia trabalhar. Não tinha a certeza de que o meu pedido seria aprovado. A minha entidade patronal e o meu médico sabiam que eu tinha não só uma lesão nas costas, mas também três tumores na zona lombar e um hemangioma na coluna vertebral. Tinha uma doença degenerativa do disco e uma doença do sangue. O meu corpo estava a deteriorar-se rapidamente e de forma muito dolorosa.

Os sintomas dolorosos das minhas doenças e lesões tinham-me afetado gravemente. Dei por mim incapaz de andar, mesmo com a ajuda de apoio. Não se sabia o que estava a causar as paralisias que me afetavam as pernas, por isso mandaram-me fazer uma ressonância magnética (RMN) à cabeça. O médico estava à procura de qualquer problema psicológico. Quem pode conhecer a mente de Deus e os passos que Ele estava a dar para o meu futuro? Deus é o grande estratega porque, na altura, mal sabia eu que tudo isto tinha uma razão de ser. Só tinha de confiar n'Ele para me conduzir. Só tinha de confiar que Ele tomaria conta de mim. As prestações por incapacidade permanente só podem ser aprovadas para pessoas que tenham um problema de saúde pessoal que possa ser medicamente comprovado por um médico pessoal. Como o meu novo médico não tinha qualquer historial clínico, recusou-se a fornecer ao Departamento de Incapacidade uma avaliação médica completa sobre a minha incapacidade para o trabalho. Também me deparei com o dilema das minhas finanças. Recorri à única fonte que conhecia para obter respostas. O Senhor disse: *"Tens muitos relatórios médicos, envia-os todos ao médico"*.

Não só entreguei ao médico todos os meus relatórios médicos, como ele estava pronto para preencher o meu pedido de reforma por invalidez permanente. Louvado seja Deus! Deus está sempre pronto a dar uma resposta se Lhe pedirmos com sinceridade. É importante estarmos sempre quietos e ouvirmos a Sua resposta. Por vezes, ela não vem de imediato. Esperei que o "Grande Estratega" organizasse a minha vida de acordo com a Sua vontade. Os meses que se seguiram foram agonizantes e difíceis. Não só sofri dores físicas, como também já não conseguia virar uma página de um livro. Como dependia de Deus para me curar, acreditava que estava a passar por isto por uma razão, mas que certamente não iria morrer. Acreditando nisto, agradeci a Deus todos os dias por cada momento que estava a viver e por qualquer condição em que me encontrasse. Consumia-me em orações e jejuns para ultrapassar aqueles momentos de dor agonizante. Ele era a minha única fonte de força e o meu lugar de refúgio na oração.

A minha vida tinha sofrido uma grande reviravolta. Neste estado debilitante, já não era capaz de trabalhar. Com muita oração e súplica todos os dias, a minha situação parecia estar a piorar, não a melhorar. No entanto, eu sabia que Deus era a única resposta. Sem dúvida, eu sabia que Ele resolveria as coisas para mim. Ele tinha-me dado a conhecer a Sua existência e presença, e eu sabia que Ele me amava. Isso era suficiente para me agarrar e esperar no "Mestre Estratega", que tinha um plano definido para a minha vida.

A minha mãe, que tinha 85 anos de idade, vivia comigo nessa altura. Ela também era deficiente e precisava de assistência e cuidados no seu estado acamado. Numa altura em que a minha querida mãe mais precisava de mim, não pude atender às suas necessidades básicas. Em vez disso, a minha frágil mãe teve de assistir à deterioração da saúde da filha à sua frente. Duas mulheres, mãe e filha, numa situação que parecia sem esperança, mas ambas acreditávamos no "Poderoso Deus dos Milagres". Um dia, a minha mãe viu-me cair no chão. Gritou e chorou, sem poder fazer nada por mim. Esta cena foi tão insuportável e horrível para a minha mãe ao ver-me no chão, mas o Senhor, na Sua misericórdia, levantou-me do chão. O meu irmão, a minha irmã e a minha família, ao saberem disto, ficaram muito preocupados por o meu estado ter chegado a este extremo. O meu querido e idoso pai, que estava a ser cuidado noutro local, só chorava e não dizia grande coisa. Não era apenas a minha dor e provação pessoal que tinha de suportar; estava agora a afetar os meus entes queridos. Foi o momento mais negro da minha vida. Olhei para a promessa de Deus desde o início:

> "*Quando andares, não se embaraçarão os teus passos; e quando correres, não tropeçarás.*" *(Provérbios 4:12)*

Com grande alegria no coração, pensei na Palavra e na promessa de Deus. Eu não só seria capaz de dar um passo, como também teria a capacidade de correr um dia. Dediquei mais tempo à oração, pois não havia muito mais a fazer do que rezar e procurar a face de Deus. Tornou-se uma obsessão dia e noite. A Palavra de Deus tornou-se a minha "Âncora de Esperança" num mar agitado. Deus provê as nossas necessidades, por isso arranjou maneira de eu obter uma cadeira de rodas motorizada que me facilitou um pouco a vida para me deslocar. Quando me levantava, não conseguia equilibrar-me, mesmo com ajuda. Só havia desconforto e dor em todo o meu corpo e qualquer conforto que eu tivesse vinha do "Consolador", o Espírito Santo. Quando o povo de Deus orava por mim, o meu corpo experinciava um alívio temporário da dor, por isso eu procurava sempre a oração dos outros. Um dia, desmaiei no chão e fui levada para o hospital. O médico do hospital tentou convencer-me a tomar medicamentos para as dores. Ele foi persistente, pois viu que as minhas dores eram extremas durante muitos dias. Acabei por ceder às suas instruções para tomar o medicamento, mas era contra aquilo em que eu acreditava.

Para mim, Deus era o meu curador e médico. Eu sabia que Deus tinha a capacidade de me curar em qualquer altura, tal como já o tinha feito tantas outras vezes, por que razão não me curaria agora? Acreditava firmemente que era da responsabilidade de Deus ajudar-me. Era assim que eu pensava e rezava com fé e ninguém podia mudar a minha maneira de pensar. Não conseguia ver as coisas de outra forma, por isso esperei no "Mestre Estratega". O meu processo de pensamento estava a tornar-se mais forte, apoiando-me em Deus. Quanto mais eu rezava, mais crescia a minha relação com Ele. Era tão profundo e pessoal que não podia ser explicado a alguém que não conhecesse os caminhos espirituais de Deus ou a Sua própria existência. Ele é um Deus maravilhoso! No dia em que saí do hospital, telefonei a uma amiga para me ir buscar. Ela colocou a sua mão sobre mim para rezar e eu senti um alívio temporário da dor. Foi como tomar um remédio receitado por Deus. Durante este tempo, Deus enviou uma senhora para rezar comigo todas as manhãs às 4.00 da manhã. Só senti um alívio temporário e agora tinha-me sido dada uma companheira de oração. Acreditava de todo o coração que Deus tinha tudo sob controlo.

As coisas pioraram à medida que o meu corpo continuava a deteriorar-se. Devido a lesões nervosas, não estava a receber sangue nem oxigénio suficientes nas extremidades inferiores e superiores. Para acrescentar à minha lista de sintomas, fiquei também incontinente. Comecei a ter dificuldade em pronunciar palavras devido a espasmos na boca. Tinha lesões no nervo ciático e a lista de sintomas não parava de crescer.

A minha cura não foi rápida. Perguntei-me o que teria acontecido à Sua promessa do Provérbio 4:12. Pensei que talvez tivesse pecado. Então pedi: "Senhor Jesus, por favor, diz-me o que fiz de errado para me poder arrepender". Pedi a Deus que falasse comigo ou com o meu amigo, que me enviasse uma palavra. Não estava zangada com Deus, mas estava a pedir-Lhe com um coração humilde. Estava desesperada por ser curada.

Mais tarde, nesse dia, o meu telefone tocou e pensei para comigo: será que esta é a minha resposta? Mas, para minha desilusão, o telefonema era para outra pessoa. Fui para a cama e acordei às 4 horas da manhã para rezar. A minha companheira de oração Sis. Rena veio rezar comigo. Olhei para ela e pensei que talvez Deus tivesse falado com ela e que ela tivesse a minha resposta, mas, mais uma vez, para minha desilusão, não houve resposta.

Depois de ela ter saído, fui para o meu quarto para me deitar e descansar. Enquanto estava deitada, às 9 horas da manhã, ouvi a porta das traseiras abrir-se; era a Carmen, a governanta da casa. Ela entrou e perguntou-me: "*Como te sentes?*" Respondi-lhe: "Sinto-me *muito mal.*" Depois virei-me para trás e fui para o meu quarto. A Carmen disse: "Tenho *uma palavra para ti*". Hoje, enquanto eu estava a rezar na igreja, Jesus veio ter comigo e disse: *"A irmã Elizabeth Das está a passar por uma provação. Elizabeth Das está a passar por uma provação, é a sua longa e ardente provação, e ela não fez nada de errado. Ela vai sair como ouro e eu amo-a muito"*. Eu sei que estava na sala do trono com Ele na noite anterior, quando estava a pedir uma resposta à minha pergunta.

Eis que a mão do Senhor não está encolhida, para que não possa salvar; nem o seu ouvido pesado, para que não possa ouvir.
(Isaías 59:1)

Nesta altura da minha vida, senti-me como se fosse enlouquecer. Já não conseguia ler, lembrar-me nem concentrar-me normalmente. A minha única escolha e razão de viver era adorar a Deus e rezar muito. Dormia apenas curtos períodos de aproximadamente três a quatro horas em dias alternados. Quando eu dormia, Deus era o meu Shalom. Glória, louvor e honra ao Seu Santo Nome! Nas minhas orações, clamei ao Senhor: "Deus, eu sei que posso sair disto instantaneamente porque tenho fé que podes e me vais curar". Comecei a pensar na minha provação, que talvez não pudesse sair dela apenas com a minha fé. As provações têm um princípio e um fim.

Há tempo de matar e tempo de curar; tempo de destruir e tempo de edificar (Eclesiastes 3:3)

Eu tinha de acreditar que, quando tudo isto acabasse, teria um poderoso testemunho de fé que permaneceria para sempre. Um testemunho de fé que eu partilharia com muitos como testemunha das Obras Maravilhosas de um Deus Todo-Poderoso! Tudo valeria a pena, era o que eu repetia para mim mesmo. Tinha de acreditar na minha "Âncora de Esperança" porque não havia outro caminho senão o d'**Ele**! E foi à maneira d'**Ele** que me conduziu àquele que tinha o poderoso dom da cura, dado em Seu nome. A Palavra de Deus nunca muda, por isso Deus também não muda. Ele é o mesmo ontem, hoje e para sempre. Como crentes nascidos de novo, temos de professar a nossa fé em amor e amar a Palavra de Deus.

Eu Fi-Lo à "Sua Maneira"

> *"Tendo nascido de novo, não de semente corruptível, mas de incorruptível, pela palavra de Deus, que vive e permanece para sempre." (1 Pedro 1:23)*

Os homens de Deus da Bíblia também tiveram as suas provações. Porque é que hoje em dia seria diferente, que Deus não nos provaria? Não me estou a comparar com os homens piedosos da Bíblia Sagrada porque estou longe de me comparar com os discípulos santos. Se Deus testou a fé dos homens há centenas de anos, também testará os homens e mulheres de hoje.

> *"Bem-aventurado o homem que suporta a tentação; porque, quando for **provado**, receberá a coroa da vida, que o Senhor prometeu aos que o amam." (Tiago 1:12)*

Pensei no relato bíblico de Daniel. Ele viu-se numa situação em que a sua fé foi posta à prova. Deus protegeu Daniel na cova dos leões porque ele não quis obedecer à lei do rei Dario. Ele só rezava a Deus e recusava-se a rezar ao rei Dario. Depois houve Job, um homem devoto que amava Deus, que perdeu tudo o que tinha e sofreu doenças no corpo, mas Job não amaldiçoou Deus. Há muitos outros homens e mulheres mencionados na Bíblia Sagrada. Independentemente daquilo por que passaram, a sua provação teve um princípio e um fim. O Senhor estava com eles em todas as situações, porque confiavam nele. Agarro-me às lições destes relatos bíblicos que nos são dados como exemplo e inspiração. Deus é a resposta para tudo. Confie apenas Nele e mantenha-se fiel à Sua Palavra, porque a Sua Palavra é fiel a si!

> *Conservando a fé e a boa consciência, as quais alguns, tendo abandonado a fé, naufragaram (1 Timóteo 1:19)*

Quando a tua fé for posta à prova, lembra-te de te manteres firme na Palavra de Deus. Em cada ataque do inimigo, a batalha pode ser ganha através do Poder da Sua Palavra.

> *O Senhor é a minha força e o meu cântico, e ele tornou-se a minha salvação; ele é o meu Deus, (Ex. 15:2a)*

O Deus da minha rocha, nele confiarei; ele é o meu escudo, e a força da minha salvação, o meu alto refúgio, o meu salvador; tu livras-me da violência (2Sam. 22:3)

O Senhor é a minha rocha, a minha fortaleza e o meu libertador; o meu Deus, a minha força, em quem confio; o meu escudo, a força da minha salvação e o meu alto refúgio. (Psa. 18:2)

O Senhor é a minha luz e a minha salvação; a quem temerei? O Senhor é a força da minha vida; de quem terei medo? (Psa. 27:1)

Em Deus ponho a minha confiança: Não temerei o que me possa fazer o homem. (Psa. 56:11)

Em Deus está a minha salvação e a minha glória; a rocha da minha fortaleza e o meu refúgio estão em Deus. (Psa. 62:7)

Eu Fi-Lo à "Sua Maneira"

Capítulo 5

FALAR DA SUA FÉ

Há algum tempo que tinha uma alergia ao pó que me fazia comichão na cara. Eu acreditava que Deus me iria curar desta doença. Um dia, uma colega de trabalho olhou para mim e disse que a minha alergia era muito grave. Eu disse-lhe que não tinha a alergia, explicando que acreditava que Deus já estava a tratar do meu pedido de cura. Esta era a minha crença de "não dizer o nome e não reivindicar". O Senhor honrou o meu pedido nesse mesmo dia, removendo a doença e todos os sintomas. Que Deus maravilhoso nós servimos! Não temos de confessar com a nossa boca e dar nomes aos nossos sintomas. Quando receberes uma oração, acredita que já foi tratada no céu e que um anjo foi enviado para te trazer a tua cura. Fala da tua fé, não das tuas doenças e enfermidades. Recordo-me da história bíblica de Jesus e do Centurião de Cafarnaum:

"Tendo Jesus entrado em Cafarnaum, aproximou-se dele um centurião, que lhe rogava, dizendo: Senhor, o meu servo jaz em casa, paralítico e atormentado. Disse-lhe Jesus: Eu irei e curá-lo-ei. Respondeu o centurião: Senhor, não sou digno de que entres debaixo do meu telhado; mas dize somente uma palavra, e o meu criado sarará. Porque eu sou homem de autoridade, e tenho soldados debaixo de mim; e digo a este: Vai, e ele vai; e a outro: Vem, e ele vem; e ao meu servo: Faze isto, e ele faz. Quando Jesus ouviu isto, admirou-se e disse aos que o seguiam: Em verdade vos digo que nunca encontrei tamanha fé, nem em Israel." (Mateus 8:5-10)

O Centurião veio humildemente ter com o Senhor, acreditando no poder das palavras de Jesus. As próprias palavras do Centurião revelaram a Jesus a sua fé no poder da "Palavra falada" que curaria o seu servo. Podemos levar a fé e a esperança aos outros através daquilo que lhes dizemos. Temos de deixar que o Espírito Santo fale pela nossa boca quando tivermos oportunidade de testemunhar aos outros.

Esta é a Sua maneira de nos usar para tocar efetivamente a vida dos outros e plantar a semente da Salvação. Em momentos como este, Deus dar-nos-á as palavras para falar, com unção, porque Ele conhece o nosso coração e o nosso desejo de chegar ao pecador. Estou muito grata pelo Amor, Misericórdia e Graça de Deus que nos leva ao arrependimento. Ele está pronto a perdoar-nos os nossos pecados e conhece as nossas fraquezas, porque sabe que somos humanos.

"E disse-me: A minha graça te basta, porque o meu poder se aperfeiçoa na fraqueza. De boa vontade, pois, me gloriarei nas minhas fraquezas, para que em mim habite o poder de Cristo. Pelo que sinto prazer nas fraquezas, nas injúrias, nas necessidades, nas perseguições, nas angústias por amor de Cristo; porque, quando sou fraco, então é que sou forte." (2 Coríntios 12:9-10)

E Jesus disse-lhes: Por causa da vossa incredulidade; porque em verdade vos digo que, se tiverdes fé como um grão de mostarda, direis a este monte: Passa daqui para acolá, e ele passará; e nada vos será impossível. (Mateus 17:20)

Nessa noite, a alergia cutânea ficou completamente curada, uma vez que não aceitei a encomenda de satanás.

Eu Fi-Lo à "Sua Maneira"

Capítulo 6

O PODER DE CURA DE DEUS E DO SEU SERVO

Q uero começar este capítulo por falar um pouco sobre o irmão James Min. O irmão James tinha uma loja de reparação de sapatos em Diamond Bar, Califórnia, onde também dava testemunho aos seus clientes sobre o poder de Deus. Em tempos, foi ateu, mas acabou por aceitar a crença cristã. Mais tarde, conheceu a doutrina da verdade dos Apóstolos e agora é um crente convicto, batizado em Nome de Jesus e recebeu o Espírito Santo com a evidência de falar noutras línguas ou línguas. Quando conheci o irmão James, ele contou-me o seu testemunho e como rezava pedindo a Deus que o usasse nos dons, para que outros acreditassem e viessem a conhecer Deus através de milagres.

Como cristãos, temos de usar os dons e não ter medo de pedir a Deus que nos use. Estes dons também são para nós hoje. A igreja primitiva do Novo Testamento era sensível ao Espírito de Deus e ministrava os Dons do Espírito.

Jesus disse:

*"Em verdade, em verdade vos digo que aquele que crê em mim também fará as obras que eu faço, e **as** fará **maiores** do que estas, porque eu vou para meu Pai". (João 14:12)*

Reze para que o líder da sua igreja o ajude a compreender estes dons e o apoie no seu dom. Peça a Deus que o ajude a usá-los, pois eles vêm diretamente de Deus. Não se envaideça se o seu dom for um dom que funciona abertamente na igreja. Com alguns dons, Deus usá-lo-á como um recipiente para fazer o que Ele quer. Pode ter vários dons e não o saber. Alguns dons não o tornarão muito popular, mas terá de obedecer a Deus quando Ele fala. Tudo depende do dom. Reze por sabedoria para usar o seu dom sob o poder da Sua unção. Deus escolheu-o por uma razão e não comete erros. Os dons são para a edificação da igreja.

Há apenas uma igreja verdadeira que O adora em espírito e em verdade.

> *"Ora há diversidade de dons, mas o Espírito é o mesmo. E há diversidade de administrações, mas o Senhor é o mesmo. E há diversidade de operações, mas é o mesmo Deus que opera tudo em todos. Mas a manifestação do Espírito é dada a cada um para proveito próprio. Porque a um, pelo Espírito, é dada a palavra da sabedoria; a outro, pelo mesmo Espírito, a palavra da ciência; a outro, pelo mesmo Espírito, a fé; a outro, pelo mesmo Espírito, os dons de curar; a outro, a operação de milagres; a outro, a profecia; a outro, o dom de discernir os espíritos; a outro, várias espécies de línguas; a outro, a interpretação das línguas: Mas todas estas coisas opera o mesmo e único Espírito, repartindo a cada um segundo a sua vontade." (I Coríntios 12:4-11)*

O irmão James disse-me que rezava por estes dons para poder operar no Espírito Santo com sinais de milagres das obras maravilhosas de Deus. Ele lia a Bíblia dia e noite continuamente. Ele percebeu que através da operação dos Dons do Espírito, a semente da fé seria plantada no coração do incrédulo. Temos de ser um exemplo da nossa fé, como o próprio Jesus disse, para que os próprios crentes façam estes milagres e muito mais.

> *"Ora a fé é o firme fundamento das coisas que se esperam, a prova das coisas que se não vêem." (Hebreus 11:1)*

> *"Mas sem fé é impossível agradar-lhe; porque é necessário que aquele que se aproxima de Deus creia que ele existe, e que é galardoador dos que o buscam". (Hebreus 11:6)*

O irmão James teve uma visão de que Deus lhe daria dons espirituais. Hoje ele opera com os dons de Cura e Libertação. Foi através do ministério do irmão James que foi marcado no céu o dia em que eu voltaria a andar, livre de qualquer ajuda. O irmão James não é pastor ou ministro de uma igreja. Não ocupa qualquer posição elevada numa igreja, embora lhe tenham sido oferecidos cargos e dinheiro por causa dos dons espirituais. Ele é humilde pelo dom que Deus lhe confiou. Tenho visto como Deus o usa para expulsar demónios das pessoas em Nome de Jesus e como os doentes são curados. Os demónios estão sob a autoridade de Deus, em nome de Jesus, quando o irmão James os expulsa. Ele fará perguntas aos demónios em Nome de Jesus e eles responderão ao Irmão Tiago. Já vi isto pessoalmente muitas vezes; especialmente quando ele pede aos demónios que confessem quem é o verdadeiro Deus. O demónio responderá: "Jesus". Mas para eles é demasiado tarde para se voltarem para Jesus. Aprendi muito sobre o mundo espiritual ao passar por esta provação e ao apoiar-me em Deus para ser curado.

> *"E disse-lhes: Ide por todo o mundo e pregai o evangelho a toda a criatura. Quem crer e for batizado será salvo; mas quem não crer será condenado. E estes sinais seguirão aos que crerem: Em meu nome expulsarão demónios; falarão novas línguas; pegarão em serpentes; e, se beberem alguma coisa mortífera, não lhes fará dano algum; porão as mãos sobre os enfermos, e eles sararão."*
> *(Marcos 16:15-18)*

Pela graça de Deus, o irmão James está pronto para testemunhar a qualquer pessoa, em qualquer altura, acerca de Jesus. Ele atua no ministério de cura e libertação em reuniões caseiras ou em igrejas onde foi convidado. O irmão James faz citações da Bíblia:

> *Todavia, irmãos, de certo modo vos escrevi com mais ousadia, para vos lembrar da graça que me foi dada por Deus, para que eu fosse ministro de Jesus Cristo aos gentios, ministrando o evangelho de Deus, a fim de que a oferta dos gentios fosse agradável, sendo*

santificada pelo Espírito Santo. Tenho, pois, de que me gloriar, por Jesus Cristo, nas coisas que dizem respeito a Deus. Porque não ousarei dizer coisa alguma do que Cristo por mim não fez, para tornar obedientes os gentios, por palavras e obras, por sinais e prodígios, pelo poder do Espírito de Deus; de sorte que desde Jerusalém e arredores, até à Ilíria, tenho anunciado plenamente o evangelho de Cristo. (Romanos 15:15-19)

No dia em que o conheci, o irmão James fez-me algumas perguntas sobre a minha saúde. Contei-lhe tudo e os meus sintomas. Também lhe mostrei onde tinha três tumores. Os tumores estavam do lado de fora da minha coluna, e o outro estava do lado de dentro da coluna. O irmão James examinou a minha coluna e explicou que a minha coluna não estava direita a partir do meio. Verificou as minhas pernas, comparando-as lado a lado, e mostrou-me que uma perna era quase 5 cm mais curta do que a outra. Uma mão também era mais curta do que a outra. Rezou pela minha coluna vertebral e esta voltou ao seu lugar original, onde ele podia passar o dedo em linha reta paralelamente à minha coluna vertebral. Ele rezou pela minha perna e ela começou a mover-se à frente dos meus olhos, depois parou de crescer quando ficou igual à outra perna. O mesmo aconteceu com a minha mão. Cresceu de forma uniforme em relação à outra mão. O irmão James pediu-me então que deixasse de lado o meu apoio para andar e ordenou-me que me levantasse e andasse em Nome de Jesus. Eu fiz o que ele pediu e comecei a andar milagrosamente. Ao ver isto, o meu amigo veio a correr e gritou: "Liz, agarra-te a mim, agarra-te ao teu apoio ou vais cair!" Eu sabia que tinha forças para andar naquele preciso momento e dei aquele passo com fé. Sentia-me tão feliz!

Tinha fraqueza muscular nas pernas devido à falta de exercício por não poder andar durante tanto tempo. Demorou algum tempo a pôr os meus músculos em forma; ainda hoje não tenho a força total dos meus músculos. Graças a Deus, estou a andar e a conduzir o meu carro. Ninguém me pode dizer que Deus não faz milagres hoje. Para Deus, nada é impossível. Com uma alegria imensa, fui visitar o médico que sabia da minha deficiência. Logo que entrei no consultório, sem qualquer ajuda, bengala ou cadeira de rodas, a equipa médica ficou totalmente espantada. As enfermeiras apressaram-se a chamar o

Eu Fi-Lo à "Sua Maneira"

médico, que também ficou incrivelmente surpreendido por ter tirado radiografias. O que ele viu foi que os tumores ainda lá estavam, mas que, por alguma razão misteriosa, eu conseguia andar apesar disso. Louvado seja Deus! Acredito que estes tumores também vão desaparecer em breve!

No dia em que Deus me curou, comecei a dizer a toda a gente que Deus é o nosso curador e que o Seu plano de salvação é para aqueles que acreditam e O seguem. Graças a Deus pelo irmão James e por todos os benefícios deDeus!

A minha primeira parte da promessa tinha-se concretizado.

> *"Quando andares, não se embaraçarão os teus passos; e quando correres, não tropeçarás." (Provérbio 4:12)*

Muitas vezes pensei que ia cair, mas nunca caí

> *"Bendize, ó minha alma, ao Senhor, e não te esqueças de todos os seus benefícios: que perdoa todas as tuas iniquidades, que sara todas as tuas enfermidades, que redime a tua vida da perdição, que te coroa de benignidade e de ternas misericórdias, que farta a tua boca de bens, de sorte que a tua mocidade se renova como a da águia." (Salmos 103:2-5).*

Capítulo 7

NÃO DAR LUGAR AO DEMÓNIO OU ÀS COISAS DO DEMÓNIO

A minha amiga Rose, da Califórnia, telefonou-me uma manhã cedo. Disse-me que, na noite anterior, o seu marido Raul tinha ido para a cama enquanto ela permanecia no quarto de hóspedes a ouvir um popular programa de rádio noturno sobre o tabuleiro Ouija. As luzes estavam apagadas e o quarto estava escuro. De repente, ela disse que sentiu uma presença no quarto. Olhou para a porta e estava lá um homem de pé, parecido com o seu marido. Esta figura moveu-se rapidamente como um flash e prendeu-a na cama onde ela estava. Esta "coisa" puxou-a então pelos braços para uma posição sentada, de frente para ele, olhos nos olhos. Ela podia ver claramente que não havia olhos nas órbitas, mas apenas uma escuridão profunda e oca. Os braços que ainda a seguravam eram cinzentos como a morte e as suas veias sobressaíam da pele. Ela apercebeu-se imediatamente que aquele não era o seu marido, mas sim um anjo caído e impuro.

Como sabem, um demónio e um anjo caído têm características completamente diferentes. Os anjos caídos foram expulsos do céu com Lúcifer e têm funções completamente diferentes. Os anjos caídos podem mover coisas como os seres humanos, mas um demónio precisa de um corpo humano para executar o seu plano. Os demónios são os espíritos das pessoas que morreram sem Jesus; também têm um poder limitado.

Eu Fi-Lo à "Sua Maneira"

E apareceu outro sinal no céu, e eis um grande dragão vermelho, que tinha sete cabeças e dez chifres, e sete coroas sobre as suas cabeças. E a sua cauda arrastava a terça parte das estrelas do céu, e lançou-as sobre a terra; e o dragão pôs-se diante da mulher que estava para dar à luz, a fim de devorar o seu filho logo que nascesse.
(Apocalipse 12:3,4)

Rose ainda estava indefesa e incapaz de falar, num estado de congelamento. Disse que tentou chamar por Raul, mas só conseguiu emitir sons curtos e difíceis, como se alguém lhe estivesse a apertar as cordas vocais. Ainda conseguia ouvir o locutor de rádio ao fundo e sabia que não estava a dormir, pois tinha os olhos totalmente abertos e repetia para si própria que não os fechasse. Anteriormente, lembrava-se de ter fechado os olhos por breves instantes antes deste incidente e de ter tido uma visão ou sonho de grandes marcas de garras a rasgar o papel de parede.

Conheço a Rose há quase 30 anos. A Rose deixou a igreja há cerca de 10 anos e já não andava com o Senhor. Mantivemos sempre contacto e eu continuei a rezar para que ela voltasse para Deus. A Rose disse-me que tinha estado a falar em línguas de forma muito poderosa, sem razão aparente, enquanto conduzia do trabalho para casa, pelo menos várias vezes. Ela sentiu que isto era muito invulgar porque não estava a rezar de todo. Ela percebeu que Deus estava a lidar com ela através do Espírito Santo. O Seu amor estava a chegar até ela, e ela sabia que Deus estava no controlo porque Ele escolhia o momento das Suas visitas. Rose disse que fechou os olhos e a mente e gritou: "JESUS!" Num instante, o anjo caído saltou do seu corpo e afastou-se sem tocar no chão.

Ficou imóvel até conseguir mexer-se de novo. Acordou o Raul, que lhe disse que tinha sido apenas um sonho mau. Ele deita-a na cama ao seu lado e adormece rapidamente. Rose começou a chorar e a pensar no horror que tinha acabado de acontecer e reparou que estava em posição fetal. De repente, começou a falar em línguas quando o poder sobrenatural do Espírito Santo se apoderou dela e a conduziu de volta àquele quarto escuro. Ela fechou a porta atrás de si, percebendo exatamente o que tinha de fazer. Começou a adorar a Deus em voz alta e exaltou o Seu Nome até cair no chão, sentindo-se exausta, mas com grande paz.

Quando abriu a porta, para seu espanto, Raul estava na sala de estar com todas as luzes acesas. Ela foi diretamente para a cama deles e dormiu com uma paz impressionante. Na noite seguinte, enquanto preparava o jantar, Raul perguntou a Rose se aquela "coisa" da noite anterior iria voltar. Surpreendida com a sua pergunta, a Rose perguntou-lhe porque é que ele perguntava isso, uma vez que ele nem sequer acreditava que isso tinha acontecido. Raul disse a Rose que, depois de ela ter entrado no quarto para rezar, algo veio atrás dele. É por isso que ele estava acordado com todas as luzes acesas. Depois de ela ter rezado e adormecido, ele foi atacado por algo terrível que o manteve acordado até às 4:00h da manhã seguinte. Ele usava a meditação Om, lutando desde as 23:00h até de manhã. A Rose lembrou-se que o Raul tinha um tabuleiro Ouija no armário do corredor, do qual se recusava a livrar-se quando ela se mudou para a casa. Ela disse ao Raul que não sabia se ele voltaria, mas que ele devia livrar-se do tabuleiro Ouija. Raul atirou-o rapidamente para o caixote do lixo lá fora. A Rose diz que foi preciso aquele incidente horrível para o fazer livrar-se do tabuleiro!

Quando a Rose me telefonou, eu disse-lhe que o anjo caído ainda podia estar dentro de casa, por isso precisávamos de rezar juntas ao telefone. A Rose foi buscar o azeite para ungir a casa comigo em alta-voz. Quando eu disse a palavra "pronta" disse-lhe que ela começasse a falar em línguas no Espírito Santo instantaneamente. Quando eu disse "pronta", a Rose começou a falar em línguas instantaneamente e pousou o telefone para ungir. Eu podia ouvir a sua voz a desvanecer-se enquanto ela orava por toda a casa, ungindo portas e janelas em Nome de Jesus. A Rose estava agora fora do meu alcance auditivo quando algo me disse para a mandar entrar na garagem. Nesse mesmo momento, a Rose disse que estava a ungir divisões e que estava na porta das traseiras que dava para a garagem. Ela sentiu uma presença maligna atrás da porta quando a ungiu. Acreditando na proteção de Deus, Rose disse que a abriu e entrou na garagem muito escura. O poder do Espírito Santo tornou-se mais forte à medida que ela entrava e podia sentir que ele estava lá! Ela caminhou em direção a outra porta que dava para um pátio onde se encontrava o caixote do lixo. Era o mesmo caixote do lixo onde o Raul tinha deitado fora o tabuleiro Ouija no dia anterior. Sem hesitar, Rose disse que deitou azeite sobre o tabuleiro Ouija enquanto rezava alto e com fervor no Espírito Santo, e depois fechou a tampa. Regressou à sala de estar e ouviu a minha voz a chamar-lhe "vai para a garagem porque está lá dentro". A Rose disse-me que já tinha tratado daquilo". Isto confirmou que o mal estava na garagem enquanto rezávamos.

Rose disse que agora tudo fazia sentido para ela. Deus, na Sua terna misericórdia e bondade, estava a preparar Rose para este dia, apesar de ela não O estar a servir. De acordo com Rose, esta experiência foi o que a trouxe de volta a Deus com um compromisso como nunca tinha sentido antes. Ela agora frequenta o Apostolic Lighthouse em Norwalk, Califórnia. Ela estava muito grata a Deus pelo Seu amor e proteção. Deus preparou-a para enfrentar o anjo caído daquela noite com a inegável armadura espiritual do Espírito Santo. Para Rose, o que aconteceu foi a manifestação sobrenatural do poder de Deus em Nome de Jesus. Foi o Seu amor para que Rose voltasse aos Seus caminhos. Acredite que a Sua mão não é demasiado curta para salvar ou libertar, mesmo no que diz respeito àqueles que se opõem a si próprios e que escolhem não acreditar naquilo que não podem ver ou sentir. O nosso Redentor pagou o preço por nós na cruz com o Seu Sangue. Ele nunca forçará ninguém a amá-Lo. A Palavra de Deus diz-nos que devemos vir como uma criança e promete que se O procurarmos de todo o coração, O encontraremos. Os incrédulos e céticos não podem mudar o que é e o que está para vir. Tem sede da justiça de Deus e bebe da Água Viva da Vida.

"Por que razão, quando eu vim, não havia ninguém? Quando chamei, não houve quem respondesse? Porventura está a minha mão encurtada, para que não possa remir? Ou Não tenho poder para livrar? Eis que, com a minha repreensão, faço secar o mar, torno os rios em deserto; os seus peixes cheiram mal, porque não há água, e morrem de sede." (Isaías 50:2)

"Com mansidão, instruindo os que se opõem a si mesmos; se porventura Deus lhes der arrependimento para reconhecerem a

verdade; E para que se rebelem dos laços do diabo, sendo por ele levados cativos, segundo a sua vontade." (2 Timóteo 2:25-26)

Capítulo 8

SONHO E VISÃO - O "AVISO"

Uma manhã tive um sonho em que um perigo iminente acontecia enquanto eu conduzia o meu carro. Nesse sonho, o pneu da frente rebentava com um som forte. Foi tão forte que me acordou. Era tão real que parecia que estava acordada ou algures no meio. Rezei sobre o assunto durante a semana e decidi levar o meu carro para verificar os pneus. Infelizmente, os meus planos foram interrompidos e não consegui tratar do assunto. Nessa mesma semana, alguns amigos e eu fomos rezar por uma família indiana que estava a precisar de oração. A caminho da casa deles, o pneu do meu carro rebentou na autoestrada, junto ao cemitério. Instantaneamente, lembrei-me do sonho tal como o tinha visto. Lá estávamos nós, no meu carro com um pneu furado, com a família a insistir para que fôssemos a casa deles. Depois de o pneu ter sido arranjado, voltámos para levar outro veículo e continuamos a ver a família. A família tinha um problema com o seu único filho, que estava envolvido num processo judicial e ia ser preso. Estavam preocupados com o facto de ele também poder ser deportado para o seu país natal. A mãe do jovem telefonou-me mais cedo nesse dia, a chorar, e explicou-me as acusações que ele iria enfrentar. Pensando no pior cenário, ela tinha a certeza de que ele seria considerado culpado e depois deportado para nunca mais ver o seu filho. Disse-me que não podia trabalhar porque estaria sempre a chorar em frente dos seus pacientes. Enquanto ela chorava, comecei a orar por ela ao telefone. Comecei a falar no Espírito Santo numa língua ou línguas desconhecidas, à medida que o Espírito de Deus se movia. Rezei até que ela disse que o seu coração já não estava sobrecarregado e que se sentia confortada.

> *"Assim também o Espírito ajuda as nossas fraquezas; porque não sabemos o que havemos de pedir como convém, mas o mesmo Espírito intercede por nós com gemidos inexprimíveis. E aquele que sonda os corações sabe qual é a intenção do Espírito, porque ele intercede pelos santos segundo a vontade de Deus."*
> (Romanos 8:26-27).

A mãe perguntou-me se podia telefonar-me antes de ir ao julgamento na manhã seguinte. Eu disse-lhe que sim e que iria rezar para que Deus interviesse. Pedi-lhe que me telefonasse depois do tribunal, porque queria saber que tipo de milagre Deus tinha feito. No dia seguinte, a mãe do jovem telefonou-me com muita alegria, dizendo: *"Não acreditas no que aconteceu?"* Eu respondi: *"Vou acreditar porque é esse o tipo de Deus que servimos!"* Ela continuou a dizer que não tinham qualquer registo do meu filho. A advogada disse que o tribunal não tinha encontrado nenhum nome nem nenhuma acusação contra ele, embora ela e a advogada tivessem na sua posse provas documentais.

Deus tinha respondido às nossas orações. A sua fé foi tão elevada que, a partir desse dia, ela aceitou o Deus poderoso que servimos e como Deus toma conta das coisas se as apresentarmos a Ele em oração de todo o coração. Tornou-se uma testemunha dos milagres de Deus e deu testemunho do que o Senhor tinha feito por eles. Quanto ao pneu furado, foi apenas um pequeno contratempo que não deveria ter acontecido se eu tivesse tratado do assunto com antecedência. No entanto, o Senhor abriu caminho para chegarmos a esta família devido à sua persistência em virmos rezar com eles. Temos de estar sempre prontos para contra-atacar as forças que nos impedem de fazer a vontade de Deus. Temos de ir contra todos os planos do inimigo, o nosso adversário, o diabo, através da perseverança, especialmente quando vemos esses obstáculos no caminho.

Quando chegámos a casa da família, lembro-me de termos orado e testemunhado a toda a família. Desfrutámos de um tempo maravilhoso de pregação e ensino da Palavra de Deus. Naquele dia, a alegria do Senhor foi e continua a ser a nossa força! Ele abençoará aqueles que fazem a Sua vontade.

Capítulo 9

A REUNIÃO DE ORAÇÃO DE TODA A NOITE

Uma noite, alguns amigos e eu decidimos rezar toda a noite. Combinámos então que iríamos rezar uma vez por mês na nossa "Reunião de Oração de Toda a Noite". Tivemos experiências maravilhosas durante estas reuniões de oração noturna. O nosso tempo de oração unificado em casa tornou-se tão poderoso que imediatamente aqueles que mais tarde se juntaram a nós sentiram a diferença nas suas próprias orações. Já não se tratava de uma rotina religiosa, mas de orar no Espírito Santo com manifestações dos Dons do Espírito. Enquanto orávamos, alguns começaram a experienciar o que era estar a lutar com o diabo. As forças estavam a vir contra nós à medida que atingíamos um nível mais elevado nas nossas orações que nos conduziam através de campos de batalha espirituais. Estávamos em guerra com o diabo e começámos a chamar dias de jejum. Tínhamos entrado em contacto com algo que era espiritualmente poderoso e que nos obrigava a procurar Deus ainda mais.

Durante uma dessas reuniões de oração, às 3:30h da manhã, a minha amiga Karen levantou-se para ir buscar o óleo da unção. Começou a pôr óleo nas minhas mãos e pés e depois começou a profetizar dizendo que eu tinha de ir a muitos sítios para levar a Palavra de Deus e que Deus me usaria para o Seu propósito. No início, fiquei muito aborrecida com a Karen porque isto não era possível e não fazia sentido. Naquela altura da minha vida, não tinha ido a lado nenhum durante quase 10

Eu Fi-Lo à "Sua Maneira"

anos porque não conseguia andar. Os músculos das minhas pernas ainda estavam fracos e tinha aqueles tumores dolorosos a pressionar a minha coluna vertebral. Refleti sobre as palavras de Karen, e então Deus falou comigo, dizendo: "Eu sou o Senhor a falar contigo" através da boca dela, compreendi então que não era apenas o entusiasmo de Karen a falar comigo. Pedi desculpa e pedi a Deus que me perdoasse pelo meu pensamento.

Alguns dias depois, recebi um telefonema de uma pessoa de Chicago, Illinois, que precisava de ajuda espiritual, pelo que decidimos ir a Chicago na semana seguinte. Foi um grande milagre em si mesmo, porque eu não tinha pensado em aventurar-me naquela altura. Por causa da mensagem profética, fiz a viagem a Chicago por pura fé. Sem a mensagem profética, de certeza que não teria ido. Nessa semana, a minha saúde física piorou e não conseguia levantar-me da cama. Soube também que tinha nevado bastante em Chicago. Apercebi-me de que a minha fé estava a ser posta à prova. Nessa altura da minha vida, precisava de uma cadeira de rodas para me deslocar. A família de Chicago estava a ser atacada por forças demoníacas. Tinham-se convertido recentemente a Deus e deixado de praticar bruxaria. Muitos dos membros da sua família também se tinham convertido a Nosso Senhor Jesus Cristo. O Senhor tinha-os curado e libertado das forças demoníacas que os mantinham presos ao pecado. Apercebi-me que Deus teria de me dar a resistência necessária para suportar tal viagem e rapidamente se tornou evidente que era a vontade de Deus que eu fosse. Eu tinha tido dois sonhos em que Deus me dizia que eu devia obedecer à Sua voz. Eu não desobedecia a Deus e tinha aprendido a não o questionar. Estava a aprender rapidamente que os Seus caminhos não tinham de fazer qualquer sentido para mim. No dia em que chegámos a Chicago, o tempo estava quente. Eu também não tinha dores. Andamos por fé e não por vista, como diz a Escritura. Quando as coisas parecem impossíveis para nós, temos de acreditar que "Tudo é possível para Deus". Ele cuidou de tudo e deu-me a energia necessária para fazer a Sua vontade em Chicago. Também tivemos tempo para visitar e ministrar a outras famílias nas suas casas.

Ao partir para casa, começou a trovoada, muitos voos foram cancelados, mas graças a Deus, apesar de o nosso voo se ter atrasado, conseguimos regressar à Califórnia. Louvado seja Deus! Ele é verdadeiramente a minha "Rocha e Escudo", o meu protetor contra as tempestades espirituais e naturais. Esta viagem foi um testemunho de fé e de bênçãos para todos nós. Se eu não tivesse obedecido, não teria experienciado as bênçãos do trabalho das Mãos de Deus. Deus nunca deixa de me surpreender com a forma como nos fala hoje. O Deus Todo-Poderoso continua a falar com pessoas comuns como eu. Que privilégio servir o nosso Criador e ver as Suas obras poderosas, tocando hoje a vida das pessoas que acreditam e O invocam. Foi preciso uma mensagem profetizada e dois sonhos para que Deus conseguisse chamar toda a minha atenção. Lembro-me de que não compreendemos totalmente os pensamentos de Deus e os planos que Ele pode ter para alguém. Nesse momento, temos de obedecer, mesmo que isso não faça sentido ou não tenha razão de ser para nós. Com o tempo, aprendi a ouvir a Sua voz e a discernir os espíritos. Ele nunca nos dirá para fazer algo que seja contra a Sua Palavra. A obediência é melhor do que o sacrifício.

Então disse Samuel: "Tem porventura o Senhor tanto prazer em holocaustos e sacrifícios, como em que se obedeça à voz do Senhor? Eis que o obedecer é melhor do que o sacrificar, e o atender melhor do que a gordura de carneiros." (1 Samuel 15:22)

"Porque os meus pensamentos não são os vossos pensamentos, nem os vossos caminhos os meus caminhos, diz o Senhor. Porque, assim como os céus são mais altos do que a terra, assim são os meus caminhos mais altos do que os vossos caminhos, e os meus pensamentos mais altos do que os vossos pensamentos."
(Isaías 55: 8, 9)

Capítulo 10.

A MENSAGEM PROFÉTICA

É uma bênção ter amigos que partilham a mesma crença comum e o mesmo amor por Deus. Tenho uma amiga, Karen, que já foi minha colega de trabalho quando eu trabalhava nos Correios dos Estados Unidos. Karen conheceu o Senhor quando testemunhei para ela. Mais tarde, ela aceitou a doutrina apostólica da verdade da Igreja Primitiva. Karen é uma pessoa bondosa com um coração que doa para o trabalho missionário em Mumbai, na Índia. Ela tinha um amor sincero pelo ministério de lá e doou o seu próprio dinheiro para a construção de uma igreja em Mumbai.

Um dia, quando eu estava a viver em West Covina, a Karen trouxe a sua amiga Angela a minha casa. A sua amiga estava muito entusiasmada e a arder por Deus. Contou-me o seu testemunho sobre tentativas passadas de suicídio, cortando-se várias vezes, e sobre o seu passado de prostituição. Adorei o seu espírito doce e perguntei-lhe se não se importava de rezar por mim. *"Aqui?"* perguntou ela. *"Sim, aqui"*, respondi-lhe. Quando ela começou a rezar por mim, o Espírito de Profecia veio sobre ela. Ela começou a falar a Palavra do Senhor: *"Deus está a dizer-te para acabares o livro que começaste. Ele vai ser uma bênção para muitas pessoas. Através deste livro, muitas pessoas serão salvas."* Fiquei muito feliz porque nem ela nem a Karen faziam ideia de que eu tinha começado a escrever as minhas memórias há anos. A primeira inspiração para escrever este livro foi dada há um ano pela Sra. Saroj Das e por uma amiga. Um dia, uma irmã no Senhor, de uma igreja local, veio ter comigo com uma caneta na mão, ordenando-me: *"Escreve agora!"*

Comecei a escrever até ter mais problemas de saúde e depois parei porque era uma tarefa demasiado grande para mim. Agora, o assunto do livro tinha voltado à tona. Ninguém sabia da minha tentativa de escrever um livro. As minhas experiências seriam recolhidas e escritas, para que outros se inspirassem. Eu tinha de obedecer, mas a forma como tudo se processaria era ainda um grande mistério para mim. Eu não podia escrevê-lo fisicamente por muitas razões, mas, mais uma vez, Deus teria de encontrar uma forma de o fazer acontecer. Eu tinha o desejo e a urgência de o fazer depois de ouvir a mensagem; no entanto, Deus teria de fazer o resto. A minha viagem inicial foi para encontrar o Deus vivo e Ele encontrou-me! Se eu não escrever sobre as minhas experiências com Deus, estes relatos verdadeiros perder-se-ão para sempre. A vida de tantas pessoas foi afetada e maravilhosamente tocada, que este livro não poderia conter todos os incidentes e milagres. Os milagres de Deus continuarão mesmo quando eu estiver ausente deste corpo e presente com o Senhor. A fé começa em algum lugar. Tem um começo e é ilimitada porque há diferentes medidas de fé. Quando a fé é plantada, é regada pela Palavra de Deus e alimentada pelo testemunho de outros. Pensei na escritura que diz que, se tivermos fé como um grão de mostarda, podemos mover montanhas. Como poderia eu saber que esta viagem à América me levaria por um labirinto de experiências que mudariam a minha vida ou que um dia escreveria sobre como honrar os Seus caminhos? Um dia falei com a minha amiga Rose sobre a mensagem de Deus e o Seu plano para este livro. A Rose ouviu e olhou para os meus apontamentos. Ela conhecia-me há anos e já sabia muito sobre a minha vida na América. A escrita tomou uma forma própria que não podia ser imaginada por duas pessoas inexperientes. O Senhor abriu um caminho e, através de muitas dificuldades e ocorrências muito "estranhas", o livro seria concluído. O Senhor tinha falado e agora o Seu plano está a cumprir-se.

A amiga de Karen continuou a profetizar. Ela disse-me: *"Deus vai fazer algo por ti até ao fim deste mês"*. E muitas outras coisas que Deus me falou através das suas mensagens proféticas. Comecei a lembrar-me de como passei por tantas dificuldades por causa desta verdade. No dia em que Deus falou comigo através desta jovem, Deus respondeu à pergunta do meu coração. Eu devia fazer a Sua vontade e as palavras de encorajamento surgiram. Palavras que eu precisava de ouvir. Ela profetizou que eu era um *"Vaso de Ouro"*. Senti-me muito humilde com isso. Pela fé, fazemos o nosso melhor para andar em harmonia com Deus e com a incerteza, se estamos realmente a agradar-Lhe. Nesse dia, Ele abençoou-me, fazendo-me saber que eu Lhe estava a agradar. O meu coração encheu-se de grande alegria. Por vezes, esquecemo-nos do que pedimos, mas quando a nossa oração é atendida, ficamos surpreendidos.

Temos de acreditar que Ele não faz avaliação de pessoas, como diz a Bíblia. Independentemente de qual for o seu estatuto ou a sua casta, porque com Deus não há sistema de casta ou estatuto na vida. Deus ama-nos a todos da mesma forma e quer que tenhamos uma relação pessoal com Ele; não as tradições religiosas transmitidas por muitas gerações que serviram os ídolos e o homem. Os ídolos não podem ver e não podem ouvir. A religião não pode mudar a sua vida ou o seu coração. A religião só nos faz sentir bem temporariamente por causa da sua auto-gratificação. O verdadeiro Deus está à espera para o abraçar e receber. Jesus foi o Cordeiro sacrificial de Deus, morto antes do mundo. Quando Ele morreu na cruz, ressuscitou e vive hoje e para sempre. Agora podemos ter comunhão direta com Deus através de Jesus Cristo, o nosso Senhor e Salvador. Há diferentes níveis na nossa caminhada com Deus. Temos de desejar mais d'Ele e continuar a crescer em amor, fé e confiança. Senti-me muito humilde com esta experiência. Todo o meu desejo e objetivo é agradar-Lhe. Há níveis de crescimento espiritual de maturidade em Deus. Amadurecemos com o tempo, mas tudo depende do tempo e do esforço que dedicamos à nossa relação com Ele. No final do mês, as circunstâncias levaram-me a deixar a igreja que frequentei durante 23 anos. Deus fechou uma porta e abriu outra. Desde então, tem vindo a fechar e a abrir portas, tal como os degraus que mencionei no início deste livro. Deus estava a tomar conta de mim a toda a hora. Frequentei por pouco tempo uma igreja em West Covina e depois outra porta abriu-se.

Essa mesma jovem profetizou novamente alguns anos mais tarde e disse-me para fazer as malas, *"vais mudar-te"*. Fiquei muito surpreendida porque a minha mãe era muito idosa e o meu estado ainda não tinha melhorado. Acreditei no Senhor. Um ano depois, aconteceu: mudei-me de facto da Califórnia para o Texas. Lugares onde eu nunca tinha estado, nem conhecia ninguém. Este foi o início de mais uma aventura no percurso da minha vida. Como solteira, estava a submeter-me à voz de Deus e tinha de obedecer. Deus nunca me tirou nada. Ele apenas substituiu coisas e lugares e continuou a trazer novas amizades e pessoas para a minha vida. Obrigada, Senhor, a minha vida é hoje tão abençoada!

Eu Fi-Lo à "Sua Maneira"

Capítulo 11

UM MOVIMENTO DE FÉ

Um abril de 2005, mudei-me para o estado de Longhorn, no Texas. Deus estava a usar diferentes pessoas através de mensagens proféticas. A mudança estava confirmada e tudo o que eu tinha de fazer era dar aquele salto de fé. Tudo começou em 2004, quando o irmão James e a Angela, uma amiga no Senhor, estavam a orar comigo por telefone. A irmã Ângela começou a profetizar, dizendo-me: *"Vais mudar-te até ao final deste ano"*. De janeiro a agosto desse ano nada aconteceu, e então, em setembro, uma tarde, a minha mãe chamou-me ao seu quarto. Disse-me que a família da minha irmã se ia mudar para outro estado e que queriam que eu fosse com eles. A decisão sobre para onde ir não estava tomada, mas as opções eram o Texas, o Arizona, ou deixar a América e ir para o Canadá. Telefonei então à Irmã Angela e contei-lhe o que tinha acontecido. Disse-lhe que não queria mesmo ir para o Texas. Nunca me tinha passado pela cabeça ir para lá, por isso nem sequer era uma opção viver lá. Para minha deceção, a irmã Angela disse que o Texas é o estado. Por obediência, ficou decidido e foi isso que nos fez mudar para o Texas. Mal sabia eu, nessa altura, que os degraus de Deus já tinham sido colocados nessa direção. Depois da minha conversa com a irmã Angela, fiz reservas de avião para estar no Texas dentro de duas semanas. Sem que eu soubesse, a família da minha irmã já tinha ido ao Texas para conhecer a região de Plano.

A Irmã Angela estava a rezar por mim e disse-me: "Não te preocupes, Jesus vai buscar-te ao aeroporto". O irmão e a irmã Blakey foram tão gentis e pacientes que me fizeram lembrar a profecia da irmã Ângela. Com todo o gosto, foram buscar-me ao aeroporto e ajudaram-me em todas as minhas necessidades de uma forma tão amorosa e atenciosa.

A Irmã Angela continuou a dizer que a primeira casa que eu visse eu iria adorar, mas não seria a minha casa. Através da Internet, comecei a ligar para as Igrejas Pentecostais Unidas naquela área e contactei o Pastor Conkle, que é o Pastor da Igreja Pentecostal Unida na cidade de Allen, Texas. Eu expliquei ao Pastor Conkle o que eu estava a fazer no Texas. Depois disso, ele pediu-me para ligar para Nancy Conkle. Eu não sabia bem porquê e pensei que talvez ela fosse a sua esposa ou secretária. Acontece que Nancy Conkle é a matriarca da família, uma mãe carinhosa da família e da igreja. A irmã Conckle tinha criado os seus seis filhos e ajudado a criar os seus irmãos e irmãs, num total de onze irmãos! Depois de falar com Nancy Conkle, apercebi-me porque é que o Pastor Conkle me fez falar com esta senhora forte e carinhosa que me fez sentir imediatamente bem-vinda. A irmã Conkle ligou-me depois ao seu outro irmão, James Blakey, que é agente imobiliário, e à sua mulher Alice Blakey. Eles moram na pequena cidade de Wylie, Texas, a poucos minutos de Allen, pelas estradas secundárias das terras planas.

Depois de me familiarizar com a zona, regressei à Califórnia para colocar a minha casa no mercado. A minha casa foi vendida em dois meses. Depois voei de volta para o Texas para começar a procurar casa. Rezei para saber em que cidade Deus queria que eu vivesse, porque havia tantas pequenas cidades e vilas. Deus disse "Wylie". É importante rezar e pedir a Deus a Sua vontade antes de tomar decisões importantes, porque será sempre a decisão correta.

"Porque é melhor, se for da vontade de Deus, que padeçais por fazer bem do que por fazer mal." (1 Pedro 3:17)

Mais tarde, expliquei ao irmão e à irmã Blakey sobre as mensagens profetizadas e que eu queria obedecer a Deus. Eles tiveram o cuidado de respeitar os meus desejos e ouviram tudo o que eu lhes disse que Deus me tinha falado. Também lhes disse que durante a minha primeira viagem ao Texas, Deus disse: *"Não sabes o que tenho para ti"*. Eles foram tão pacientes comigo que ficarei sempre muito grato pela sua sensibilidade para com as coisas de Deus. A família Blakey desempenhou um papel importante no cumprimento desta mensagem profética e na minha nova vida no Texas. Começámos a ver casas em Wylie durante três dias e, no terceiro dia, tive de regressar à Califórnia ao fim da tarde. Levaram-me para ver uma casa modelo num bairro novo e então a irmã Blakey disse: "Esta é a sua casa". Soube imediatamente que era mesmo. Rapidamente comecei a tratar da papelada para a compra, e depois parti imediatamente para o aeroporto, sabendo que as coisas seriam feitas de alguma forma. Nessa mesma altura, Deus disse-me para ir para a Índia durante três meses. Não O questionei, por isso dei uma procuração ao irmão Blakey para continuar com a compra da casa no Texas, e dei uma procuração ao meu sobrinho Steve, que está no ramo imobiliário, para tratar das minhas finanças na Califórnia. Estava a regressar ao meu país natal, a Índia, após dez anos. Graças a Deus pela minha cura, porque não teria conseguido fazê-lo sem a mobilidade das minhas pernas. Estava a voar para a Índia e a comprar uma casa no Texas. As coisas estavam a mudar rapidamente na minha vida.

Regresso à Índia.

Quando cheguei à Índia, notei rapidamente que as coisas tinham mudado num espaço de tempo relativamente curto. Durante 25 anos, rezei e jejuei para que este país tivesse um reavivamento. A Índia é um país muito religioso, de idolatria, de adoração de estátuas de pedra, de madeira e de ferro. Imagens religiosas que não podem ver, falar ou ouvir e que não têm qualquer poder. São tradições religiosas que não trazem mudanças para a mente ou para o coração.

"E pronunciarei os meus juízos contra eles, por causa de toda a sua maldade, que me deixaram, e queimaram incenso a outros deuses, e adoraram as obras das suas mãos." (Jeremias 1:16)

O cristianismo era a minoria neste país onde havia tanta perseguição e ódio entre religiões e especialmente contra os cristãos. A opressão contra os cristãos só os fortaleceu na sua fé através do derramamento de sangue inocente, igrejas queimadas, pessoas espancadas ou mortas. Infelizmente, as mães e os pais rejeitavam os seus próprios filhos quando estes se voltavam para Jesus e deixavam a religião da família. Talvez párias, mas não órfãos, pois Deus é o nosso Pai Celestial que enxugará as lágrimas dos nossos olhos.

> *"Cuidais vós que vim trazer paz à terra? Digo-vos que não, mas antes divisão: Porque daqui em diante estarão cinco numa casa dividida, três contra dois, e dois contra três. O pai será dividido contra o filho, e o filho contra o pai; a mãe contra a filha, e a filha contra a mãe; a sogra contra a nora, e a nora contra a sogra."*
> *(Lucas 12:51-53)*

Fiquei muito surpreendido por ver por todo o lado pessoas que andavam com Bíblias e ouvi falar de reuniões de oração. Havia muitas igrejas da unidade e crentes num só Deus. Deus veio viver entre nós em carne e osso, no corpo de Jesus Cristo. E assim é o mistério da piedade do único Deus verdadeiro.

> *"E, sem dúvida alguma, é grande o mistério da piedade:* **Deus manifestou-se na carne***,* **foi** *justificado no Espírito, visto dos anjos, pregado aos gentios, crido no mundo, recebido na glória."*
> *(1 Timóteo 3:16)*

"Disse-lhe Filipe: Senhor, mostra-nos o Pai, e isso nos basta. Disse-lhe Jesus: Estou há tanto tempo convosco, e ainda não me conheces, Filipe? Quem me viu a mim, viu o Pai; como dizes então: Mostra-nos o Pai? Não crês tu que eu estou no Pai, e que o Pai está em mim? As palavras que eu vos digo não as digo de mim mesmo, mas o Pai, que habita em mim, é quem faz as obras. Crede-me que estou no Pai, e o Pai em mim; ou crede-me por causa das obras." (João 14:8-11)

"Crês que *há um só Deus, e fazes bem; também os demónios crêem e tremem." (Tiago 2:19)*

Foi uma grande alegria ver pessoas com sede de Deus. A sua adoração era tão poderosa. Era uma Índia completamente diferente daquela que eu tinha deixado vinte e cinco anos antes. Pessoas jovens e velhas desejavam as coisas de Jeová Deus. Era comum ver jovens a oferecer folhetos cristãos em celebrações religiosas hindus. Durante o dia, eles iam à igreja e depois do culto, a partir das 14:30h, voltavam aproximadamente às 3h da manhã. Os hindus e os muçulmanos também vinham aos nossos cultos para receberem cura e encontrarem libertação. As pessoas estavam abertas a ouvir a pregação da Palavra de Deus e a receber ensinamentos da Bíblia Sagrada. Tomei conhecimento destas igrejas indianas e comuniquei com os seus pastores por telefone e por correio eletrónico. Trabalhei em rede com as Igrejas Pentecostais Unidas para encontrar pregadores americanos que estivessem dispostos a ir à Índia em nome dos pastores indianos para falar nas suas conferências anuais. Fomos muito bem-sucedidos, com a ajuda de Deus. Fiquei contente por os pregadores na América terem um fardo para o meu país, dando o seu apoio espiritual aos pregadores indianos. Conheci um pastor indiano de uma igreja muito pequena e humilde. Havia tanta pobreza e as necessidades do povo eram tão grandes que me comprometi pessoalmente a enviar dinheiro. Somos tão abençoados na América. Acredite que "Nada é impossível". Se quiser dar, faça-o com alegria, pela fé, e dê-o em segredo. Ninguém soube do meu compromisso durante muitos anos. Nunca espere dar para ganho pessoal ou para receber glória ou louvor dos outros. Dê com um coração puro e não negoceie com Deus.

"Portanto, quando deres a tua esmola, não faças tocar trombeta diante de ti, como fazem os hipócritas nas sinagogas e nas ruas, para se gloriarem junto dos homens. Em verdade vos digo que eles têm a sua recompensa. Mas, quando deres esmola, não saiba a tua mão esquerda o que faz a direita: Para que a tua esmola fique em secreto; e o teu Pai, que vê em secreto, te recompensará publicamente."
(Mateus 6:2-4)

Deus tinha permitido que as coisas acontecessem na minha vida, para que eu pudesse ficar em casa. Olho para trás com espanto e vejo como as minhas doenças progrediram, ao ponto de eu já não conseguir andar, pensar ou sentir-me normal, até ao dia em que o irmão James orou e Deus me tirou da cadeira de rodas. Ainda considerado deficiente devido aos tumores e à doença do sangue, vivia com um magro cheque mensal de invalidez. O meu cheque não importava, uma vez que Deus me tinha tirado o emprego, a minha preocupação era como iria pagar as contas. Jesus falou comigo duas vezes, dizendo: "Eu cuidarei de ti". Vivendo na Califórnia ou no Texas, Jesus satisfizera todas as minhas necessidades. Deus fê-lo a partir das Suas riquezas e abundância. Depositei a minha confiança em Deus para todas as minhas necessidades quotidianas.

Mas buscai primeiro o reino de Deus e a sua justiça, e todas estas coisas vos serão acrescentadas. (Mateus 6:33)

Antes de eu deixar a Índia, algumas senhoras da igreja disseram-me que já não compravam coisas luxuosas para si próprias. Estavam satisfeitas com o que tinham para vestir porque sentiam muita satisfação em dar aos pobres.

Mas a piedade com contentamento é grande ganho. Porque nada trouxemos para este mundo, e é certo que nada podemos levar dele. E, tendo sustento e com que nos vestir, estejamos com isso contentes. (1 Timóteo 6:6-8)

Os idosos e as crianças também foram envolvidos em projetos de amor. Juntaram-se para fazer pacotes de presentes para oferecer aos pobres. Estavam muito contentes com a bênção da dádiva.

"Dai, e dar-se-vos-á; boa medida, recalcada, sacudida e transbordante, dar-se-vos-á no vosso regaço. Porque com a mesma medida com que tiverdes medido vos medirão de novo." (Lucas 6:38)

Imaginem o que aconteceu num espaço de tempo relativamente curto. Vendi a minha casa e comprei uma nova casa noutro estado. Vi o meu país mudar com pessoas sedentas do Senhor Jesus Cristo. Agora estava a antecipar o início de uma nova vida no Texas. Quando colocamos Deus em primeiro lugar, o Senhor da Glória também será fiel a nós.

Regresso à América.

Regressei da Índia três meses depois. Voei para o Texas quando a minha casa ficou pronta. No dia 26 de abril de 2005, enquanto o meu avião aterrava no aeroporto de Dallas-Ft. Worth, estava a chorar porque estava totalmente separado de toda a minha família e amigos desde que tinha chegado a este país. Então Deus deu-me a seguinte escritura:

Mas agora assim diz o Senhor que te criou, ó Jacó, e que te formou, ó Israel: Não temas, porque eu te remi, chamei-te pelo teu nome; tu és meu. Quando passares pelas águas, eu estarei contigo; e pelos rios, eles não te submergirão; quando andares pelo fogo, não te queimarás, nem a chama se acenderá sobre ti. Porque eu sou o Senhor teu Deus, o Santo de Israel, o teu Salvador: Dei o Egipto em teu resgate, a Etiópia e Seba por ti. Desde que foste precioso aos meus olhos, foste honrado, e eu amei-te; por isso darei homens por ti, e povos pela tua vida. Não temas, porque eu sou contigo; trarei a tua descendência do oriente, e te congregarei do ocidente; direi ao norte: Desiste; e ao sul: Não te detenhas; trazei os meus filhos de longe, e as minhas filhas das extremidades da terra;
(Isaías 43:1-6)

No dia em que cheguei, dei por mim sozinha naquela grande casa nova. A realidade caiu-me em cima quando fiquei no meio da sala de estar e vi a minha casa completamente vazia. Sentei-me no chão e comecei a chorar. Sentia-me tão só e queria voltar para casa, para a Califórnia, onde tinha deixado a minha querida mãe. Vivemos juntas durante tanto tempo e ela era uma grande parte de mim. O sentimento de separação era tão forte que me apetecia ir para o aeroporto e regressar à Califórnia. Já não queria esta casa. A minha tristeza era maior do que a minha realidade. Enquanto eu estava a passar por esses sentimentos, Deus lembrou-me que eu precisava ligar para o irmão Blakey. O irmão Blakey não sabia como eu me estava a sentir naquele exato momento, mas Deus sabia. Fiquei surpreendida quando ele disse: "Agora, Irmã Das, sabe que está apenas a um telefonema de distância de nós". As suas palavras foram completamente ungidas porque a minha dor e todo o meu desespero desapareceram instantaneamente. Senti que tinha uma família, que não estava sozinha e que tudo iria correr bem. A partir desse dia, a família Blakey aceitou-me na sua própria família, numa altura em que eu não tinha ninguém.

Mais tarde, a minha irmã e a sua família mudaram-se para Plano, no Texas, a poucos quilómetros de Wylie. A família Blakey é constituída por onze irmãos e irmãs. Os seus filhos e netos tratavam-me como se fosse da família. Eram cerca de 200 e toda a gente conhece a família Blakey em Wylie. Têm-me dado um enorme apoio e sempre me fizeram sentir como um "Blakey" também! Uma vez instalada na minha casa, tinha de encontrar uma igreja. Perguntei a Deus qual a igreja Ele queria para mim. Visitei muitas igrejas. Finalmente visitei uma igreja na cidade de Garland, a North Cities United Pentecostal Church. Deus disse claramente: "Esta é a tua igreja". Ainda é aqui que eu me congrego. Adoro a minha igreja e encontrei um pastor maravilhoso, o Rev. Hargrove. A família Blakey tornou-se a minha família alargada, convidando-me para almoçar ou jantar depois da Igreja. Incluíram-me também nas suas reuniões familiares e feriados familiares. Deus providenciou maravilhosamente tudo o que eu precisava.

Agradeço a Deus pelo meu novo Pastor, pela igreja e pelos Blakey que me adotaram na sua família. Agora vivo confortavelmente na minha nova casa. Deus cumpriu a Sua promessa: "Eu cuidarei de ti". Deus escolheu tudo isto para mim, de acordo com a Sua vontade para a minha vida. Agora trabalho para Ele desde a altura em que acordo às 3:50h da manhã para rezar. Tomo o pequeno-almoço e preparo-me para fazer o trabalho do Senhor no meu escritório em casa. Os meus amigos dir-vos-ão: "Nunca digam à irmã Liz que ela não tem um emprego a sério". Qual é a minha resposta? Eu trabalho para o Senhor, faço muitas horas sem picar o ponto e não recebo salário. Deus cuida de mim e a minha recompensa será no céu.

Aprecio o meu trabalho e adoro o que faço!

Capítulo 12

A LIBERTAÇÃO DEMONÍACA E O PODER DE CURA DE DEUS

Num domingo à tarde recebi um telefonema do Sr. Patel que pedia que fôssemos rezar pelo seu pai, que tinha sido atacado por espíritos demoníacos. O Sr. Patel é um engenheiro que viveu na América durante mais de 30 anos. Ele tinha ouvido falar da minha cura e estava aberto a ouvir falar do Senhor Jesus Cristo. No dia seguinte, fomos a casa do irmão dele, onde nos encontrámos com o Sr. Patel e a sua família (o irmão, a mulher do irmão, dois filhos, o pai e a mãe). Enquanto toda a gente ouvia, um outro irmão, também ele cristão, começou a falar de como conheceu Jesus. O pai, o Sr. Patel mais velho, disse que tinha adorado deuses ídolos mas que se sentia sempre mal quando os adorava. Disse que se sentia como se uma vara lhe estivesse a espetar o estômago, causando-lhe dores, e quando andava parecia que tinha pedras debaixo dos pés. Começámos a rezar por ele em nome do Senhor Jesus Cristo. Orámos até ele ficar livre do espírito demoníaco e começar a sentir-se muito melhor. Antes de partir, ele recebeu um estudo bíblico para que compreendesse o poder do nome do Senhor e como se manter livre de ataques demoníacos que voltam.

Ficámos satisfeitos quando o filho e um dos netos insistiram para que o Sr. Patel mais velho chamasse o nome de JESUS, mas ele não o fez; embora não tivesse qualquer problema em dizer "Deus" (Bhagvan). Os netos insistiram: "Não, diz em nome de Jesus", enquanto os filhos faziam fila para receber a oração. Um dos netos, na casa dos vinte anos, tinha tido um acidente de viação. Tinha ido a muitos cirurgiões por causa de um problema no joelho. Nesse dia, o Senhor Jesus curou-lhe o joelho e o irmão mais novo do Sr. Patel foi grandemente tocado pelo Espírito de Deus. Todos receberam oração e testemunharam como foram movidos pelo Espírito de Deus operando milagres de cura e libertação naquele dia. Quando o Senhor Jesus andou entre os homens, Ele ensinou e pregou o evangelho do Reino que estava por vir e curou todos os tipos de doenças e enfermidades entre as pessoas. Curou e libertou os endemoninhados e atormentados por demónios, os lunáticos (loucos) e os paralíticos (Mateus 4:23-24). Como discípulos de Deus hoje, continuamos a fazer a Sua obra e a ensinar aos outros sobre a salvação em nome do nosso Senhor Jesus.

*"E em nenhum outro há salvação, porque também debaixo do céu nenhum outro **nome há**, dado entre os homens, pelo qual devamos ser salvos." (Atos 4:12).*

Há muitos benefícios em servir o Deus vivo. Em vez de um deus feito de rocha ou pedra que não pode ver ou ouvir, temos o Deus vivo e verdadeiro que sonda os corações dos homens e das mulheres. Abra o seu coração e a sua mente para ouvir a Sua voz. Reze para que Ele toque o seu coração. Reze para que Ele o perdoe por O ter rejeitado. Reze para O conhecer e para se apaixonar por Ele. Faça isso agora, pois as portas fechar-se-ão em breve.

Capítulo 13

A CONFISSÃO E A CONSCIÊNCIA LIMPA

Um dia, um casal indiano veio visitar-me e rezar comigo. Quando nos preparávamos para rezar, a mulher começou a rezar em voz alta. O marido seguiu-a. Reparei que ambos rezavam da mesma forma religiosa, mas mesmo assim gostei de ouvir as suas palavras eloquentes. Pedi a Deus, com sinceridade: "Quero que rezes pela minha boca". Quando chegou a minha vez de rezar em voz alta, o Espírito Santo tomou conta de mim e rezei no Espírito.

"Assim também o Espírito ajuda as nossas fraquezas; porque não sabemos o que havemos de pedir como convém, mas o mesmo Espírito intercede por nós com gemidos inexprimíveis. E aquele que sonda os corações sabe qual é a intenção do Espírito, porque ele intercede pelos santos segundo a vontade de Deus."
(Romanos 8:26, 27).

Eu estava a orar no Espírito com o poder de Deus de uma forma que expunha o pecado. O marido, que já não aguentava mais, começou a confessar o seu pecado à mulher, que ficou chocada. Mais tarde falei com eles sobre a purificação através da sua confissão de pecado.

"Se confessarmos os nossos pecados, Ele é fiel e justo para nos perdoar os pecados e nos purificar de toda a injustiça. Se dissermos

> *que não temos pecado, fazemo-lo mentiroso, e a sua palavra não está em nós." (1 João 1:9, 10)*

Expliquei ao marido que, uma vez que ele se tinha confessado, Deus perdoar-lhe-ia.

Lembre-se também de confessar os seus pecados apenas àqueles que podem rezar por si.

> *Confessai as vossas culpas uns aos outros, e orai uns pelos outros, para serdes curados. A oração fervorosa e eficaz de um justo é de grande valia. (Tiago 5:16)*

Expliquei-lhe que, quando fosse batizado, Deus removeria o seu pecado e ele ficaria com a consciência limpa.

> *"A mesma figura com que também o batismo nos salva agora (não o despojamento da imundícia da carne, mas a resposta de uma boa consciência para com Deus) pela ressurreição de Jesus Cristo." (1 Pedro 3:21)*

Poucos dias depois, marido e mulher foram batizados em nome do Senhor Jesus. O marido foi totalmente liberto e os seus pecados perdoados. Ambos se tornaram uma grande bênção para o Reino de Deus.

> *"Arrependei-vos, e cada um de vós seja batizado em nome de Jesus Cristo, para remissão dos pecados, e recebereis o dom do Espírito Santo." (Atos 2:38)*

Deus está à procura daqueles que se humilham perante Ele. Independentemente do quão eloquentes e belas sejam as palavras que reza, mas que reze com todo o seu coração. Ele também sabe o que está no coração quando reza. Remova o pecado, pedindo perdão a Deus, ou as suas orações serão impedidas pelo Espírito Santo. Como crentes, examinamos diariamente os nossos corações e julgamo-nos a nós próprios. Deus está sempre presente para nos perdoar e purificar quando pecamos.

Capítulo 14.

NO LIMITE DA MORTE

O irmão James, de quem falei anteriormente, tem o dom de curar através do poder da unção de Deus. Ele foi convidado a rezar por uma senhora coreana que estava na Unidade de Cuidados Intensivos (UCI) do hospital Queen of the Valley. De acordo com os médicos, ela estava à beira da morte. Os preparativos para o seu funeral já estavam a ser feitos pela família. Acompanhei o irmão James nesse dia e vi o seu corpo em suporte de vida; ela estava inconsciente e à beira da morte. Quando comecei a rezar, senti como se algo me quisesse agarrar pela perna e atirar-me para fora do quarto; mas o poder do Espírito Santo era muito forte em mim e não permitiu que esse espírito levasse a sua avante.

Filhinhos, sois de Deus e já os tendes vencido; porque maior é aquele que está em vós do que aquele que está no mundo.
(1 João 4:4)

Depois de rezar, o Senhor falou através de mim e eu disse estas palavras: "Esta máquina vai mudar". Isto referia-se ao equipamento de suporte de vida que estava ligado ao seu corpo. Ouvi-me dizer estas palavras como se Deus tivesse dito o destino desta mulher muito doente. O irmão James orou por ela e depois falámos com a família da senhora sobre o poder da oração e da Palavra de Deus. Eles ouviram enquanto eu lhes falava da minha própria cura e de como Deus me levou de uma cadeira de rodas a andar de novo. O filho deles, que era piloto de avião, também estava presente, mas não falava coreano. Falei com ele em inglês enquanto o resto da família conversava em coreano. Curiosamente, ele explicou-me que a mãe devia ter viajado para o Canadá no mesmo dia em que ficou muito doente. Explicou-me que ela tinha pedido ajuda ao marido e que foi levada para o hospital, embora se recusasse a ir. O filho disse que a mãe estava a dizer-lhes: "Eles vão matar-me no hospital". Ela tinha a certeza de que morreria se fosse levada para o hospital. O filho continuou a explicar-nos que ela lhes tinha dito que, todas as noites, as pessoas vestidas de preto entravam em casa. Todas as noites, a mãe gritava com ele e com o pai e atirava-lhes pratos sem razão aparente. Também começou a passar cheques numa língua que eles não conseguiam entender. O comportamento que ela apresentava era muito bizarro. Expliquei-lhe sobre os espíritos demoníacos que podem assumir o controlo e atormentar uma pessoa. Isto deixou-o espantado, porque, como ele nos explicou, todos eles vão à igreja e ela dá muito dinheiro, mas eles nunca tinham ouvido falar disto antes. Os demónios estão sujeitos aos verdadeiros crentes que têm o Espírito Santo; porque o Sangue de Jesus está nas suas vidas e eles ministram sob a autoridade do Nome de Jesus no poder do Seu Nome.

Eu disse ao jovem que o irmão James e eu podíamos orar em nome de Jesus para expulsar o demónio e ele concordou com a oração de libertação para a sua mãe. Quando o médico veio ver a sua paciente, ficou espantado por ela estar a reagir e não conseguia perceber o que lhe tinha acontecido. A família disse-lhe que alguém tinha vindo rezar por ela durante a noite e que ela começou a reagir tal como lhes tinha sido dito. Alguns dias mais tarde, tivemos outra oportunidade de rezar pela mesma senhora. Ela estava a sorrir quando entrámos no quarto. Pus-lhe a mão na cabeça e comecei a rezar; ela afastou a minha mão e levantou a cabeça, apontando para o teto, porque não conseguia falar. A sua expressão mudou e ela parecia muito aterrorizada. Depois de sairmos, o seu estado piorou. Os filhos perguntaram-lhe o que é que ela estava a ver e perguntaram-lhe se ela tinha visto alguma coisa má. Ela fez um sinal com a mão a dizer "sim". Voltámos de novo para rezar por ela, porque estava aterrorizada com o seu atormentador, um espírito demoníaco que estava no seu quarto. Depois de rezarmos desta vez, ela foi libertada vitoriosamente dos seus tormentos. Graças ao Deus que responde à oração. Mais tarde, soubemos que ela teve alta do hospital, entrou num programa de reabilitação e foi mandada para casa, onde continua a ter bons resultados. Ela tinha saído da beira da morte.

Ide dar testemunho ao mundo:

*E ordenou-lhes que a ninguém o dissessem; mas quanto mais lhes ordenava, tanto mais o **divulgavam;** (Marcos 7:36)*

*Volta para tua casa e mostra quão grandes coisas Deus te fez. E ele, partindo, **anunciava** por toda a cidade quão grandes coisas Jesus lhe fizera. (Lucas 8:39)*

A Bíblia diz que devemos sair e testemunhar. Esta família coreana deu testemunho a outras famílias sobre este milagre. Um dia o Sr. James recebeu um telefonema de outra senhora coreana. James recebeu um telefonema de outra senhora coreana. O marido desta família tinha um comportamento violento e não sabia o que estava a fazer. A sua esposa era uma senhora muito pequena e doce. Alguns dias ele tentava matá-la. Muitas vezes tiveram de a levar para o hospital porque ele batia-lhe sem dó nem piedade. Quando ela soube deste milagre, convidou-nos e perguntou por mim. Fomos visitá-la e ao seu marido. O Sr. James pediu-me para falar e orou. James pediu-me para falar e ele rezou. Todos nós fomos abençoados. Algumas semanas mais tarde, a sua esposa telefonou e perguntou se podíamos ir novamente, uma vez que o seu marido estava a melhorar. Então fomos novamente e eu dei o meu testemunho sobre o perdão e o Sr. James orou por todos eles. James orou por todos eles.

Falei-lhes de uma altura em que estava a trabalhar e havia uma supervisora que me assediava sem piedade e eu não conseguia dormir à noite. Um dia fui para o meu quarto rezar por ela. Jesus disse: "Tens de lhe perdoar". Primeiro pareceu-me difícil e pensei: se lhe perdoar, ela vai continuar a fazer-me o mesmo. Como ouvi Jesus a falar comigo, disse: "Senhor, perdoo-lhe completamente" e Deus, na sua misericórdia, ajudou-me a esquecer. Quando a perdoei, comecei a dormir bem e, para além disso, sempre que ela fazia algo de errado, isso não me incomodava.

Elizabeth Das

A Bíblia diz.

O ladrão não vem senão para roubar, matar e destruir; eu vim para que tenham vida, e a tenham em abundância (João 10:10)

Fiquei feliz por a sogra estar presente para ouvir este testemunho, pois o seu coração estava pesado de tristeza. Foi tão espantoso ver a mão de Deus entrar e mudar toda esta situação e o perdão varreu os seus corações e o amor entrou dentro deles.

*Mas se não **perdoardes**, também vosso Pai, que está nos céus, **não** perdoará as vossas ofensas. (Marcos 11:26)*

A falta de perdão é uma coisa muito perigosa. Perderá a sua saúde mental e corporal. O perdão é para teu benefício, não apenas para o teu inimigo. Deus pede-nos que perdoemos para podermos dormir melhor. A vingança é d'Ele, não nossa.

*Não julgueis, e não sereis julgados: não condeneis, e não sereis condenados; **perdoai**, e sereis **perdoados**: (Lucas 6:37)*

E a oração da fé salvará o doente, e o Senhor o levantará; e se tiver cometido pecados, ser-lhe-ão perdoados. Confessai as vossas faltas uns aos outros, e orai uns pelos outros, para serdes curados. A oração fervorosa e eficaz de um justo é de grande valia.
(Tiago 5:15, 16)

Na última parte da história acima, ouvimos que o seu marido estava completamente curado do seu problema mental e era tão bondoso e amoroso para com a sua esposa.

Louvado seja o Senhor! Jesus trouxe paz à sua casa.

Capítulo 15

PAZ NA PRESENÇA DE DEUS

A presença de Deus pode trazer paz à alma. Uma vez rezei por um senhor que estava em estado terminal, na fase final de um cancro. Ele era o marido de uma senhora da igreja. A senhora e o seu filho ficaram comigo em minha casa.

Pertenciam a uma igreja que não acreditava na mudança de vida, até que assistiram a um vídeo sobre o Tempo do Fim. Ambos receberam a revelação do Batismo em nome do Senhor Jesus, e começaram a procurar uma igreja que os batizasse em nome de Jesus. Foi quando eles encontraram a igreja que eu frequento. Satanás não quer que ninguém tenha o conhecimento da verdade porque ela leva à salvação. Ele quer que estejamos nas trevas, pensando que estamos salvos, mas acreditando em falsas doutrinas e tradições do homem. Ele virá contra ti quando estiveres à procura da Verdade. Nesta situação, o instrumento usado contra a mãe e o filho foi o marido e o pai incrédulos, que constantemente os assediavam e ridicularizavam por causa da sua crença em Deus. Muitas vezes eles acabavam por vir a minha casa para rezar e acabavam por ficar. Um dia, o filho ouviu o Senhor dizer-lhe: "Os seus dias estão contados". O pai estava no Hospital Baylor, em Dallas, Texas, na Unidade de Terapia Intensiva (UTI). Ele deixou bem claro para eles que não queria oração ou que qualquer pessoa da igreja viesse orar. Um dia perguntei à esposa se eu poderia visitá-la e orar pelo marido. Ela explicou-me como ele se sentia e disse que não. Continuámos a rezar para que Deus amolecesse o seu coração endurecido.

Um dia fui ao hospital com o filho e a mulher e arrisquei que Deus o tinha mudado. O filho perguntou ao pai: *"Pai, queres que a Irmã Elizabeth reze por ti? Ela é uma guerreira da oração"*. Como o pai já não conseguia falar, pediu-lhe que piscasse os olhos para poder comunicar com ele. Pediu-lhe então que piscasse os olhos para nos dizer se queria que eu rezasse por ele, e ele piscou os olhos. Comecei a rezar pedindo que os seus pecados fossem lavados no Sangue de Jesus. Notei alguma mudança nele e continuei a rezar até que a presença do Espírito Santo estivesse na sala. Depois de eu ter rezado, o pai tentava comunicar apontando para o teto como se nos mostrasse alguma coisa. Ele tentava escrever, mas não conseguia. O filho pediu ao pai que piscasse o olho se fosse algo bom que ele estivesse a ver. Ele piscou o olho! Depois pediu ao pai que piscasse o olho se fosse luz, mas ele não piscou. Depois perguntou-lhe se eram anjos que ele estava a ver e para piscar o olho. Mas ele não pestanejou. Por fim, o filho pergunta-lhe se é o Senhor Jesus. O pai piscou então os olhos.

Na semana seguinte, fui ao hospital para o ver novamente. Desta vez, ele estava muito diferente e tinha um ar tranquilo. Poucos dias depois, morreu em paz. Deus, na sua misericórdia e no seu amor, deu-lhe paz antes da sua morte. Não sabemos o que se passa entre uma pessoa tão doente e o seu Criador. A presença do Senhor estava naquele quarto. Vi um homem endurecido contra Deus e a sua própria família, mas às portas da morte, o Senhor deu-se a conhecer a ele, dando-lhe o conhecimento da sua existência.

Dai graças ao Senhor, porque ele é bom, porque a sua benignidade dura para sempre. Dai graças ao Deus dos deuses, porque a sua benignidade dura para sempre. Dai graças ao Senhor dos senhores, porque a sua benignidade dura para sempre. Àquele que é o único que faz grandes maravilhas, porque a sua misericórdia dura para sempre. (Salmo 136:1-4)

Capítulo 16.

UM ESTILO DE VIDA SACRIFICIAL NA VIDA

Durante este tempo, eu estava a fazer um estudo bíblico sobre cabelo, vestuário, joias e maquilhagem. Disse para mim mesma: "Estas pessoas são antiquadas". Eu sabia no meu coração que amava Deus; portanto, o que eu vestia não deveria importar. O tempo passou e um dia ouvi o Espírito (Rima) de Deus falar ao meu coração "tu fazes o que sentes no teu coração". Naquele momento, os meus olhos abriram-se. Compreendi que tinha um amor pelo mundo no meu coração e que me estava a conformar com as modas do mundo. (Rima é a Palavra de Deus iluminada e ungida que lhe foi dirigida para um momento ou situação específica).

Senhor, tu me sondaste e me conheces. Tu conheces o meu assentar e o meu levantar, de longe entendes o meu pensamento. Esquadrinhas o meu caminho e o meu deitar, e conheces todos os meus caminhos.
(Salmo 139:1-3)

Joias:

Não gostava de joias, por isso não foi difícil desfazer-me das poucas peças que tinha.

Assim também vós, mulheres, sede submissas a vossos próprios maridos; para que, se alguns não obedecem à palavra, sejam também

> *conquistados, sem a palavra, pelo procedimento das mulheres, enquanto contemplam o vosso procedimento casto e temente. Cujo adorno não seja o **exterior**, de trançar os cabelos, de usar ouro, ou de se ataviar; mas seja o homem oculto do coração, naquilo que não se pode corromper, isto é, o **ornamento** de um espírito manso e quieto, que é de grande valor diante de Deus. Porque assim também antigamente se adornavam as santas mulheres, que confiavam em Deus, sujeitando-se a seus maridos: Assim como Sara obedeceu a Abraão, chamando-lhe senhor; de quem sois filhas, contanto que façais bem, e não vos assusteis com nenhum espanto.*
> *(1 Pedro 3:1-6)*

> *Do mesmo modo, que as mulheres se ataviem em trajes modestos, com pudor e sobriedade, não com cabeleira apanhada, ou com ouro, ou pérolas, ou vestidos preciosos, mas (o que convém a mulheres que professam a piedade) com boas obras. (1 Timóteo 2:9, 10)*

Cabelo

> *Não vos ensina a própria natureza que, se um homem tem cabelo comprido, é para ele uma vergonha? Mas, se a mulher tem cabelo comprido, é para ela uma glória, porque o cabelo lhe foi dado para **cobertura**. (1 Coríntios 11:14, 15)*

Na minha juventude, sempre tive o cabelo comprido. Aos vinte anos, cortei-o pela primeira vez e continuei a cortá-lo até ficar muito curto. Por isso, o ensinamento sobre o cabelo não cortado foi difícil de aceitar no início. Não queria deixar o meu cabelo crescer porque gostava do cabelo curto. Era fácil de cuidar. Comecei a pedir a Deus que me deixasse usar o cabelo curto. Mas, para minha surpresa, Deus mudou a minha maneira de pensar, colocando a Sua Palavra no meu coração, e já não me custava deixar crescer o cabelo.

Nessa altura, a minha mãe vivia comigo. Como eu não sabia cuidar do meu cabelo comprido, a minha mãe pedia-me para o cortar porque não gostava do seu aspeto. Comecei a estudar mais sobre o cabelo na Bíblia. Recebi uma melhor compreensão e conhecimento, o que ajudou as minhas convicções a tornarem-se mais fortes no meu coração.

Eu Fi-Lo à "Sua Maneira"

Rezei e perguntei ao Senhor: *"O que devo fazer em relação à minha mãe, uma vez que ela não gosta do meu cabelo comprido?"* Ele falou comigo e disse: *"Reza para que o pensamento dela mude"*.

Confia no Senhor de todo o teu coração, e não te estribes no teu próprio entendimento. Reconhece-o em todos os teus caminhos, e ele endireitará as tuas veredas. (Provérbio 3:5, 6)

O Senhor é o meu conselheiro, por isso continuei a rezar para que o seu pensamento mudasse.

Jesus é o nosso Conselheiro;

*Porque um menino nos nasceu, um filho se nos deu; e o governo estará sobre os seus ombros; e o seu nome será: Maravilhoso, **Conselheiro**, Deus Forte, Pai Eterno, Príncipe da Paz. (Isaías 9:6)*

Já não cortava o cabelo. O meu cabelo continuou a crescer e um dia a minha mãe disse-me: "Ficas bem de cabelo comprido!" Fiquei muito feliz ao ouvir aquelas palavras. Sabia que o Senhor me tinha orientado na oração e tinha respondido à minha oração. Sei que o meu cabelo não cortado é a minha glória e que me foi dado poder sobre a minha cabeça por causa dos Anjos.

Sei que quando rezo há poder. Louvado seja o Senhor!!!

*Mas toda a mulher que ora ou profetiza com a cabeça **descoberta** desonra a sua cabeça, porque é como se estivesse rapada. Mas, se a mulher tem cabelo comprido, é para ela uma glória, **porque o cabelo lhe foi dado para cobertura**. (I Coríntios 11:5,15,)*

Esta escritura é muito clara quando diz que o cabelo não cortado é a nossa cobertura e não um lenço, chapéu ou véu. Representa a nossa submissão à autoridade de Deus e à Sua glória. Em toda a Palavra de Deus, verá que os anjos protegiam a Glória de Deus. Onde quer que a glória de Deus estivesse, os anjos estavam presentes. O nosso cabelo não cortado é a nossa glória e os Anjos estão sempre presentes para nos proteger devido à nossa submissão à Palavra de Deus. Estes Anjos estão a proteger-nos a nós e à nossa família.

Por isso, a mulher deve ter poder sobre a sua cabeça, por causa dos anjos. (1.ª Coríntios 11:10)

1 Coríntios 11 é o pensamento e a ação ordenada de Deus para manter uma distinção inequívoca entre feminino e masculino.

O Novo Testamento mostra que as mulheres tinham cabelos compridos não cortados.

*E eis que uma mulher da cidade, que era pecadora, quando soube que Jesus estava à mesa em casa de um fariseu, trouxe um vaso de alabastro com unguento e, pondo-se a seus pés, atrás dele, chorava; e começou a lavar-lhe os pés com lágrimas, **enxugando-os com os cabelos da cabeça;** e beijou-lhe os pés e ungiu-os com o unguento. (Lucas 7:37, 38)*

os Senhores Dizem

"Corta os teus cabelos, ó Jerusalém, e lança-os fora, e levanta uma lamentação sobre os lugares altos; porque o Senhor rejeitou e desamparou a geração do seu furor." (Jeremias 7; 29)

O cabelo cortado é um símbolo de vergonha, desgraça e luto. Cortar o cabelo representa um ato ímpio e vergonhoso do povo de Deus que se desviou. É um sinal de que o Senhor os rejeitou. Lembre-se que somos a Sua noiva.

A Enciclopédia Britânica, V, 1033 afirma que, após a Primeira Guerra Mundial, "o cabelo foi cortado". O corte de cabelo foi adotado por quase todas as mulheres em todo o mundo.

As Palavras de Deus são estabelecidas para a eternidade. A exigência deDeus para as mulheres é que tenham cabelo comprido não cortado e para os homens que tenham cabelo curto.

Vestuário

A Palavra de Deus também nos dá instruções sobre a forma como nos vestimos. Quando eu era uma nova convertida e estava a aprender como nos devíamos vestir, não me sentia convicta em relação às minhas roupas. Por causa do meu tipo de trabalho, usava calças. Pensei para comigo: "Não faz *mal se eu continuar a usar calças só para trabalhar*". Comprei umas calças novas e recebi muitos elogios sobre o meu bom aspeto. Eu já sabia que as mulheres não deviam usar roupa de homem. As calças sempre foram roupa de homem, não de mulher. Quando tiver a palavra de Deus plantada no seu coração, receberá uma convicção sobre o vestuário adequado a usar.

A mulher não vestirá o que pertence ao homem, nem o homem vestirá roupa de mulher; porque todos os que fazem isto são **abomináveis** *ao Senhor teu Deus. (Deuteronómio 22:5)*

A confusão começou quando homens e mulheres começaram a usar roupas unissexo. O passo seguinte levar-vos-á, como Deus disse, a:

Levítico 18:22 Não te deitarás com homem, como se fosse mulher; é **abominação.**

Seremos afetados pelo que vestimos. A palavra abominação é usada para descrever a mulher que veste "o que é próprio do homem" e o homem que veste "roupa de mulher". Deus conhece cada passo da confusão sexual. Deus fez os dois géneros completamente diferentes com um propósito diferente. Reparou que foram as mulheres que começaram a vestir calças primeiro? Isto é exatamente como quando Eva foi desobediente no Jardim do Éden! Esta confusão é uma prova da sociedade atual em que vivemos. Por vezes, não se consegue distinguir entre homens e mulheres.

Há mais de 70 anos, o vestuário das mulheres não era um problema, porque elas usavam basicamente vestidos compridos ou saias compridas. Não havia confusão. Quando as mulheres começaram a usar roupa de homem, começaram a comportar-se como homens e os homens como mulheres. Isto é uma desordem.

Terão gorros de linho na cabeça, e **calções** *de linho nos lombos; não se cingirão de coisa alguma que faça suar (Ezequiel 44:18)*

A geração perversa e desobediente de hoje, guiada pelos meios de comunicação, está a aprender com o príncipe do ar, que é Satanás. Eles não estão cientes da verdade da Bíblia. Também os seus apoiantes são falsos mestres que ensinam a doutrina e o mandamento do homem e não de Deus.

Eis que fizeste os meus dias como um palmo, e a minha idade é como nada diante de ti; na verdade, todo o homem, no seu melhor estado, é totalmente vaidade. Selah. Na verdade, todo homem anda em vão; na verdade, em vão se inquietam; amontoam riquezas, e não sabem quem as recolherá. (Salmos 39:5-6)

Quando Adão e Eva desobedeceram ao Senhor e comeram o fruto da árvore proibida, souberam que tinham pecado e os seus olhos abriram-se para a sua nudez.

Abriram-se-lhes os olhos, e perceberam que estavam nus; coseram folhas de figueira e fizeram para si aventais (Génesis 3:7).

Adão e Eva cobriram-se com folhas de figueira. Fizeram aventais de folhas de figueira, o que era insuficiente. Deus tem um padrão de cobertura e, por isso, não aprovou a sua cobertura imprópria de folhas de figueira..... Por isso, vestiu-os com túnicas de pele.

O Senhor Deus fez também para Adão e para a sua mulher túnicas de peles, e vestiu-os. (Génesis 3:21)

O inimigo da nossa alma, o Demónio, gosta de provocar a exposição imodesta do corpo.

*Lucas 8:35 "Então saíram para ver o que se passava e chegaram a Jesus, e acharam o homem de quem tinham saído os demónios, sentado aos pés de Jesus, **vestido** e em perfeito juízo; e ficaram com medo."*

Quando uma pessoa não cobre o seu corpo, isso prova que ela é influenciada pelo espírito errado que produz motivos errados.

É muito importante que leiamos sempre a Palavra de Deus, que oremos sem cessar e que jejuemos para compreendermos melhor e sermos guiados pelo Seu espírito. A transformação vem através da palavra de Deus, que primeiro vem do interior, e depois a mudança vem para o exterior.

> *Este livro da lei não se aparte da tua boca; antes medita nele dia e noite, para que tenhas cuidado de fazer conforme tudo quanto nele está escrito; porque então farás prosperar o teu caminho, e terás bom êxito. (Josué 1:8)*

O ataque deSatanás é contra a Palavra de Deus. Lembras-te de Eva? O diabo sabe o que atacar e quando atacar, porque é subtil e astuto.

> *Sede sóbrios, vigiai, porque o diabo, vosso adversário, anda em derredor, bramando como leão, buscando a quem possa tragar: (1 Pedro 5:8)*

> *Aquele que tem os meus mandamentos e os guarda, esse é o que me ama; e aquele que me ama será amado de meu Pai, e eu amá-lo-ei e manifestar-me-ei a ele. (João 14:21)*

> *Se guardardes os meus mandamentos, permanecereis no meu amor; assim como eu tenho guardado os mandamentos de meu Pai, e permaneço no seu amor. (João 15:10)*

Nessa noite, enquanto estava a trabalhar, veio-me um pensamento à cabeça. Perguntei-me como é que eu era aos olhos de Deus. De repente, a vergonha apoderou-se de mim e não consegui olhar para cima. Senti-me como se estivesse diante do Senhor nosso Deus. Como sabem, nós ouvimos através dos nossos ouvidos, mas eu ouvi a Sua voz, como se Ele estivesse a falar através de cada célula do meu corpo, dizendo: "Amo-te sinceramente". Quando ouvi estas belas palavras de Deus a dizer "Amo-te sinceramente", isso significou muito para mim. Mal podia esperar para sair do trabalho e ir para casa, para poder limpar completamente o meu armário de todas as minhas roupas mundanas.

Durante algumas semanas, continuei a ouvir o eco da Sua voz a dizer-me: "Amo-te sinceramente". Mais tarde, desapareceu.

Viver para Deus não é apenas o que dizemos, mas é um estilo de vida. Quando Deus falou a Moisés, falou-lhe muito claramente. Moisés conhecia, sem qualquer dúvida, a voz de Deus.

A palavra vergonha traduzida do grego refere-se a um sentimento de vergonha ou modéstia, ou à decência interior que reconhece que a falta de roupa é vergonhosa. Isto significa que a nossa aparência exterior reflete o nosso ser interior, não só para nós próprios mas também para os outros. É por isso que a Bíblia diz que o vestuário modesto é semelhante à vergonha

Provérbio 7:10 E eis que lhe saiu ao encontro uma mulher com traje de prostituta, e de coração perverso.

*Do mesmo modo, que as mulheres se ataviem em trajes modestos, com **pudor** e **sobriedade**, não com cabeleira apanhada, nem com ouro, nem com pérolas, nem com vestidos preciosos;*
(1 Timóteo 2:9)

O vestuário deve cobrir a nudez de uma pessoa. A sobriedade impediria a pessoa de usar aquilo que pretende parecer sexy ou que é uma moda reveladora. O estilo de roupa atual é tão curto que faz lembrar a roupa de uma prostituta. O que importa é a aparência sexy. Os criadores de vestuário estão a tornar o estilo de vestuário mais revelador e mais provocador.

Agradece a Deus pela sua palavra que Ele estabeleceu para a eternidade; Ele conhece as gerações de todos os tempos. A Palavra impede-te de te conformares com este mundo.

A definição de modéstia varia consoante o país, a época e a geração. As mulheres asiáticas usam calças largas e blusas compridas, chamadas vestidos Panjabi, que são muito modestos. As mulheres árabes usam túnicas compridas com um véu. As senhoras cristãs ocidentais usam os seus vestidos abaixo dos joelhos.

Continuamos a ter senhoras cristãs tementes a Deus que gostam de ser modestas e de manter a pregação e o ensino de Deus.

Eu Fi-Lo à "Sua Maneira"

Provai tudo, retende o que é bom. (1 Tessalonicenses 5:21)

Estamos a viver numa época chocante em que não há temor de Deus.

Se me amais, guardai os meus mandamentos. (João 14:15)

disse Paulo,

*"Porque fostes comprados por bom preço; glorificai, pois, a Deus no vosso **corpo** e no vosso espírito, que são de Deus."*
(1 Coríntios 6:20)

O vestuário não deve ser apertado, curto ou decotado. As imagens em algumas camisas e blusas são frequentemente colocadas de forma incorreta.

As ideias de Deus de nos obrigar a usar roupa são para nos cobrirmos. Lembrem-se que Eva e Adão estavam nus. Nós já não somos inocentes. Sabemos que esta é a tentação para os olhos do homem. David viu Betsabé sem roupa e caiu em adultério.

A moda do vestuário das jovens mulheres ou das raparigas do nosso tempo é imodesta. As calças são muito justas. A Bíblia diz que se deve ensinar às crianças a justiça de Deus. Em vez de ensinarem às raparigas a modéstia, os pais compram roupas imodestas.

A mulher cristã consciencioso e piedosa escolherá a sua roupa que agrada a Cristo e ao seu marido. Ela já não deseja usar o que está "na moda".

O vestuário imodesto, as joias e a maquilhagem alimentam a concupiscência dos olhos, a concupiscência da carne e a soberba da vida.

*Não ameis o mundo, nem as coisas que há no mundo. Se alguém ama o mundo, o amor do Pai não está nele. **Porque tudo o que há no mundo**, a concupiscência **da carne**, **a concupiscência dos olhos** e a **soberba da vida**, não vem do Pai, mas vem do mundo. E o mundo* *passa, e a sua concupiscência; mas aquele que faz a vontade de Deus permanece para sempre. (1 João 2:15-17)*

Satanás sabe que o homem é visualmente orientado. As mulheres não veem a intenção de Satanás. A imodéstia é uma poderosa tentação e sedução para os homens. Roupas imodestas, joias e maquilhagem causam excitação nos homens. O orgulho e a vaidade constroem o ego humano. A mulher sente-se poderosa porque consegue atrair a atenção luxuriosa dos homens. Estas coisas fazem com que a mulher se orgulhe da sua aparência exterior.

Rogo-vos, pois, irmãos, pela compaixão de Deus, que apresenteis os vossos corpos em sacrifício vivo, santo e agradável a Deus, que é o vosso culto racional. E não vos conformeis com este mundo, mas transformai-vos pela renovação do vosso entendimento, para que experimenteis qual seja a boa, agradável, e perfeita vontade de Deus.
(Romanos 12:1, 2)

Maquilhagem

A Bíblia fala definitivamente **contra a maquilhagem**. Na Bíblia, a maquilhagem está sempre associada a mulheres ímpias. Na Bíblia, Jezabel era uma mulher perversa que pintava o rosto.

Através da Sua Palavra, Deus deu-nos a nós, cristãos, instruções escritas sobre a pintura do rosto, que agora se chama maquilhagem. Deus informou-nos de todos os pormenores e até de referências históricas. A Bíblia considera-nos como uma luz deste mundo; se somos essa luz, não precisamos de ser pintados. Ninguém pinta a lâmpada. Uma coisa morta precisa de ser pintada. Pode-se pintar a parede, a madeira, etc.

Hoje em dia, a maioria das mulheres e das meninas usa maquilhagem, sem qualquer conhecimento da história ou da Bíblia. A maquilhagem era usada apenas no rosto; mas agora, gostam de pintar e imprimir diferentes partes do corpo, como os braços, as mãos, os pés, etc. A maquilhagem é pecado? Deus importa-se com o que fazemos ao nosso corpo. Deus afirma claramente a sua oposição à pintura e à perfuração do corpo, à maquilhagem e às tatuagens.

*Não fareis nenhum corte na vossa carne por causa dos mortos, nem imprimireis **nenhuma marca em vós**: Eu sou o Senhor.*
(Levítico 19:28).

Nunca usei maquilhagem, mas usava batom porque gostava. Quando ouvi a pregação sobre a maquilhagem, comecei a usar menos batom e mais tarde parei completamente. No meu coração, ainda tinha o desejo de o usar, mas não o fiz.

Na oração, perguntei a Deus o que é que Ele achava do batom. Um dia, duas senhoras vinham na minha direção e reparei que usavam batom. Naquele momento, vi, através dos Seus olhos espirituais, o que parecia.... Senti-me tão mal do estômago. Fui altamente convencida no meu coração e nunca mais tive o desejo de usar batom. O meu desejo era agradar-Lhe e obedecer à Sua Palavra.

"Assim falai, e assim procedei, como aqueles que hão de ser julgados pela lei da liberdade" (Tiago 2:12)

Embora tenhamos a liberdade de fazer o que quisermos e de viver como quisermos, o nosso coração é enganoso e a nossa carne procurará as coisas deste mundo. Sabemos que a nossa carne é inimiga de Deus e das coisas de Deus. Devemos andar sempre no espírito para não satisfazer a concupiscência da carne. O problema não é o demónio. Nós somos o nosso próprio problema, se andarmos na carne.

Porque tudo o que há no mundo, a concupiscência da carne, a concupiscência dos olhos e a soberba da vida, não vem do Pai, mas do mundo. E o mundo passa, e a sua concupiscência; mas aquele que faz a vontade de Deus permanece para sempre. (1o João 2:16-17)

Satanás quer ser o centro de tudo. Ele era perfeito em beleza e cheio de orgulho. Ele sabe o que o levou a cair e também usa isso para o fazer cair.

*Filho do homem, levanta uma lamentação sobre o rei de Tiro, e dize-lhe: Assim diz o Senhor Deus: Tu selaste a soma, cheio de sabedoria e **<u>perfeito em formosura</u>**. Estiveste no Éden, jardim de Deus; toda pedra preciosa era a tua cobertura, o sárdio, o topázio e o diamante, o berilo, o ónix e o jaspe, a safira, a esmeralda, o carbúnculo e o ouro; a obra dos teus tambores e dos teus tubos foi preparada em ti no dia em que foste criado (Ezequiel 28:12,13)*

Quando andamos na carne, também procuramos ser o centro das atenções. Isto pode ser visto nas nossas roupas, conversas e ações. Caímos facilmente na armadilha de Satanás ao conformarmo-nos com o mundo e as suas modas mundanas.

Deixe-me partilhar como e onde começou a maquilhagem ou a pintura. O uso de maquilhagem começou no Egipto. Os reis e as rainhas usavam maquilhagem à volta dos olhos. A maquilhagem egípcia dos olhos era usada para proteção contra a magia maligna e também como símbolo do novo nascimento na reencarnação. Era também utilizada por aqueles que vestiam os mortos. Queriam que os mortos parecessem estar apenas a dormir.

É preciso saber o que a Bíblia diz claramente sobre este assunto. Se a maquilhagem é importante para Deus, tem de ser mencionada na Sua Palavra - tanto especificamente como em princípio.

Quando Jeú chegou a Jizreel, Jezabel soube disso; pintou o rosto, cansou a cabeça e olhou pela janela. (2 Reis 9:30)

O jovem Jeú foi imediatamente para Jezreel para executar o julgamento de Jezabel. Quando ela soube que estava em perigo, maquilhou-se, mas a maquilhagem não conseguiu seduzir Jeú. O que o profeta de Deus profetizou sobre Jezabel e o seu marido, o rei Acabe, cumpriu-se. A sua abominação chegou ao fim, tal como o profeta de Deus profetizou sobre eles. Quando Jeú a mandou atirar de uma janela, os cães comeram a sua carne, tal como Deus tinha declarado! A maquilhagem é uma arma autodestrutiva.

Não cobices no teu coração a sua formosura, nem te deixes arrebatar pelas suas pálpebras (Provérbios 6:25).

"E quando fores despojado, que farás? Ainda que te vistas de carmesim, ainda que te adornes com enfeites de ouro, ainda que rasgues o teu rosto com pintura, em vão te farás bela; os teus amantes te desprezarão, procurarão a tua vida." (Jeremias 4:30)

A história diz-nos que as prostitutas pintavam o rosto para poderem ser reconhecidas como prostitutas. Com o tempo, a maquilhagem e a pintura facial tornaram-se comuns. Deixou de ser visto como impróprio.

E, além disso, mandastes vir homens de longe, aos quais foi enviado um mensageiro, e eis que vieram; por causa dos quais te lavaste, pintaste os teus olhos e te adornaste com enfeites.
(Ezequiel 23:40)

A maquilhagem são "produtos de que ninguém precisa", mas desejá-los é da natureza humana. O orgulho e a vaidade são a razão pela qual muitas mulheres usam maquilhagem, para se adaptarem ao mundo. Esta é a natureza humana. Todos nós queremos integrar-nos!

As estrelas de Hollywood são responsáveis por mudanças tão drásticas na forma como as mulheres pensam a sua aparência exterior. A maquilhagem era usada apenas por mulheres arrogantes e orgulhosas. Toda a gente quer estar bonita, mesmo as crianças que usam maquilhagem.

O orgulho e a vaidade promoveram a indústria da maquilhagem, ao acolherem a maquilhagem tornaram-se vaidosos. Em qualquer lugar que se vá, encontra-se maquilhagem. Dos mais pobres aos mais ricos, todos querem estar bonitos. A sociedade atual dá demasiada importância à aparência exterior; devido a inseguranças interiores, todas as mulheres de todas as idades se maquilham.

Muitos estão deprimidos com a sua aparência, chegando mesmo a tentar suicidar-se. A beleza é uma das coisas mais admiradas por esta geração. Algumas pessoas usam maquilhagem assim que acordam.

Não gostam do seu aspeto natural. A maquilhagem possuiu-as de tal forma que, sem ela, se sentem indesejadas. Isto causa depressão na nossa geração mais jovem e até nas crianças mais pequenas.

Agora pense nas mulheres justas mais conhecidas da Bíblia do Antigo ou do Novo Testamento. Não vai encontrar uma única que usasse maquilhagem. Não há menção de Sara, Rute, Abigail, Noemi, Maria, Débora, Ester, Rebeca, Feebie ou qualquer outra mulher virtuosa e mansa que alguma vez tenha usado maquilhagem.

Ele embelezará os mansos com a Salvação (Salmos 149:4b)

Na verdade, na Palavra de Deus, os únicos exemplos de quem usava maquilhagem eram as adúlteras, as prostitutas, as rebeldes, as apóstatas e as falsas profetisas. Isto deve servir como um grande aviso para qualquer pessoa que se preocupe com a Palavra de Deus e deseje seguir um exemplo bíblico justo em vez de escolher seguir o exemplo de mulheres ímpias.

Revesti-vos, pois, como eleitos de Deus, santos e amados, ***de*** *entranhas de misericórdia, de benignidade, humildade, mansidão, longanimidade; (Colossenses 3:12)*

Mas, ó homem, quem és tu, que te queixas a Deus? Porventura a coisa formada dirá àquele que a formou: Por que me fizeste assim? (Romanos 9:20)

O nosso corpo é o templo de Deus; devemos desejar seguir os caminhos retos de Deus. Para isso, as mulheres devem apresentar-se em santidade de vestuário, com o rosto aberto (rosto limpo) e refletindo a preciosa glória de Deus no seu corpo.

Não sabeis vós que o vosso corpo é o templo do Espírito Santo, que está em vós, o qual tendes da parte de Deus, e que não sois de vós mesmos? (1 Coríntios 6:19)

Tu e eu fomos comprados por um preço e Deus criou-nos à sua imagem. As leis de Deus são para nos proteger e devem estar escritas nos nossos corações. Tu e eu temos regras e diretrizes para viver, tal como nós, que somos pais, temos regras e diretrizes para os nossos filhos. Se optarmos por obedecer às leis e diretrizes de Deus, seremos abençoados e não castigados.

> *"Os céus e a terra tomo hoje por testemunhas contra ti, que te pus diante da vida e da morte, da bênção e da maldição; escolhe, pois, a vida, para que vivas, tu e a tua descendência"*
> *(Deuteronómio 30:19)*

O orgulho e a rebelião trarão sobre nós a aflição da doença, das finanças, da opressão e da possessão demoníaca. Quando procuramos as coisas deste mundo através do orgulho e da rebelião, estamos a preparar-nos para o fracasso. É o desejo do demónio corromper as nossas vidas com o pecado do orgulho. Esta não é a vontade de Deus para a nossa vida!

Tenho visto as mudanças quando mulheres mundanas se tornam mulheres de Deus. Elas deixam de parecer envelhecidas, deprimidas, stressadas, atormentadas e infelizes e passam a parecer mulheres mais jovens, bonitas, vibrantes, pacíficas e radiantes.

Temos uma vida para viver! Portanto, representamos o Deus de Abraão, Jacob e Isaac.... apresentando os nossos corpos como sacrifício vivo, santo e agradável aos seus olhos. Este é o nosso serviço racional, interior e exteriormente irrepreensível em todas as coisas!

Quando desobedecemos à Palavra de Deus por orgulho e rebelião, trazemos maldições sobre nós mesmos, os nossos filhos e os filhos de nossos filhos. Isto pode ser visto nas ações desobedientes e rebeldes deEva; o resultado foi o dilúvio que veio sobre a terra e tudo foi destruído. Sansão e Saul trouxeram destruição para si mesmos e para a sua família por sua desobediência. A desobediência de Eli trouxe a morte dos seus filhos e a remoção do sacerdócio.

A história, através da Palavra de Deus, diz-nos que antes da destruição, a mentalidade da raça humana era arrogante, egocêntrica e procurava o seu próprio prazer.

*Diz mais o Senhor: Porquanto as **filhas de Sião** são altivas, e andam de pescoço erguido e olhos impudentes, andando e meneando pelo caminho, e fazendo tinir os seus pés: Por isso o Senhor ferirá com uma crosta o alto da cabeça das filhas de Sião, e o Senhor descobrirá as suas partes íntimas. Naquele dia, o Senhor tirará a valentia dos seus enfeites tilintantes sobre os pés, e as suas caules, e as suas tiaras redondas como a lua, e as cadeias, e os braceletes, e os cachecóis, e as toucas, e os enfeites das pernas, as tiaras, as tiaras, os brincos, os anéis e os piercings, os trajes mutáveis, os mantos, as cintas e os alfinetes, os óculos, o linho fino, os capuzes e as vestes. E acontecerá que, em vez de cheiro suave, haverá mau cheiro; e em vez de cinto, uma fenda; e em vez de cabelos bem penteados, calvície; e em vez de estômago, um cinto de pano de saco; e queimadura em vez de beleza. Os teus homens cairão à espada, e os teus poderosos na guerra. E as suas portas gemerão e lamentarão, e ela, assolada, sentar-se-á no chão. (Isaías 3:16-26)*

As nossas escolhas na vida são muito importantes. Fazer escolhas baseadas na Bíblia e guiadas pelo Espírito trará bênçãos para nós e para os nossos filhos. Se escolhermos rebelar-nos contra a Palavra de Deus e procurarmos o nosso próprio prazer egoísta, estaremos a repetir a História de..:

1. Eva desobediente que provocou o Dilúvio.

Viu Deus que era grande a maldade do homem na terra e que toda a imaginação dos pensamentos do seu coração era só má, continuamente. E arrependeu-se o Senhor de ter feito o homem sobre a terra, e isso lhe pesou no coração. Então disse o Senhor: Destruirei da face da terra o homem que criei, tanto o homem como o animal, o réptil e as aves do céu; porque me arrependo de os haver feito. (Génesis 6:5-7)

2. A rebelião de Sodoma e Gomorra:

*Então o Senhor fez chover do céu enxofre e fogo sobre **Sodoma** e Gomorra, da parte do Senhor; (Génesis 19:24)*

Estes são alguns exemplos da Bíblia. Sabe que faz a diferença neste mundo. Não quer reavivar o mal da história antiga.

É isto que Deus tem a dizer sobre a rebeldia e a desobediência:

> *E enviarei entre eles a espada, a fome e a peste, até que sejam consumidos da terra que lhes dei a eles e a seus pais*
> *(Jeremias 24:10)*

Mas para o Obediente:

> *E voltarás, e obedecerás à voz do Senhor, e cumprirás todos os seus mandamentos que eu hoje te ordeno. E o Senhor teu Deus te fará abundante em toda a obra das tuas mãos, no fruto do teu trabalho, e te dará a tua terra. O Senhor tornará a alegrar-se em ti para sempre, como se alegrou em teus pais: Se ouvires a voz do Senhor teu Deus, para guardares os seus mandamentos e os seus estatutos, que estão escritos neste livro da lei, e se te converteres ao Senhor teu Deus de todo o teu coração e de toda a tua alma. Porque este mandamento que hoje te ordeno não te é oculto, nem tampouco está longe de ti.*
> *(Deuteronómio 30:8-11)*

Capítulo 17

MINISTÉRIO DE VIAGENS: CHAMADO PARA ENSINAR E ESPALHAR O EVANGELHO

Não sou um ministro no sentido de alguém que é chamado de reverendo, pastor ou pregador. Quando recebemos o Espírito Santo e o fogo, tornamo-nos ministros da Sua Palavra, espalhando as Boas Novas. Onde quer que eu vá, peço a Deus a oportunidade de ser testemunha e professor da Sua Palavra. Uso sempre a Bíblia KJV, pois é a única fonte que vivifica o coração e a mente do ser humano. Quando as sementes são plantadas, é impossível para Satanás removê-las, se as regarmos continuamente com oração.

Quando as pessoas aceitam esta maravilhosa verdade, eu coloco-as em contacto com uma igreja local para que sejam batizadas em **_Nome de Jesus_**; elas podem ficar sob o discipulado de um Pastor para permanecer em contacto com elas. É importante ter um Pastor que alimente (ensine) a Palavra de Deus e cuide deles.

*"Ide, pois, e ensinai todas as nações, batizando-as em **nome** do Pai, e do Filho, e do Espírito Santo." (Mateus 28:19)*

"E dar-vos-ei pastores segundo o meu coração, que vos apascentem com ciência e com entendimento." (Jeremias 3:15)

Eu Fi-Lo à "Sua Maneira"

Quando o Senhor nos dá instruções para fazermos a Sua vontade, pode ser em qualquer lugar e em qualquer altura. Por vezes, os Seus caminhos podem não fazer sentido, mas aprendi, por experiência própria, que isso não me importa. Desde o momento em que acordo até ao momento em que saio de casa, nunca sei o que Deus tem preparado para mim. Como crentes, temos de crescer na nossa fé através do estudo da Palavra, para nos tornarmos professores maduros. Continuamos a atingir níveis mais elevados de maturidade, nunca perdendo uma oportunidade de testemunhar aos outros; especialmente quando Deus abre a porta.

> *"Porque, devendo já ser mestres, necessitais de que se vos torne a ensinar quais sejam os primeiros princípios dos oráculos de Deus; e vos haveis feito tais que necessitais de leite e não de alimento sólido. Pois todo aquele que se serve do leite é inábil na palavra da justiça, porque é um menino. Mas o alimento sólido é para os de idade avançada, os quais, pelo uso, têm os sentidos exercitados para discernir o bem e o mal." (Hebreus 5:12-14)*

Neste capítulo, partilho convosco algumas das minhas experiências de viagem com alguns pontos históricos importantes que foram introduzidos para explicar as crenças da igreja primitiva e da doutrina subsequente.

Deus trouxe-me de volta para visitar a Califórnia, através de um "plano de voo ilógico". Devido a problemas de saúde, prefiro sempre voos diretos. Desta vez, comprei um voo de Dallas - Ft. Worth, Texas, para Ontário, Califórnia, com uma escala em Denver, Colorado. Não sei explicar porque é que fiz isto, mas mais tarde fez sentido. Durante o voo, avisei a hospedeira que estava com dores e sentei-me perto de uma casa de banho. Durante a última parte do voo, perguntei à hospedeira se podia encontrar um lugar para me deitar. Ela levou-me para a parte de trás do avião. Mais tarde, as dores diminuíram. A hospedeira voltou para ver como eu me estava a sentir e disse-me que tinha estado a rezar por mim.

O Senhor estava a abrir-me a porta para partilhar o que Ele tinha feito por mim. Falei-lhe dos meus ferimentos, doenças e curas. Ela ficou muito espantada por eu ter suportado tudo isto sem medicação e apenas confiando em Deus. Quando falámos sobre a Bíblia, ela disse-me que nunca tinha ouvido dizer que alguém podia receber o Espírito Santo. Expliquei-lhe que, de acordo com as Escrituras, o Espírito Santo existe para nós ainda hoje. Disse-lhe a minha razão para deixar a minha casa na Índia: quando procuramos Deus de todo o coração, Ele responde às nossas orações. Ela foi muito simpática e atenciosa comigo, tal como em muitas outras vezes em que viajei de avião, parece haver sempre alguém no voo que me mostrou tanta bondade e carinho. Continuei a falar-lhe do Espírito Santo e da evidência de falar em línguas. Ela disse que não acreditava. Falei-lhe sobre o batismo em Nome do Senhor Jesus e ela admitiu que também nunca tinha ouvido falar disso. O batismo dos apóstolos, tal como referido em Atos, capítulo 2, não é pregado pela maioria das igrejas, uma vez que a maioria adotou a doutrina da Trindade de três pessoas na Divindade e invoca os títulos: Pai, Filho e Espírito Santo, quando batizam.

> *"E Jesus, aproximando-se, falou-lhes, dizendo: É-me dado todo o poder no céu e na terra. Ide, pois, e ensinai a todas as nações, batizando-as em **nome** do Pai, e do Filho, e do Espírito Santo" (Mateus 28:18-19)*

Quando os discípulos batizavam em Nome de Jesus, estavam a cumprir o batismo do Pai, do Filho e do Espírito Santo, quando a pessoa entrava na água completamente submersa. Não se tratava de uma confusão; eles estavam a cumprir o que Jesus lhes ordenara, como mostram as Escrituras.

> *Porque três são os que testificam no céu: o Pai, a Palavra e o Espírito Santo, e estes **três são um**. (1 João 5:7)*

(Esta passagem foi retirada da NVI e de todas as traduções modernas da Bíblia)

> *"E ouvindo eles isto, compungiram-se em seu coração, e perguntaram a Pedro e aos demais apóstolos: Homens irmãos, que faremos? Disse-lhes Pedro: Arrependei-vos, e cada um de vós seja batizado em **nome de Jesus Cristo,** para remissão dos pecados, e recebereis o dom do Espírito Santo." (Atos 2:37-38)*

*"Quando ouviram isto, foram batizados **em nome do Senhor Jesus**. E, impondo-lhes Paulo as mãos, veio sobre eles o Espírito Santo, e falavam em línguas e profetizavam. E todos estes homens eram quase doze". (Atos 19:5-7)*

*"Porque os ouviam falar em línguas e magnificar a Deus. Então Pedro perguntou: Pode alguém proibir a água, para que estes não sejam batizados, que receberam o Espírito Santo, assim como nós? E ele ordenou-lhes que fossem **batizados em nome do Senhor**. Pediram-lhe então que se demorasse alguns dias". (Atos 10:46-48)*

Os apóstolos não desobedeceram a Jesus. O dia de Pentecostes foi o início da Era da Igreja, depois de Jesus ter ressuscitado dos mortos e ter sido recebido na glória. Ele tinha aparecido aos Apóstolos e repreendeu-os pela sua incredulidade e esteve com eles quarenta dias. Durante esse tempo, Jesus ensinou-lhes muitas coisas. A Bíblia diz que os crentes devem ser batizados.

"Depois, apareceu aos onze, estando eles sentados à mesa, e censurou-lhes a incredulidade e dureza de coração, por não terem acreditado nos que o tinham visto depois de ressuscitado. E disse-lhes: Ide por todo o mundo, e pregai o evangelho a toda criatura. Quem crer e for batizado será salvo; mas quem não crer será condenado." (Marcos 16:14-16)

Mais tarde, o homem adotou fórmulas batismais diferentes, incluindo a "aspersão", em vez da submersão total. (Alguns argumentam que é porque a Bíblia não diz que não se pode aspergir e a igreja romana batizava crianças). O batismo em nome de Jesus foi alterado pela Igreja Romana quando esta adotou a visão trinitária.

Antes de continuar, gostaria de dizer que não questiono a sinceridade de muitos crentes maravilhosos que procuram uma caminhada pessoal com o nosso Senhor, que amam a Deus e acreditam no que acreditam ser o ensino bíblico primitivo. É por isso que é tão importante ler e estudar as escrituras por si mesmo, incluindo a história da doutrina da

Igreja Apostólica Primitiva da Bíblia. "A Doutrina da Igreja entra em Apostasia".

Apostasia significa afastar-se da verdade. Um apóstata é alguém que já acreditou e depois rejeitou a verdade de Deus.

Em 312 d.C., quando Constantino era o imperador, o cristianismo foi adotado por Roma como a religião favorita. Constantino cancelou os decretos de perseguição de Diocleciano (Latim: Gaius Aurelius Valerius Diocletianus Augustus ;) que começaram em 303 d.C. Diocleciano foi um imperador romano de 284-305 d.C. Os decretos de perseguição retiraram os direitos aos cristãos e exigiram-lhes que seguissem "práticas religiosas tradicionais", que incluíam sacrifícios aos deuses romanos. Esta foi a última perseguição oficial ao cristianismo, juntamente com os assassinatos e o aterrorizamento daqueles que não obedeciam. Constantino "cristianizou" o Império Romano e fez dele a religião do Estado, ou seja, a religião oficial. Sob o seu domínio, encorajou também as religiões pagãs em Roma. Este facto reforçou o plano de Constantino de unificação e paz no seu império. Assim, a "Roma cristianizada" e uma igreja política foram criadas para governar. Com tudo isto, Satanás concebeu um plano poderosíssimo para corromper a igreja a partir do seu interior, sem que a igreja primitiva fosse reconhecida em lado nenhum. O cristianismo foi degradado, contaminado e enfraquecido por um sistema pagão que se juntou ao sistema político mundial da época. De acordo com este sistema, o batismo fazia de qualquer pessoa um cristão e eles trouxeram a sua religião pagã, santos e imagens para a igreja. Numa fase posterior, a doutrina da Trindade foi também estabelecida no seu concílio. A igreja apóstata já não reconhecia, pregava ou pensava na importância do Espírito Santo ou do falar em línguas. Em 451 d.C., no Concílio de Calcedónia, com a aprovação do Papa, o Credo de Niceia/Constantinopla foi estabelecido como autoritário. Ninguém tinha permissão para debater o assunto. Falar contra a Trindade passou a ser considerado blasfémia. Para quem desobedecesse, eram anunciadas penas duras que iam da mutilação à morte. Surgiram diferenças de crença entre os cristãos, o que provocou a mutilação e o massacre de milhares de pessoas. Os verdadeiros crentes não tiveram outra alternativa senão esconderem-se dos seus perseguidores, que matavam em nome do cristianismo.

Disse-lhe que a crença na trindade veio dos gentios que desconheciam as ordenanças, as leis e os mandamentos de Deus e foi estabelecida em 325 d.C., quando o Primeiro Concílio de Niceia estabeleceu a doutrina da trindade como ortodoxa e adotou o Credo de Niceia da Igreja Romana.

A Trindade foi elaborada depois de 300 bispos se terem reunido e terem chegado a essa conclusão ao fim de seis semanas.

Nunca ninguém pode mudar um mandamento! A igreja primitiva no Livro de Atos começou com a crença no Antigo Testamento da absoluta Unidade de Deus, juntamente com a revelação do Novo Testamento de Jesus Cristo, como sendo o único Deus encarnado. O Novo Testamento estava concluído e o último dos apóstolos tinha morrido no final do primeiro século. No início do século IV, a doutrina primária de Deus na cristandade tinha passado da Unidade de Deus bíblica para uma crença aparente de trinitarismo.

Admiro-me de que tão depressa vos afasteis daquele que vos chamou na graça de Cristo para outro evangelho: o qual não é outro, mas há alguns que vos perturbam e querem perverter o evangelho de Cristo. Mas, ainda que nós ou um anjo do céu vos anuncie outro evangelho além do que já vos temos anunciado, seja anátema. Como antes dissemos, assim agora digo outra vez: se alguém vos anunciar outro evangelho além do que já recebestes, seja anátema.
(Gálatas 1:6-9)

Os escritores da Era Pós-Apostólica (90-140 d.C.) eram fiéis à linguagem bíblica, à forma como era usada e pensada. Acreditavam no monoteísmo, que é a divindade absoluta de Jesus Cristo e a manifestação de Deus na carne.

Ouve, ó Israel: <u>O Senhor nosso Deus é um só Senhor</u>:
(Deuteronómio 6:4)

E, sem dúvida alguma, grande é o mistério da piedade: **Deus se manifestou em carne**, *foi justificado no Espírito, visto dos anjos, pregado aos gentios, crido no mundo, recebido acima na glória.*
(1 Timóteo 3:16)

Atribuíam grande importância ao nome de Deus e acreditavam no batismo em nome de Jesus. Os convertidos da igreja primitiva eram judeus; eles sabiam que Jesus era o "Cordeiro de Deus". Deus revestiu-se de carne para poder derramar sangue.

"Olhai *pois, por vós, e por todo o rebanho sobre que o Espírito Santo vos constituiu bispos,* **para apascentardes a igreja de Deus**, *que ele adquiriu com* **o seu próprio sangue** *(Atos 20:28)*

O nome Jesus significa: O hebraico Yeshua, o grego Yesous, o inglês Jesus. É por isso que Jesus disse.

Disse-lhe Jesus: Estou há tanto tempo convosco, e ainda não me conheces, Filipe? Quem me viu a mim, viu o Pai; como dizes então: Mostra-nos o Pai? (João 14:9)

Não apoiavam qualquer ideia de uma trindade, ou linguagem trinitária, como mais tarde foi adotada pela Igreja de Roma. Embora a maioria das igrejas cristãs de hoje siga a doutrina da trindade, a igreja primitiva ainda prevalece da doutrina apostólica do Dia de Pentecostes. Deus avisou-nos para não nos afastarmos da fé. Há um só Deus, uma só fé e um só batismo.

"Um só Senhor, uma só fé, um só **batismo**, *um só Deus e Pai de todos, o qual é sobre todos, e por todos e em todos vós."*
(Efésios 4:5-6)

"Respondeu-lhe Jesus: O primeiro de todos os mandamentos é: Ouve, ó Israel, **o Senhor nosso Deus é um só Senhor**.*" (Marcos 12:29)*

"Todavia eu sou o Senhor teu Deus desde a terra do Egipto, e não conhecerás outro deus além de mim, porque **não há outro salvador além de mim**.*" (Oseias 13:4)*

O cristianismo desviou-se do conceito da Unidade de Deus e adotou a confusa doutrina da trindade, que continua a ser uma fonte de controvérsia no seio da religião cristã. A doutrina da Trindade afirma que Deus é a união de três pessoas divinas - o Pai, o Filho e o Espírito Santo. Desviou-se da verdade e começou a vaguear.

Quando esta prática da Doutrina da Trindade começou, ocultou o "Nome de Jesus" de ser aplicado no Batismo. O nome de JESUS é tão poderoso porque por este nome somos salvos:

E em nenhum outro nome há salvação, senão em JESUS:

> *E em nenhum outro há salvação, porque também debaixo do céu **nenhum outro nome há**, dado entre os homens, pelo qual devamos ser salvos. (Actos 4:12)*

Houve cristãos judeus e gentios que não aceitaram este batismo dos títulos (Pai, Filho e Espírito Santo). A era da igreja entrou em Apostasia. (O que significa? afastar-se da verdade).

A apostasia é uma rebelião contra Deus porque é uma rebelião contra a verdade. Comparemoso que as bíblias NASB e KJV dizem sobre este importante assunto.

A frase sublinhada foi retirada da NIV, da NASB e de outras traduções da Bíblia.

> *"Ninguém vos engane, pois isso [a volta de Jesus] não acontecerá sem que antes venha a **apostasia** e se manifeste o homem da iniquidade, o filho da destruição" (2 Tessalonicenses 2:3).*

> *"Ninguém de modo algum vos engane; porque aquele dia (o regresso de Jesus) não virá **sem que antes venha a apostasia**, e se manifeste o homem do pecado, o filho da perdição."*
> *(2 Tessalonicenses 2:3 **KJ Version**)*

A hospedeira estava muito interessada no que eu lhe estava a ensinar. No entanto, devido às limitações de tempo, expliquei-lhe a unicidade de Deus para lhe dar uma compreensão completa no pouco tempo de que dispunha.

"Tende cuidado, para que ninguém vos engane com filosofias e vãs subtilezas, segundo a tradição dos homens, segundo os rudimentos do mundo, e não segundo Cristo. Porque nele habita corporalmente toda a plenitude da divindade". (Colossenses 2:8-9)

Sede de Satanás (Também conhecido como Pérgamo, Pergos ou Pergemon):

Também expliquei à hospedeira o papel fundamental que o país da Turquia desempenha nos nossos dias e no tempo do fim. Pérgamo ou Pergamum era uma antiga cidade grega na atual Turquia, que se tornou a capital do Reino de Pérgamo durante o período helenístico, sob a dinastia Attalida, entre 281 e 133 a.C. A cidade ergue-se numa colina onde se encontra o Templo de Asclépio, o seu deus principal. Existe uma estátua de Asclépio sentado, segurando um bastão com uma serpente enrolada à volta. O Livro do Apocalipse fala de Pérgamo, uma das Sete Igrejas. João de Patmos referiu-se a ela como "a sede de Satanás" no seu Livro do Apocalipse.

*"E ao anjo da igreja que está em Pérgamo escreve: Isto diz aquele que tem a espada aguda de dois gumes: Conheço as tuas obras, e onde habitas, que é onde está **o trono de Satanás;** e reténs o meu nome, e não negaste a minha fé, ainda nos dias em que Antipas, meu fiel mártir, foi morto entre vós, onde Satanás habita. Tenho, porém, contra ti algumas coisas, porque tens lá os que seguem a doutrina de Balaão, o qual ensinou Balaque a lançar tropeços diante dos filhos de Israel, a comerem das coisas sacrificadas aos ídolos e a se prostituírem." (Apocalipse 2:12-14)*

Porque é que esta cidade é tão importante hoje em dia? A razão é que, quando Ciro, o Grande, tomou a Babilónia em 457 a.C., o rei Ciro obrigou o sacerdócio pagão babilónico a fugir para oeste, para PERGAMOS, na atual Turquia.

(Nota: Temos de olhar para Israel e para o cumprimento da profecia. Não é de admirar que, em 6 de julho de 2010, em Madrid, Espanha, o presidente sírio Assad tenha avisado que Israel e a Turquia estão prestes a entrar em guerra? O amado Israel de Deus e o Trono (Assento) de Satanás unindo-se nas notícias de hoje

Depois de falar sobre Pérgamo com a hospedeira da companhia aérea, comecei a ensinar sobre o Novo Nascimento. Ela nunca tinha ouvido ninguém falar em línguas (Espírito Santo). Dei-lhe toda a informação, as escrituras e uma lista de onde ela poderia encontrar uma igreja que acreditasse na Bíblia. Ela estava tão entusiasmada com esta verdade e revelação. Agora eu entendia porque é que eu tinha inexplicavelmente comprado um voo não direto para a Califórnia. Deus sabe sempre o que está a fazer e eu aprendi que nem sempre sei a sua intenção, mas mais tarde posso olhar para trás e ver que Ele tinha um plano desde o início. Assim que cheguei à Califórnia, saí do avião sem dores e sem febre.

A pergunta: O que é Apostólico?

Estava noutro voo de Dallas-Ft. Worth para Ontário, na Califórnia. Depois de dormir uma pequena sesta, reparei que a senhora ao meu lado estava a ler. Ela estava a tentar olhar para fora com alguma dificuldade, por isso levantei a persiana da minha janela e ela ficou contente. Eu estava à procura de uma oportunidade para falar com ela, por isso este gesto deu início à nossa conversa que durou quase uma hora. Comecei a contar-lhe o meu testemunho.

Ela disse que o iria ver quando fizesse o check-in no seu quarto de hotel. Começámos a falar sobre a igreja e ela confessou que só ia de vez em quando. Disse-me também que era casada e tinha duas filhas. Eu disse-lhe então que frequentava uma Igreja Pentecostal Apostólica. Foi aí que notei que os olhos dela se abriram. Ela contou-me que recentemente ela e o marido tinham visto um cartaz sobre uma Igreja Apostólica. Nós não sabíamos o que significava essa palavra (Apostólica), disse ela. Expliquei-lhe que se tratava da doutrina estabelecida por Jesus em João 3,5 e aplicada no Livro dos Atos, que descreve a igreja primitiva da era apostólica. Acredito firmemente que Deus me colocou ao lado desta senhora para responder a esta mesma pergunta. Foi uma coincidência demasiado grande para ser por acaso.

Idade Apostólica:

Supõe-se que Cristo tenha nascido antes de 4 a.C. ou depois de 6 d.C. e que tenha sido crucificado entre 30 e 36 d.C., aos 33 anos de idade. Assim, estima-se que a fundação da Igreja Cristã tenha ocorrido na festa de Pentecostes, em maio de 30 d.C.

A Era Apostólica abrange cerca de setenta anos (30 - 100 d.C.), estendendo-se desde o dia de Pentecostes até à morte do apóstolo João.

Desde a escrita das epístolas de João, o primeiro século estava a afastar-se da verdade. As trevas entraram nas igrejas do primeiro século. Para além disso, sabemos muito pouco sobre este período da história da Igreja. O livro de Atos (2:41) regista a conversão pentecostal de três mil pessoas num só dia em Jerusalém. A história diz que houve assassínio em massa sob Nero. Os cristãos convertidos eram, na sua maioria, pessoas da classe média e baixa, como analfabetos, escravos, comerciantes, etc. Calcula-se que, na altura da conversão de Constantino, o número de cristãos ao abrigo deste decreto romano possa ter atingido mais de onze milhões, um décimo da população total do Império Romano, o que constitui um êxito maciço e rápido para o cristianismo. Isto resultou num tratamento cruel dos cristãos que viviam num mundo hostil.

Jesus ensinou que nos devemos amar uns aos outros como a nós próprios e que a salvação e o arrependimento do pecado viriam em Seu nome.

E que em seu nome se pregasse o arrependimento e a remissão dos pecados entre todas as nações, começando por Jerusalém.
(Lucas 24:47)

Os apóstolos pegaram nos ensinamentos de Jesus e aplicaram-nos no dia de Pentecostes, depois saíram a pregar Jesus primeiro aos judeus e depois aos gentios.

*"Olhai, pois, por vós, e por todo o rebanho sobre que o Espírito Santo vos constituiu bispos, **para apascentardes a igreja de Deus, que ele adquiriu com o seu próprio sangue**. Porque eu sei isto: que,*

depois da minha partida, entrarão no meio de vós lobos cruéis, que não pouparão ao rebanho. E de entre vós mesmos se levantarão homens que falarão coisas perversas, para atraírem os discípulos após si. Vigiai, pois, e lembrai-vos de que, no espaço de três anos, não cessei, noite e dia, de admoestar com lágrimas a cada um de vós." (Atos 20:28-31)

Nem toda a gente se submeteu ao decreto do Império Romano de Constantino.

Havia aqueles que seguiam o ensinamento original dos Apóstolos, que não aceitavam a "conversão" estabelecida no decreto de Constantino. O decreto incluía as tradições religiosas que foram criadas durante os Concílios da Igreja Romana, juntamente com as mudanças que foram feitas e que distorceram a verdade da igreja primitiva. Essas pessoas que formaram os concílios que elaboraram o decreto de Constantino não eram verdadeiros crentes nascidos de novo.

É por isso que muitas igrejas hoje se chamam Apostólicas ou Pentecostais, seguindo os ensinamentos dos Apóstolos.

"Não foram chamados muitos sábios segundo a carne, nem muitos poderosos, nem muitos nobres, mas Deus escolheu as coisas loucas do mundo, para envergonhar os sábios; e Deus escolheu as coisas fracas do mundo, para envergonhar as fortes; e Deus escolheu as coisas humildes do mundo, e as desprezadas, e as que não são, para reduzir a nada as que são; para que nenhuma carne se glorie diante de Deus." (1 Cor. 1:26-29)

Inter-religioso

Atualmente, temos uma nova ameaça contra os princípios de Deus. Chama-se "Inter-religião". "A inter-religião afirma que respeitar **todos os deuses** é importante. A lealdade dividida e a reverência dividida são aceitáveis para os inter-religiosos. Podemos ter respeito uns pelos outros como indivíduos e amarmo-nos uns aos outros, mesmo quando discordamos; no entanto, a Bíblia é clara como cristal sobre o "Ciúme de Deus" que exige devoção exclusiva a Ele e dar reverência a outros deuses é uma armadilha.

> "Guarda-te para *que não faças pacto com os habitantes da terra a que vais, para que não sirva de laço no meio de ti; mas destruirás os seus altares, quebrarás as suas imagens e cortarás os seus aserins: Não adorarás outro deus, porque o Senhor, cujo nome é Zeloso, é um Deus zeloso: Para que não faças pacto com os moradores da terra, e eles se prostituam após os seus deuses, e ofereçam sacrifícios aos seus deuses, e um deles te chame, e tu comas do seu sacrifício;"*
> ***(Êxodo 34:12-15)***

O diabo inventou a crença enganosa da "inter-fé" para enganar os próprios eleitos. Ele sabe como manipular o homem moderno com o seu próprio dispositivo de correção política quando, na verdade, está a ser feito um pacto reconhecendo ou dando reverência aos seus falsos deuses, ídolos e imagens.

Eu Fi-Lo à "Sua Maneira"

Capítulo 18

MINISTÉRIO EM BOMBAIM, ÍNDIA "UM HOMEM DE GRANDE FÉ"

Algum tempo antes de 1980, fui a Bombaim, na Índia, para obter um visto a fim de viajar para fora do país. Ao atravessar Bombaim de comboio, reparei que passávamos por um bairro de lata com pessoas e barracas muito pobres. Nunca tinha visto condições de vida tão deploráveis, com pessoas a viverem numa pobreza terrível.

No início, afirmei que fui criada numa família estritamente religiosa. O meu pai era médico e a minha mãe enfermeira. Embora fôssemos religiosos e eu lesse grande parte da Bíblia, não tinha o Espírito Santo durante esse período da minha vida. O meu coração ficou triste quando o fardo do Senhor veio sobre mim. A partir desse dia, passei a carregar esse fardo por essas pessoas que estavam sem esperança nessas favelas. Não queria que ninguém visse as minhas lágrimas, por isso baixei a cabeça, escondendo o rosto. Só queria adormecer, mas o meu fardo por estas pessoas parecia ser maior do que uma nação. Rezei, perguntando a Deus: "Quem irá pregar o Evangelho a estas pessoas?" Estava a pensar que eu própria teria medo de ir a esta região. Naquela altura, não compreendia que a mão de Deus era tão grande que Ele podia chegar a qualquer pessoa, em qualquer lugar. Mal sabia eu, na altura, que Deus me traria de volta a este lugar nos anos seguintes. De volta à América, e 12 anos depois, o meu fardo pelas pessoas que viviam nos bairros de lata de Bombaim ainda estava no meu coração.

O costume indiano, e o da nossa família, era receber sempre ministros em nossa casa, alimentá-los, satisfazer as suas necessidades e dar-lhes um donativo. Eu era metodista, mas agora tinha recebido a revelação da verdade e não havia compromisso. A minha família estava à espera da chegada de um ministro indiano que estava de visita à América. Esperámos, mas ele não chegou a tempo. Tive de ir para o trabalho e perdi a oportunidade de o conhecer, mas a minha mãe disse-me mais tarde que ele era muito genuíno. No ano seguinte, 1993, o mesmo pastor veio a nossa casa em West Covina, Califórnia, pela segunda vez. Desta vez, o meu irmão disse-lhe que ele precisava de conhecer a sua irmã, porque ela era fiel à Palavra de Deus e a família respeitava a sua fé e crença em Deus. Foi nesse dia que conheci o Pastor Chacko. Começámos a falar sobre o batismo e sobre a sua crença na Palavra de Deus. O Pastor Chacko disse-me que batizava por submersão total em nome de Jesus e que não aceitava qualquer outro tipo de batismo. Fiquei muito satisfeita e entusiasmada por saber que este homem de Deus estava a fazer as coisas à maneira bíblica da igreja apostólica primitiva. Ele então fez-me um convite para visitar Bombaim, na Índia, onde ele vive.

Contei ao meu pastor sobre a forte convicção do Pastor Chacko na Palavra de Deus e sobre a sua visita à nossa casa. Nessa noite, o Pastor Chacko veio visitar a nossa igreja e o meu pastor pediu-lhe que dissesse algumas palavras perante a congregação. Havia um grande interesse no trabalho que o Pastor Chacko estava a fazer em Bombaim e a minha igreja começou a apoiá-lo financeiramente e com as nossas orações. A nossa igreja estava virada para a missão. Sempre pagámos a Missão como pagamos o Dízimo. Foi espantoso como tudo começou a encaixar-se e Bombaim tinha agora o apoio da minha igreja local na Califórnia.

No ano seguinte, Deus enviou-me para a Índia, por isso aceitei a oferta do Pastor Chacko para visitar a igreja e a sua família em Bombaim. Quando cheguei, o Pastor Chacko veio buscar-me ao aeroporto. Ele levou-me para o meu hotel. Era também onde se reuniam para a igreja e no mesmo bairro de lata que eu tinha atravessado de comboio em 1980. Estávamos em 1996 e a minha oração sincera de esperança por estas belas almas foi atendida. O Pastor Chacko foi muito hospitaleiro e partilhou comigo o seu fardo e o seu desejo de construir uma igreja. Tive a oportunidade de visitar outras igrejas e pediram-me para falar perante a congregação antes de partir para a minha cidade de destino, Ahmadabad. Fiquei muito triste com as condições de vida da igreja em Bombaim. Um padre católico deu uma sala de aula ao Pastor Chacko para o serviço dominical.

As pessoas eram muito pobres, mas eu tive a alegria de ver as crianças pequenas e bonitas que estavam a louvar e a servir Deus. Comiam juntos apenas com um pequeno pedaço de pão que lhes era passado e água para beber. Senti uma grande compaixão e comprei-lhes comida e pedi-lhes que me dessem uma lista das coisas de que precisavam. Fiz tudo o que estava ao meu alcance para satisfazer as necessidades dessa lista. Eles agraciaram-me com as suas orações depois do meu longo voo para a Índia. Um irmão da igreja rezou por mim e senti o poder do Espírito Santo, como se fosse eletricidade, a inundar instantaneamente o meu corpo enfraquecido e sem sono. Senti-me revigorada, as forças voltaram e as dores desapareceram de todo o meu corpo. As suas orações foram tão poderosas que fui abençoada para além de qualquer coisa que possa explicar. Eles deram-me mais do que aquilo que eu lhes tinha dado. Antes de voar de volta para a América, deixei Ahmadabad e voltei para Mumbai, para visitar o Pastor Chacko mais uma vez. Dei-lhe todas as rupias que me restavam como donativo para ele e para a sua família.

Felizmente, ele contou-me que a sua mulher tinha muita vergonha quando passava pela loja onde deviam dinheiro. Ela caminhava com a cabeça vergada, olhando para baixo, porque eles não podiam pagar a dívida. O Pastor Chacko também me falou sobre a educação do seu filho. As propinas devidas à escola estavam a vencer e o seu filho não poderia continuar a estudar. Pude ver que a situação era muito difícil para a família. Deus tinha-me levado a dar e o donativo que eu tinha dado era mais do que suficiente para tratar de ambos os assuntos e muito mais. Louvado seja Deus!

"Defendei o pobre e o órfão; fazei justiça ao aflito e ao necessitado. Livrai o pobre e o necessitado, livrai-os das mãos dos ímpios."
(Salmos 82:3-4)

Quando regressei à Califórnia, rezei e chorei por causa desta pequena igreja e das suas pessoas. Fiquei tão abatida que perguntei a Deus sobre o acordo de dois ou três para tocar em qualquer coisa que eles pedissem.

> *"Em verdade vos digo que tudo o que ligardes na terra será ligado no céu; e tudo o que desligardes na terra será desligado no céu. Também vos digo que, se dois de vós concordarem na terra a respeito de qualquer coisa que pedirem, isso lhes será feito por meu Pai que está nos céus. Porque onde estiverem dois ou três reunidos em meu nome, aí estou eu no meio deles." (Mateus 18:18-20)*

O meu fardo e a minha preocupação era ajudar a igreja de Deus em Bombaim, mas precisava de partilhar o meu fardo com alguém. Um dia, a minha colega de trabalho, Karen, perguntou-me como é que eu conseguia rezar durante tanto tempo. Perguntei-lhe se ela também gostaria de aprender a rezar durante períodos mais longos, a construir a sua vida de oração e a jejuar comigo. Ela concordou graciosamente e tornou-se minha parceira de oração. Karen também partilhava o meu fardo por Bombaim. Quando começámos a rezar e a jejuar, ela ficou com vontade de rezar durante mais tempo e de jejuar mais. Na altura, não frequentava nenhuma igreja, mas era muito séria e sincera no que fazia espiritualmente. Rezávamos durante a hora de almoço e, depois do trabalho, encontrávamo-nos para rezar durante uma hora e meia no carro. Alguns meses mais tarde, Karen disse-me que tinha recebido algum dinheiro do seguro porque o seu tio tinha falecido. Karen é muito generosa e caridosa, e disse que queria pagar o dízimo desse dinheiro, dando-o ao ministério em Bombaim. O dinheiro foi enviado ao Pastor Chacko para comprar um local onde pudessem ter a sua própria igreja. Eles compraram uma pequena sala que tinha sido usada para adoração satânica. Limparam-na e restauraram-na para a sua igreja. No ano seguinte, Karen e eu fomos a Bombaim para a dedicação da igreja. Foi uma oração respondida, pois Karen, que agora está a servir o Senhor, é forte na fé. Louvado seja Deus!

Como a igreja em Bombaim estava a crescer, o Pastor Chacko pediu ajuda com um donativo para comprar um pequeno terreno ao lado da igreja. O Pastor Chacko tinha muita fé no crescimento da igreja e na obra de Deus. Este terreno pertencia à Igreja Católica. O Pastor Chacko e o padre tinham uma relação amigável e o padre estava disposto a vender o terreno ao Pastor Chacko. O Pastor Chacko não recebeu o donativo que acreditava que Deus lhe iria dar. Deus sabe tudo e faz as coisas à Sua maneira e melhor do que podemos sequer imaginar!

Alguns anos mais tarde, houve tumultos entre hindus e cristãos por toda a Índia. Os hindus estavam a tentar expulsar os cristãos da Índia. Os desordeiros entraram na igreja durante a manhã com a polícia a apoiá-los. Começaram a destruir a igreja, mas o Pastor Chacko e os membros da igreja pediram-lhes que não o fizessem, para seu próprio bem, porque era perigoso para eles destruírem a Casa do Deus Todo-Poderoso. Os desordeiros continuaram a destruir tudo o que viam, sem dar ouvidos aos avisos e súplicas do povo, até que a igreja foi completamente demolida. Durante o resto do dia, os membros da igreja ficaram com medo desse grupo tão notório e cruel, porque sabiam que as suas próprias vidas estavam em perigo.

Eles sentiram a tristeza de não ter mais a sua igreja, depois de terem orado tanto tempo para ter um lugar próprio para adorar a Deus. Este era o lugar onde viam Deus fazer milagres, demónios serem expulsos e a salvação ser pregada ao pecador. Naquela mesma noite, por volta da meia-noite, bateram à porta do Pastor Chacko. O medo apoderou-se dele quando viu que era o líder do famoso grupo que tinha destruído a igreja. O Pastor Chacko pensou que ia ser morto de certeza e que era o seu fim. Rezou pedindo a Deus que lhe desse coragem para abrir a porta e que o protegesse. Quando abriu a porta, para sua surpresa, viu o homem com lágrimas nos olhos a pedir ao Pastor Chacko que os perdoasse pelo que tinham feito naquele dia à sua igreja.

O homem continuou a dizer ao Pastor Chacko que, depois da destruição da igreja, a mulher do líder tinha morrido. Um dos desordeiros teve a sua mão cortada por uma máquina. As coisas estavam a vir contra as pessoas que destruíram a igreja. Havia medo entre os desordeiros pelo que tinham feito contra o Pastor Chacko e o seu Deus! Deus disse que lutaria as nossas batalhas e assim o fez. Os religiosos hindus e cristãos na Índia são pessoas tementes a Deus que farão qualquer coisa para corrigir as coisas. Por causa do que estava a acontecer aos hindus por terem participado na destruição da igreja, os mesmos desordeiros voltaram para reconstruir a igreja por medo. Também tomaram posse dos bens que pertenciam à Igreja Católica. Ninguém se opôs a eles ou se queixou. Os próprios desordeiros reconstruíram a igreja, forneceram os materiais e toda a mão de obra, sem a ajuda da Igreja. Quando a igreja ficou pronta, era maior, com dois andares em vez de um.

Deus respondeu à oração do Pastor Chacko e ele diz: "Jesus nunca falha". Continuámos a orar por Bombaim. Hoje existem 52 igrejas, um orfanato e dois centros de dia, graças à fé e às orações de muitos que têm um fardo pela Índia. Comecei a pensar em como o meu coração tinha sido profundamente tocado enquanto eu estava naquele comboio em 1980. Mal sabia eu que Deus tinha os Seus olhos postos nesta parte do meu país e que levou amor e esperança às pessoas dos bairros de lata de Bombaim através de orações infalíveis e de um Deus que ouve o coração. No início, eu disse que o meu fardo era tão grande como uma nação. Agradeço a Deus por me ter dado este fardo. Deus é o grande estratega. Não aconteceu instantaneamente, mas, ao longo de dezasseis anos, foram acontecendo coisas que eu desconhecia, à medida que Ele ia lançando os alicerces para os resultados das orações respondidas, tudo isto enquanto eu vivia na América.

A Bíblia diz para orarmos sem cessar. Eu orava constantemente e jejuava por um reavivamento em toda a Índia. O meu país estava a passar por uma metamorfose espiritual para o Senhor Jesus.

O website do Pastor Chacko é: http://www.cjcindia.org/index.html

Eu Fi-Lo à "Sua Maneira"

Capítulo 19

MINISTÉRIO EM GUJARAT!

No final dos anos 90, visitei a cidade de Ahmedabad, no estado de Gujarat. Durante a minha última visita a Bombaim, na Índia, tive um sentimento de realização pelo trabalho que aí se realizava. Mais tarde, naquela viagem, visitei a cidade de Ahmedabad e testemunhei. Eu sabia que a maioria das pessoas era trinitária. Todos os meus contactos eram trinitários. Orei durante muitos anos para trazer esta verdade para o país da Índia. A minha primeira oração foi: "Quero ganhar alguém como Paulo ou Pedro, para que o meu trabalho se torne mais fácil e continue. Rezo sempre com um plano e uma visão. Antes de visitar qualquer lugar, eu oro e jejuo, especialmente quando vou para a Índia. Rezo e jejuo sempre durante três dias e três noites sem comida nem água ou até estar cheio do Espírito. Esta é a forma bíblica de jejuar.

> *Ester 4:16 Ide, ajuntai todos os judeus que se acharem em Susã, e jejuai por mim, e não comais nem bebais por três dias, nem de noite nem de dia: Também eu e as minhas moças jejuaremos do mesmo modo; e assim entrarei na presença do rei, o que não é conforme a lei; e se eu perecer, perecerei.*

> *Jonas 3:5 Então o povo de Nínive creu em Deus, proclamou um jejum e vestiu-se de pano de saco, desde o maior deles até o menor. 6 E chegou a notícia ao rei de Nínive, que se levantou do seu trono, tirou de si o manto, cobriu-se de pano de saco e sentou-se na cinza. 7 E fez apregoar e publicar em Nínive, por decreto do rei e dos seus nobres,*

Elizabeth Das

o seguinte: Não provem coisa alguma nem homens nem animais, nem gado nem rebanho; não se alimentem nem bebam água:

A Índia tem sido consumida pelas trevas espirituais. Não nos atreveríamos a ir lá se não estivéssemos cheios do Espírito de Deus. Há alguns anos, na década de 1990, apresentaram-me ao Sr. Christian num campus de uma faculdade de divindade trinitária. Christian num campus de uma universidade trinitária. Durante essa visita, fui atacada pela maioria dos pastores trinitários. Era o meu primeiro encontro com o irmão Christian. Em vez de dizer louvado seja o Senhor! perguntei-lhe: "O que pregas?" "Batiza em Nome de Jesus?" Ele respondeu: "Sim". Eu queria saber como é que ele tinha chegado a esta verdade. Então ele disse: "Deus revelou a verdade enquanto eu estava a adorar a Deus numa manhã cedo no local chamado Estádio Malek Saben. Deus falou-me claramente do Batismo pelo Nome de Jesus".

Durante esta visita, imprimi e distribuí mais de alguns milhares de folhetos a explicar o batismo nas águas em Jesus. Isso deixou as autoridades religiosas da igreja zangadas. Os líderes religiosos começaram a pregar contra mim. Disseram-me: "Com certeza, expulsem-na da vossa casa." Não importava onde eu fosse, todos falavam contra mim. A verdade deixa o diabo furioso, mas a palavra de Deus diz: "E conhecereis a verdade e a verdade vos libertará". Conhecer o Irmão Christian ajudou-me a espalhar a verdade. Louvado seja Deus por ter enviado um pastor da unidade que ensinaria e pregaria o verdadeiro evangelho na Índia.

Depois desta visita à Índia, no ano de 1999, fiquei incapacitada e não pude regressar à Índia. Mas o trabalho estava **a ser desenvolvido**. Em breve, todas as pessoas que falaram contra mim esqueceram-se de mim e já faleceram. Durante este período de incapacidade física, gravei todos os CDs de Search for Truth, oneness e doctrinal e ofereci-os gratuitamente. Eu estava numa cadeira de rodas e perdi a memória, por isso expandi o meu ministério gravando livros. Era difícil sentar-me, mas com a ajuda do Senhor, eu fazia o que não podia fisicamente. Depender do Senhor levá-lo-á a novas estradas e autoestradas. Enfrentamos todos os desafios. O Poder de Deus é impressionante e nada pode parar a unção. A mensagem que foi tão duramente combatida estava agora a tocar nos lares em CDs gravados. Louvado seja Deus!

Eu Fi-Lo à "Sua Maneira"

Foi para minha alegria e espanto que muitas pessoas conheciam a doutrina bíblica e a unicidade de Deus.

Rezei e jejuei durante muitos anos para que a Índia tivesse amor pela verdade. Além disso, pregaria livremente o Evangelho de Jesus em cada estado da Índia. Eu tinha um forte desejo de levar o conhecimento da verdade a eles através da tradução de estudos bíblicos da língua inglesa para o gujarati. O gujarati é a língua falada neste estado. Encontrei tradutores na Índia que estavam ansiosos por me ajudar com a tradução destes estudos bíblicos. Um desses tradutores, sendo ele próprio um pastor, quis mudar a escritura do batismo bíblico da igreja primitiva apostólica, omitindo o nome de JESUS para Pai, Filho e Espírito Santo. Este é o título do Deus único e verdadeiro. Tornou-se difícil confiar no meu tradutor para manter a Palavra de Deus exata. A Bíblia avisa-nos claramente para não acrescentarmos nem retirarmos nada às Sagradas Escrituras. Desde o Antigo Testamento até ao Novo Testamento, não devemos alterar a Palavra de Deus com base na interpretação do Homem. Devemos seguir apenas os exemplos de Jesus e a doutrina dos apóstolos e profetas.

Efésios 2:20 E estão edificados sobre o fundamento dos apóstolos e dos profetas, sendo o próprio Jesus Cristo a principal pedra da esquina;

Foram os discípulos que saíram a pregar e a ensinar o Evangelho de Jesus. Devemos seguir o ensinamento do apóstolo e acreditar que a Bíblia é a infalível e autorizada Palavra de Deus.

Deuteronómio 4:1 Agora, pois, ó Israel, ouve os estatutos e os preceitos que eu vos ensino, para os cumprirdes, a fim de que vivais, e entreis, e possuais a terra que o Senhor Deus de vossos pais vos dá. 2 Não acrescentareis à palavra que eu vos ordeno, nem diminuireis dela, para que guardeis os mandamentos do Senhor vosso Deus, que eu vos ordeno.

Eu escolho afirmar aqui que há uma grande diferença entre o que acreditamos ser a verdade hoje e o que a igreja primitiva ensinava. Mesmo durante a história da igreja primitiva, já havia alguns que se afastavam da sã doutrina, de acordo com as cartas de Paulo às igrejas. Muitas versões da Bíblia foram alteradas para se adaptarem à doutrina do demónio. Eu preferia a KJV, uma vez que é uma tradução 99,98% exata e próxima dos pergaminhos originais.

Leia atentamente e examine as seguintes escrituras:

2 Pedro 2:1 Mas também houve entre o povo falsos profetas, assim como entre vós haverá falsos mestres, os quais introduzirão encobertamente heresias malignas, negando até o Senhor que os resgatou, e trazendo sobre si mesmos repentina perdição. 2 E muitos seguirão os seus maus caminhos, por causa dos quais o caminho da verdade será difamado. 3 E com avareza, com palavras fingidas, farão de vós mercadoria; cujo juízo, agora de muito tempo, não tarda, e a sua condenação não se detém.

Tendo a revelação da identidade de Jesus, deu ao apóstolo Pedro as chaves do Reino e pregou o seu primeiro sermão no dia de Pentecostes. Eles advertiram-nos sobre os enganadores que têm uma forma de piedade e não seguem a doutrina dos apóstolos e profetas. O crente de um só Deus não pode ser o Anticristo, pois eles sabiam que Jeová viria em carne e osso um dia.

2 João 1:7 Porque já muitos enganadores entraram no mundo, os quais não confessam que Jesus Cristo veio em carne. Este é um enganador e um anticristo. 8 Olhai por vós mesmos, para que não percamos o que temos feito, mas recebamos o pleno galardão. 9 Qualquer que transgride, e não permanece na doutrina de Cristo, não tem a Deus. Aquele que permanece na doutrina de Cristo, esse tem tanto o Pai como o Filho. 10 Se alguém vier ter convosco, e não trouxer esta doutrina, não o recebais em casa, nem lhe queirais bem; 11 porque aquele que lhe quer bem é participante das suas más obras.

Houve muitas conferências na Índia onde os pregadores foram da faculdade bíblica de Stockton e de outros estados para entregar a mensagem de nascer de novo. O Rev. McCoy, que tinha uma vocação para pregar na Índia, fez um trabalho maravilhoso pregando em muitos lugares da Índia. Com muitas horas de oração e jejum, o sucesso do ministério indiano tem continuado desde o ano 2000. Lembro-me de ter telefonado a um ministro, o Pastor Miller, a quem o Diretor da

Eu Fi-Lo à "Sua Maneira"

Foreign Mission Asia me tinha indicado. Quando lhe telefonei para casa, ele disse-me que estava prestes a telefonar-me para me informar que tinha estado em Calcutá e Bengala Ocidental seis meses antes. Ele também queria ir a Ahmedabad, mas, por motivo de doença, voltou para a América. O Pastor Miller disse graciosamente que queria voltar para a Índia, mas que tinha de orar sobre o assunto e perguntou a Deus se a sua vocação era para este país. Ele voltou pela segunda vez à Índia e pregou em duas conferências gerais. Como Deus estava a mover-se poderosamente com o povo Gujarati deste estado.

O Pastor Christian disse que era muito difícil estabelecer a obra de Deus neste estado. Por favor, orem pelos pregadores que estão a enfrentar uma enorme batalha. O Senhor está a fazer um grande trabalho no estado de Gujarat. O diabo não está a lutar contra os descrentes porque já os tem! Ele está a atacar aqueles que têm a verdade; os fiéis escolhidos do Senhor. Jesus pagou o preço com o Seu sangue para que possamos ter a remissão ou o perdão dos nossos pecados. O diabo vai lutar ainda mais forte contra o ministério (Ministros) atacando tanto homens como mulheres. O diabo usa qualquer meio pervertido para levá-los a um estado caído de pecado e condenação.

João 15:16 Não me escolhestes vós a mim, mas eu vos escolhi a vós, e vos nomeei, para que vades e deis fruto, e o vosso fruto permaneça; a fim de que tudo quanto pedirdes ao Pai em meu nome, ele vo-lo conceda.

Uma vez salvo, sempre salvo é também outra mentira do demónio. Entre 1980 e 2015, visitei a Índia algumas vezes. Muitas mudanças ocorreram nesta nação. Quando começar uma obra de Deus, lembre-se que está afazer discípulos de Jesus, que é a continuação da obra iniciada por Jesus e pelos Seus discípulos. Já teríamos conquistado o mundo se continuássemos a seguir o Evangelho de Jesus Cristo.

No ano de 2013, de acordo com o plano de Deus, Ele mudou-me para uma igreja em Dallas, Tax. Eu estava sentada sob o verdadeiro profeta de Deus. Ele tinha nove dons do Espírito de Deus. Ele obtém o conhecimento do seu nome, endereço, número de telefone, etc. com precisão pelo Espírito Santo. Era uma novidade para mim. No ano de 2015, num domingo de manhã, o meu pastor em Dallas, Texas, olhou para mim e disse: "Vejo um anjo a abrir uma grande porta que nenhum homem pode fechar". Chamou-me e perguntou-me: "Vais para as Filipinas?" Ele disse que eu não via nem negros nem brancos lá. Ao receber mais informações do Espírito Santo, perguntou-me se ia para a Índia. O Espírito Santo falou com ele, dizendo que eu iria ministrar aos hindus. Nessa altura, os cristãos na Índia estavam em perigo. Os hindus estavam a atacar os cristãos, queimando os seus santuários e espancando os pastores e os santos de Jesus.

Eu acreditava na profecia, por isso obedeci à voz de Deus e fui para a Índia. Quando cheguei ao colégio de Badlapur, 98% dos estudantes eram hindus que se converteram ao cristianismo. Fiquei espantada ao ouvir os seus testemunhos sobre como Deus está a tirar as pessoas das trevas para a luz. Através dos seus testemunhos, aprendi muito sobre o hinduísmo. Fiquei espantada ao saber que eles acreditam em 33 milhões e mais de deuses e deusas. Eu não conseguia entender como é que alguém pode acreditar que existem tantos deuses e deusas.

Em 2015, regressei a Badlapur, Bombaim, após 23 anos, para ensinar no colégio bíblico. Lá, ministrei para o tradutor do Colégio Bíblico, o irmão Sunil. O irmão Sunil estava numa fase de transição. O irmão Sunil estava desanimado, sem saber que Deus estava a mudar a sua direção e estava frustrado. Enquanto trabalhava com ele, eu sabia que ele tinha a verdade e um amor por ela. Nunca se desvie da verdade da Bíblia. Deixe que o Espírito Santo o conduza, guie, ensine e capacite para testemunhar milagres e curas. A Índia ainda precisa de muitos trabalhadores, profetas verdadeiros e professores. Por favor, ore para que Deus envie muitos trabalhadores para a Índia.

Durante esta viagem missionária, visitei uma cidade chamada Vyara, no sul de Gujarat. Ouvi falar de um grande reavivamento que estava a acontecer no Sul de Gujarat. Deus abriu a porta para que eu fosse até lá. Fiquei muito entusiasmada por lá estar e conheci muitos adoradores de ídolos que agora se estão a voltar para o único Deus verdadeiro. Isso porque eles receberam cura, libertação e salvação através do nome de Jesus. Como é grande o nosso Deus!

Muitas pessoas estão a rezar e a jejuar pela Índia. Por favor, rezem por um reavivamento. Durante a visita a Vyara, o pastor convidou-me para ir a sua casa. Eu orei por ele e muitos dos espíritos que o impediam foram libertados. Depois disso, ele ficou livre de preocupações, dúvidas, peso e medo. Deus profetizou através de mim a construção de uma casa de oração. O pastor disse que não tínhamos dinheiro. Deus disse-me que Ele providenciaria. No espaço de um ano, eles tinham uma casa de oração grande e bonita, e nós pagámo-la. A palavra de Deus não volta vazia.

Durante a minha última visita em 2015 à Índia, ministrei a muitos hindus que se converteram ao cristianismo em diferentes estados. Também ministrei a muitos não-cristãos que experienciaram os sinais e maravilhas feitos em Nome de Jesus e ficaram maravilhados. Eu vi muitos anos de oração com respostas de jejum para a Índia. Louvado seja Deus! Desde que recebi a revelação desta verdade, tenho trabalhado sem parar para fornecer esta informação através de CDs, áudio, vídeo, canal do YouTube e livros para o país da Índia. O nosso trabalho árduo não é em vão!

Mais tarde, soube que o irmão Sunil aceitou o seu chamamento como pastor em Bombaim e nas cidades vizinhas. Agora estou a trabalhar com o Pastor Sunil e noutros locais que visitei em 2015. Estabelecemos muitos santuários no estado de Maharashtra e Gujarat. Ainda hoje, continuo a discipular os novos convertidos nesses estados. Apoio-os através de orações e ensinamentos. Apoio financeiramente a obra de Deus na Índia.

Muitas destas pessoas vão a feiticeiros quando estão doentes, mas não estão a ser curadas. Por isso, telefonam-me todas as manhãs e eu ministro, rezo e expulso os demónios em nome de Jesus. Estão a ser curadas e libertadas em nome de Jesus. Temos muitos novos convertidos em diferentes estados. À medida que vão sendo curados e libertados, saem para dar testemunho às suas famílias, amigos e às suas aldeias para trazer outros a Cristo. Muitos deles pedem-me para enviar uma imagem de Jesus. Dizem que gostaríamos de ver Deus, que cura, liberta e dá a salvação gratuitamente. A obra de Deus pode continuar se tivermos trabalhadores. Muitos deles trabalham na quinta. Muitos são analfabetos, por isso ouvem as gravações do Novo Testamento e os estudos bíblicos. Isto ajuda-os a conhecer e a aprender sobre Jesus.

No meu último sábado de novembro de 2015 na Índia, cheguei tarde a casa depois de ter ministrado. Estava decidido a ficar em casa no domingo e na segunda-feira para fazer as malas e preparar-me para a minha nova viagem aos Emirados Árabes Unidos. Como o pastor em Dallas profetizou sobre mim: "Vi um anjo a abrir uma porta enorme que ninguém pode fechar". Ficou provado que nem mesmo eu poderia fechar aquela porta. No final da noite de sábado, recebi um telefonema a convidar-me para assistir aos cultos de domingo, mas como não cabia na minha agenda, tentei explicar-lhes isso, mas não aceitaram um NÃO como resposta. Não tive outra hipótese senão ir. Na manhã seguinte, deixaram-me no santuário às 9 horas, mas o culto começa às 10 horas. Eu estava sozinha e um músico estava a ensaiar as suas canções.

Enquanto estava a rezar, vi muitos espíritos dos deuses e deusas hindus no santuário. Perguntei-me porque é que havia tantos deles neste lugar. Por volta das 10 horas, o pastor e os membros começaram a chegar. Cumprimentaram-me com um aperto de mão. Quando o Pastor me apertou a mão, senti o meu coração imediatamente estranho. Senti que ia ter um colapso. Mais tarde, o Espírito Santo disse-me que o pastor estava a ser atacado por aqueles demónios que viu anteriormente. Comecei a rezar e a pedir a Deus que me permitisse ministrar a este pastor. No meio do culto, pediram-me para subir e falar. Enquanto caminhava em direção ao púlpito, rezei e pedi ao Senhor que falasse através de mim. Quando peguei o microfone, expliquei o que Deus me mostrou e o que estava a acontecer com o pastor. Quando o pastor se ajoelhou, pedi à congregação que lhe estendesse a mão para orar. Entretanto, eu pus a minha mão sobre ele e rezei e todos os demónios saíram. Ele testemunhou que estava na sala de emergência na noite anterior. Ele tinha estado a jejuar e a orar pelos jovens. Era por isso que ele estava sob esse ataque. Glória a Deus! Como é importante estar em sintonia com o Espírito de Deus! O seu espírito fala-nos.

De lá, fui para os Emirados Árabes Unidos no dia 1 de dezembro de 2015. Ministrei em Dubai e Abu Dhabi para o povo hindu e eles também experienciaram o poder de Deus. Depois de completar a minha missão, regressei a Dallas, no Texas.

Louvado seja Deus!

Os meus canais no YouTube:Daily Spiritual Diet:

1. youtube.com/@dailyspiritualdietelizabet7777/videos
2. youtube.com/@newtestamentkjv9666/videos mp3
3. Website: https://waytoheavenministry.org

Eu Fi-Lo à "Sua Maneira"

Capítulo 20

PASTOR DA NOSSA ALMA: O SOM DA TROMBETA

Eu sou o bom pastor, conheço as minhas ovelhas e sou conhecido pelas minhas. (João 10:14)

Jesus é o Pastor da nossa alma. Somos de carne e osso com uma alma viva. Estamos nesta terra apenas por um momento no tempo de Deus. Num momento, num abrir e fechar de olhos, tudo acabará com o som da "Trombeta", quando seremos transformados.

"Não quero, porém, irmãos, que sejais ignorantes acerca dos que já dormem, para que não vos entristeçais, como os demais que não têm esperança. Porque, se cremos que Jesus morreu e ressuscitou, assim também aos que dormem em Jesus, Deus os tornará a trazer com ele. Porque isto vos dizemos pela palavra do Senhor: que nós, os que ficarmos vivos e permanecermos até à vinda do Senhor, não impediremos os que dormem. Porque o Senhor descerá do céu com alarido, e com voz de arcanjo, e com a trombeta de Deus; e os mortos em Cristo ressuscitarão primeiro: Depois nós, os que ficarmos vivos, seremos arrebatados juntamente com eles nas nuvens, a encontrar o Senhor nos ares, e assim estaremos para sempre com o Senhor. Portanto, consolai-vos uns aos outros com estas palavras".
(1 Tessalonicenses 4:13-18)

Somente aqueles que têm o Espírito de Deus (Espírito Santo) serão vivificados e ressuscitarão para estar com o Senhor. Os mortos em

Cristo serão chamados primeiro e depois os que estiverem vivos serão arrebatados nos ares para se encontrarem com Nosso Senhor Jesus nas nuvens. Os nossos corpos mortais serão transformados para estar com o Senhor. Quando o tempo dos gentios se cumprir, aqueles que não tiverem o Espírito Santo serão deixados para trás para enfrentar um tempo de grande tristeza e tribulação.

"Mas naqueles dias, depois daquela tribulação, o sol escurecerá, e a lua não dará a sua luz, e as estrelas do céu cairão, e os poderes que estão no céu serão abalados. E então verão o Filho do homem vindo sobre as nuvens, com grande poder e glória. E então enviará os seus anjos, e reunirá os seus escolhidos desde os quatro ventos, desde a extremidade da terra até à extremidade do céu".
(Marcos 13:24-27)

Muitos perder-se-ão porque não tiveram o temor (respeito) de Deus para acreditarem na Sua Palavra para serem salvos. O temor do Senhor é o princípio da sabedoria. O rei David escreveu: "O SENHOR é a minha luz e a minha salvação; a quem temerei? O Senhor é a força da minha vida; de quem terei medo?". David era verdadeiramente um homem segundo o coração de Deus. Quando Deus formou o homem do pó da terra, soprou-lhe nas narinas o fôlego da vida e o homem tornou-se uma alma vivente. A batalha é sobre a alma; a alma de uma pessoa pode estar a ir para Deus ou para o inferno.

*"E não temais os que matam o corpo, mas não podem matar a **alma;** **temei** antes aquele que pode fazer perecer no **inferno a** alma e o corpo." (Mateus 10:28)*

Muitos saberão, nesse dia, o que lhes era demasiado difícil aceitar hoje. Será demasiado tarde para voltar atrás nas páginas da vida, pois muitos apresentar-se-ão perante o Deus vivo para prestar contas.

"E digo isto, irmãos, que a carne e o sangue não podem herdar o reino de Deus, nem a corrupção herda a incorrupção. Eis que vos mostro um mistério: nem todos dormiremos, mas todos seremos transformados, Num momento, num abrir e fechar de olhos, ante a última trombeta; porque a trombeta soará, e os mortos ressuscitarão

incorruptíveis, e nós seremos transformados. Porque convém que isto que é corruptível se revista da incorruptibilidade, e que isto que é mortal se revista da imortalidade. Quando, pois, isto que é corruptível se revestir da incorruptibilidade, e isto que é mortal se revestir da imortalidade, então se cumprirá a palavra que está escrita: Tragada foi a morte na vitória. Onde está, ó morte, o teu aguilhão? Ó sepultura, onde está a tua vitória? O aguilhão da morte é o pecado, e a força do pecado é a lei. Mas graças a Deus, que nos dá a vitória por nosso Senhor Jesus Cristo."
(I Coríntios 15:50-57)

De que é que seremos "salvos"? De um inferno eterno num lago que arde com fogo. Estamos a tirar as almas das garras do diabo. Esta é uma Guerra Espiritual que estamos a travar nesta terra. Seremos julgados pela Palavra de Deus, (66 livros da Bíblia), e o Livro da Vida será aberto.

"E vi um grande trono branco, e o que estava assentado sobre ele, de cuja presença fugiram a terra e o céu, e não se achou lugar para eles. E vi os mortos, grandes e pequenos, em pé diante de Deus; e abriram-se os livros; e abriu-se outro livro, que é o da vida; e os mortos foram julgados pelas coisas que estavam escritas nos livros, segundo as suas obras. E o mar entregou os mortos que nele havia, e a morte e o inferno entregaram os mortos que neles havia; e foram julgados cada um segundo as suas obras. E a morte e o inferno foram lançados no lago de fogo. Esta é a segunda morte. E todo aquele que não foi achado escrito no livro da vida foi lançado no lago de fogo."
(Apocalipse 20:11-15)

Comecei a pensar em homens como Moisés, o rei David, José, Job e a lista continua. Não gostei de toda a dor que experienciei e não percebo porque é que há tanto sofrimento no cristianismo. Estou longe de ser como estes homens que são os nossos exemplos e que nos inspiram a caminhar na fé. A Palavra de Deus prevalece mesmo no meio do sofrimento e da dor. Na hora da provação, da doença e da angústia, é a Deus que mais recorremos. É uma fé estranha mas maravilhosa, que só Deus sabe porque escolheu este caminho. Ele ama-nos tanto e, no entanto, deu-nos a capacidade de escolhermos por nós próprios se O queremos servir e amar. Ele está à procura de uma noiva apaixonada.

Casaria com alguém que não fosse apaixonado por si? Este capítulo foi escrito para o encorajar a ultrapassar as coisas que o impedem de alcançar a vida eterna. O Deus do Amor, da Misericórdia e da Graça tornar-se-á o Deus do julgamento. Agora é o momento de garantir a sua salvação e escapar das chamas do inferno. Temos de escolher como Josué escolheu no livro de Josué.

E, se vos parece mal aos vossos olhos servir ao Senhor, escolhei hoje a quem sirvais: se aos deuses a quem serviram vossos pais que estavam além do rio, ou aos deuses dos amorreus, em cuja terra habitais; porém eu e a minha casa serviremos ao Senhor.
(Josué 24:15)

"E eis que cedo venho, e o meu galardão está comigo, para dar a cada um segundo a sua obra. Eu sou o Alfa e o Ómega, o princípio e o fim, o primeiro e o último. Bem-aventurados aqueles que cumprem os seus mandamentos, para que tenham direito à árvore da vida e possam entrar na cidade pelas portas." (Apocalipse 22:12-14)

Toda a gente quer passar pelas portas da Cidade que Deus preparou para nós, mas temos de ter uma veste imaculada antes de podermos entrar. Esta é a guerra espiritual, "combatida e ganha" de joelhos em oração. Só temos uma vida nesta terra e só temos um bom combate! A única coisa que podemos levar connosco para aquela Cidade são as almas daqueles a quem testemunhámos, que aceitaram o Evangelho de Nosso Senhor e Salvador Jesus Cristo, e que obedeceram à doutrina de Cristo. Para conhecer a Palavra, é preciso lê-la, ler a Palavra é apaixonar-se pelo autor da nossa Salvação. Agradeço ao meu Senhor e Salvador por ter guiado os meus passos da Índia para a América e por me ter mostrado os seus caminhos, porque são perfeitos.

A tua palavra é lâmpada para os meus pés e luz para o meu caminho.
(Salmo 119:105)

Capítulo 21

MINISTÉRIO NO TRABALHO

Desde que recebi o Espírito Santo, grandes mudanças aconteceram na minha vida.

Mas recebereis poder, ao descer sobre vós o Espírito Santo, e ser-me-eis testemunhas, tanto em Jerusalém como em toda a Judeia e Samaria, e até aos confins da terra. (Atos 1:8)

Tentei ministrar no meu trabalho aos colegas; dava testemunho e, se eles tinham um problema, rezava por eles. Muitas vezes vinham ter comigo e contavam-me a sua situação e eu rezava por eles. Se estivessem doentes, impunha-lhes as mãos e rezava por eles. Durante muitos anos, dei-lhes testemunho. A minha própria vida estava a ser um grande testemunho e Deus estava a trabalhar comigo, confirmando através de cura, libertação, aconselhamento e conforto.

E disse-lhes: "Ide por todo o mundo e pregai o Evangelho a toda a criatura. Quem crer e for batizado será salvo; mas quem não crer será condenado". E estes sinais seguirão aos que crerem: Em meu nome expulsarão demónios; falarão novas línguas; pegarão em serpentes; e, se beberem alguma coisa mortífera, não lhes fará dano algum; porão as mãos sobre os enfermos, e eles sararão. E depois de o Senhor lhes ter falado, foi recebido no céu, e assentou-se à direita de Deus. E eles partiram e pregaram por toda a parte, cooperando com eles o Senhor, e confirmando a palavra com os sinais que se seguiam. Amém. (Marcos 16:15-20)

Onde quer que eu orasse, se eles fossem curados ou libertados, eu falava-lhes do Evangelho. O Evangelho é a morte, o enterro e a ressurreição de Jesus. Isto significa que precisamos de nos arrepender de todos os pecados ou que morremos para a nossa carne ao arrependermo-nos. O segundo passo é sermos sepultados em nome de Jesus nas águas do Batismo para recebermos a remissão dos nossos pecados ou o perdão dos nossos pecados. Saímos da água falando em novas línguas ao recebermos o Seu espírito, que também é chamado de Batismo do Espírito ou Espírito Santo.

Muitos ouviram e obedeceram também.

Gostaria de vos encorajar dando o meu testemunho de como Jesus trabalhou poderosamente no meu local de trabalho. O nosso local de trabalho, onde vivemos ou onde quer que seja, é um campo onde podemos plantar a semente da palavra de Deus.

Uma amiga curada de um cancro e a sua mãe voltam-se para o Senhor na hora da morte.

Eu tinha uma amiga preciosa chamada Linda no meu trabalho. No ano 2000, eu estava muito doente. Um dia, a minha amiga telefonou-me e disse-me que também estava muito doente e que tinha sido submetida a uma cirurgia. No ano inicial da nossa amizade, ela rejeitou o Evangelho e disse-me: "Não quero a tua Bíblia nem as tuas orações, tenho o meu próprio Deus". Não fiquei magoada, mas sempre que ela se queixava de doença, eu oferecia-me para rezar e ela dizia sempre "não". Mas, um dia, ela tinha uma dor insuportável nas costas e, de repente, teve também uma dor no joelho. Era uma dor ainda maior do que a que tinha nas costas. Ela queixou-se e eu perguntei-lhe se podia rezar por ela. Ela disse: "Faz o que for preciso". Aproveitei a oportunidade para a ensinar a repreender essa dor em Nome do Senhor Jesus. A dor dela era insuportável; ela começou a repreender a dor imediatamente em Nome do Senhor Jesus, e a dor desapareceu instantaneamente.

No entanto, esta cura não mudou o seu coração. Deus usa a aflição e os problemas para amolecer o nosso coração. Essa é a vara de correção que Ele usa para os Seus filhos. Um dia, Linda telefonou-me a chorar a dizer que tinha um grande corte no pescoço e que lhe doía muito. Pediu-me que rezasse. Fiquei mais do que feliz em orar pela minha boa amiga. Ela continuava a telefonar-me de hora a hora para me confortar e dizia: "Podes ir a minha casa rezar?" Nessa tarde, recebeu um telefonema a dizer-lhe que lhe tinha sido diagnosticada um cancro na tiroide. Chorou muito e quando a sua mãe soube que a filha tinha cancro, desmaiou. Linda era divorciada e tinha um filho pequeno.

Ela insistiu para que eu viesse rezar por ela. Também eu fiquei muito magoada ao ouvir este relato. Comecei a procurar sinceramente alguém que me pudesse levar a casa dela, para que eu pudesse orar por ela. Louvado seja Deus, se há uma vontade, então há um caminho.

A minha companheira de oração veio do trabalho e levou-me a casa dela. Linda, a sua mãe e o seu filho estavam sentados e a chorar. Começámos a rezar e eu não sentia grande coisa; no entanto, acreditava que Deus ia fazer alguma coisa. Ofereci-me para rezar novamente. Ela disse: "***Sim, reza toda a noite***, eu não me importo". Enquanto rezava pela segunda vez, vi uma luz brilhante a sair da porta, apesar de a porta estar fechada e os meus olhos estarem fechados. Vi Jesus entrar por aquela porta e quis abrir os olhos, mas Ele disse-me "***continua a rezar***".

Quando acabámos de rezar, a Linda estava a sorrir. Eu não sabia o que tinha acontecido para que o seu semblante mudasse. Perguntei-lhe: "*O que aconteceu?*" Ela disse: "*Liz, Jesus é o verdadeiro Deus*". Eu disse-lhe: "*Sim, há 10 anos que te digo isso, mas quero saber o que aconteceu*". Ela disse: "*As minhas dores desapareceram completamente.*" "*Por favor, dá-me o endereço da igreja, eu quero ser batizada.*" Linda concordou em fazer um estudo bíblico comigo e depois foi batizada. Jesus usou esta aflição para chamar a atenção dela.

Olha para a minha aflição e para a minha dor, e perdoa todos os meus pecados. (Salmo 25:18).

Louvado seja Deus!!! Por favor, não desistam do vosso ente querido. Continuem a rezar dia e noite, um dia Jesus responderá se nós não desmaiarmos.

E não nos cansemos de fazer o bem, porque a seu tempo ceifaremos, se não desfalecermos. (Gálatas 6:9)

No leito de morte da sua mãe, Linda chamou-me para a ir visitar. Ela empurrou-me na minha cadeira de rodas para o seu quarto de hospital. Enquanto ministrávamos à sua mãe, ela arrependeu-se e clamou ao Senhor Jesus por perdão. No dia seguinte, a sua voz desapareceu completamente e no terceiro dia ela morreu.

A minha amiga Linda é agora uma boa cristã. Louvado seja o Senhor!!!

A minha colega de trabalho do Vietname:

Era uma senhora muito querida e tinha sempre um espírito muito bonito. Um dia, ela estava doente e eu perguntei-lhe se podia rezar por ela. Ela aceitou imediatamente a minha oferta. Eu rezei e ela ficou curada. No dia seguinte, ela disse: "Se não for muito incómodo, reza pelo meu pai". O pai dela tinha estado continuamente doente nos últimos meses. Eu disse-lhe que tinha todo o gosto em rezar pelo pai dela. Jesus, na sua misericórdia, tocou-o e curou-o completamente.

Mais tarde, vi-a doente e ofereci-me para rezar de novo. Ela disse: "*Não te dês ao trabalho de rezar por mim*"; no entanto, o seu amigo que trabalha como mecânico noutro turno precisa de oração. Ele não consegue dormir nem de dia nem de noite; esta doença chama-se Insónia Fatal. Ela continuou a dar-me informações e estava muito preocupada com este senhor. O médico tinha-lhe dado doses elevadas de medicamentos e nada estava a ajudar. Eu disse-lhe: "Tenho todo o gosto *em rezar*". Todas as noites, depois do trabalho, rezava quase uma hora e meia por todos os pedidos de oração e por mim próprio. Quando comecei a rezar por este homem, reparei que não estava a dormir bem. De repente, ouvia alguém bater palmas ao meu ouvido ou um barulho forte que me acordava quase todas as noites, desde que tinha começado a rezar por ele.

Alguns dias depois, como tinha estado a jejuar, cheguei a casa da igreja e deitei-me na minha cama. De repente, para minha surpresa, algo atravessou a parede por cima da minha cabeça e entrou no meu quarto.

Eu Fi-Lo à "Sua Maneira"

Graças a Deus pelo Espírito Santo. Instantaneamente, o Espírito Santo falou pela minha boca: "Eu amarro-te em nome de Jesus". Eu sabia, no espírito, que algo estava ligado e o poder foi quebrado em nome de Jesus.

Em verdade vos digo que tudo o que ligardes na terra será ligado no céu, e tudo o que desligardes na terra será desligado no céu.
(Mateus 18:18)

Eu não sabia o que era aquilo e, mais tarde, enquanto trabalhava, o Espírito Santo começou a revelar o que tinha acontecido. Então eu soube que havia demónios a controlar este mecânico e que não o deixavam dormir. Pedi à minha amiga do trabalho que se informasse sobre o estado de sono do seu amigo. Mais tarde, ela voltou ao meu local de trabalho com o mecânico. Ele disse-me que estava a dormir bem e queria agradecer-me. Eu disse-lhe: "***Por favor, agradece a Jesus***". "***Foi Ele que te libertou***". Mais tarde, dei-lhe uma Bíblia e pedi-lhe que a lesse e rezasse todos os dias.

Houve muitas pessoas da sua família que se converteram a Jesus no meu trabalho. Foi um ótimo momento para eu testemunhar a muitas pessoas de diferentes nacionalidades.

Dar-te-ei graças na grande congregação: Louvar-te-ei entre muitos povos. (Salmo 35:18)

Exaltar-te-ei, ó rei, meu Deus, e bendirei o teu nome para todo o sempre. (Salmo 145:1)

Elizabeth Das

Capítulo 22

APRENDER OS SEUS CAMINHOS OBEDECENDO À SUA VOZ

I descobri esta bela verdade em 1982. Alguns anos mais tarde, decidi ir visitar a Índia. Enquanto estava lá, a minha amiga Dinah e eu decidimos fazer turismo na cidade de Udaipur. No final do dia, voltámos para o nosso quarto de hotel que partilhávamos. No nosso quarto havia um quadro na parede de um falso deus que estava a ser adorado na Índia. Como sabem, a Índia tem muitos deuses. A Bíblia fala de um único Deus verdadeiro e o Seu nome é Jesus.

Disse-lhe Jesus: Eu sou o caminho, a verdade e a vida; ninguém vem ao Pai senão por mim. (João 14:6)

De repente, ouvi uma voz que me disse: *"Tira o quadro da parede"*. Como tenho o Espírito Santo, o meu pensamento foi: *"Não tenho medo de nada e nada me pode fazer mal"*. Por isso, desobedeci a essa voz e não tirei o quadro.

Quando estávamos a dormir, inesperadamente, dei por mim sentada na cama; sabia que um Anjo me tinha tramado. Deus abriu os meus olhos espirituais e vi uma enorme aranha negra a entrar pela porta. Veio a rastejar sobre mim, a minha amiga e o seu filho. E dirigiu-se ao meu vestido que estava pendurado na parede e desapareceu diante dos meus olhos. Naquele momento, o Senhor lembrou-me da escritura que diz para nunca dar lugar ao Diabo.

Eu Fi-Lo à "Sua Maneira"

Não deem lugar ao diabo. (Efésios 4:27)

Levantei-me imediatamente, peguei na fotografia e virei-a. A partir desse dia, apercebi-me de que Deus é um Deus Santo. Os mandamentos que Ele nos deu manter-nos-ão protegidos e abençoados, desde que os obedeçamos e guardemos sempre.

Na altura em que estava a trabalhar, chegava sempre a casa sentindo-me espiritualmente esgotada. Um dia, Jesus falou comigo e disse-me: "Fala *em línguas durante meia hora, louva e adora durante meia hora e põe a minha mão sobre a cabeça e fala em línguas durante meia hora*". Esta era a minha vida de oração diária.

Um dia, cheguei a casa do trabalho depois da meia-noite. Comecei a andar pela minha casa a rezar. Cheguei a um certo canto da minha casa e vi um demónio com os meus olhos espirituais. Acendi a luz e pus os óculos para ver porque é que esse demónio estaria aqui? De repente, lembrei-me que nesse dia tinha tapado as impressões digitais e os nomes dos deuses que estavam numa caixa de óleo de milho. De alguma forma, tinha-me escapado a impressão deste falso deus. Peguei imediatamente no marcador permanente e tapei-o.

A Bíblia diz que Jesus nos deu autoridade para amarrar e expulsar espíritos malignos. Naquela noite, usei a autoridade, abri a porta e disse àquele demónio: "*Em Nome de Jesus, ordeno-te que saias da minha casa e nunca mais voltes!*" O demónio saiu imediatamente.

Louvado seja Deus! Se não conhecermos a Palavra de Deus, podemos permitir que os demónios entrem em nossa casa através de revistas, jornais, televisão, até mesmo através de brinquedos. É muito importante saber o que trazemos para dentro de casa.

Outro exemplo, eu estava muito doente e não podia andar, tinha de depender da família e dos amigos para ir às compras e para as guardar. Uma manhã acordei e senti que alguém me estava a tapar a boca, estava amarrada.

Perguntei a Deus porque é que me sentia assim. Ele mostrou-me o símbolo da suástica. Perguntei-me onde iria encontrar este símbolo. Fui ao frigorífico e, assim que abri a porta, vi o símbolo da suástica num artigo de mercearia que a minha irmã tinha trazido no dia anterior. Agradeci a Deus pela Sua orientação e retirei-o imediatamente.

> *Confia no Senhor de todo o teu coração, e não te estribes no teu próprio entendimento. Reconhece-o em todos os teus caminhos, e ele endireitará as tuas veredas. (Provérbios 3:5-6)*

Gostaria de partilhar outra experiência que tive quando visitei a minha cidade natal na Índia. Estava a passar uma noite com uma amiga minha que era adoradora de ídolos.

Durante muitos anos, eu tinha-lhe dado testemunho sobre Jesus e o Poder. Ela também conhecia o Poder da oração e muitos milagres que aconteceram em sua casa. Ela estava a dar testemunho de milagres quando eu rezava em nome de Jesus.

Enquanto dormia, um barulho acordou-me. Do outro lado do quarto vi uma figura que parecia o meu amigo. A figura estava a apontar para mim com uma cara de mau. A sua mão começou a crescer na minha direção, chegou a um metro de mim e depois desapareceu. A figura voltou a aparecer, mas desta vez com a cara do seu filho. Mais uma vez o braço começou a crescer e a apontar para mim. Afastou-se um palmo de mim e desapareceu. Lembrei-me que a Bíblia diz que os anjos estão à nossa volta.

> *Aquele que habita no esconderijo do Altíssimo ficará à sombra do Todo-Poderoso. Direi do Senhor: Ele é o meu refúgio e a minha fortaleza, o meu Deus; nele confiarei. Certamente ele te livrará do laço do passarinheiro e da peste nociva. Ele te cobrirá com as suas penas, e debaixo das suas asas te apoiarás; a sua verdade será o teu escudo e o teu broquel. Não terás medo do terror da noite, nem da flecha que voa de dia, nem da peste que anda nas trevas, nem da destruição que assola ao meio-dia. Mil cairão ao teu lado, e dez mil à tua direita, mas não chegarão a ti. Somente com os teus olhos contemplarás e verás o galardão dos ímpios. Porquanto fizeste do Senhor, que é o meu refúgio, do Altíssimo, a tua habitação, nenhum mal te sucederá, nem praga alguma chegará à tua habitação. Pois ele*

dará ordens aos seus anjos sobre ti, para te guardarem em todos os teus caminhos. (Salmos 91:1-11)

Quando acordei, de manhã, vi a minha amiga e o seu filho a curvarem-se perante os ídolos. E lembrei-me do que Deus me tinha mostrado durante a noite. Por isso, disse à minha amiga que tinha tido uma visão nessa noite. Ela disse-me que também tinha visto e sentido aquilo em sua casa. Perguntou-me como era o demónio que eu tinha visto. Eu disse-lhe que uma forma se parecia com ela e a outra com o seu filho. Ela disse-me que ela e o filho não se davam bem. Perguntou-me o que era preciso fazer para se livrar dos demónios que a atormentavam a ela e à sua família. Expliquei-lhe esta escritura.

O ladrão não vem senão para roubar, matar e destruir; eu vim para que tenham vida, e a tenham em abundância. (João 10:10)

Dei-lhe a Bíblia e pedi-lhe que a lesse em voz alta todos os dias em sua casa, especialmente João 3:20 e 21.

Porque todo aquele que faz o mal odeia a luz, e não vem para a luz, para que as suas obras não sejam reprovadas. Mas aquele que pratica a verdade vem para a luz, a fim de que as suas obras sejam manifestas, porque são feitas em Deus. (João 3:20-21)

Ensinei-lhe também a oração de guerra espiritual em que se liga todos os espíritos maus e se solta o Espírito Santo ou os Anjos em Nome de Jesus. Pedi-lhe também que falasse o Nome de Jesus e implorasse o Sangue de Jesus na sua casa continuamente.

Alguns meses depois desta viagem, recebi uma carta testemunhando que os demónios tinham saído da sua casa, que ela e o filho se davam bem e que tinham paz total no seu lar.

Depois convocou os seus doze discípulos e deu-lhes poder e autoridade sobre todos os demónios e para curarem doenças. E enviou-os a pregar o Reino de Deus e a curar os doentes (Lucas 9:1, 2).

Elizabeth Das

Quando ela deu testemunho a outros familiares, eles ficaram muito interessados na Bíblia e quiseram aprender mais sobre o Senhor Jesus.

Na minha visita seguinte à Índia, encontrei-me com toda a família e respondi às suas perguntas. Ensinei-os a rezar e dei-lhes Bíblias. Dou a Deus toda a glória por estes resultados.

O meu desejo é que as pessoas aprendam a usar o Nome de Jesus e a Palavra de Deus como uma espada contra o inimigo. Tornando-se um "cristão nascido de novo", teremos o poder.

O Espírito do Senhor Deus está sobre mim, porque o Senhor me ungiu para pregar boas novas aos mansos; enviou-me a restaurar os quebrantados de coração, a proclamar liberdade aos cativos, e a abertura de prisão aos presos; (Isaías 61:1)

Capítulo 23

UTILIZAR OS MÉDIA

Em 1999 tive uma lesão no trabalho que se agravou mais tarde. Esta lesão foi tão grave que, com as dores, perdi a memória. Não conseguia ler nem lembrar-me do que tinha lido. Não conseguia dormir durante 48 horas. Se dormia, acordava passadas algumas horas devido à dormência das mãos, às dores nas costas, no pescoço e nas pernas. Esta foi a prova de fogo da minha fé. Eu não fazia ideia do que estava a pensar. Muitas vezes desmaiava e adormecia. Era a única forma de dormir na maior parte do tempo. Não queria desperdiçar o meu tempo, por isso pensei: o que hei-de fazer? Pensei em fazer um CD com todos os meus livros que já estavam traduzidos. Pensei que se pusesse estes livros todos em áudio, seria ótimo para esta época e idade.

Para que a prova da vossa fé, muito mais preciosa do que o ouro que perece, embora provado pelo fogo, seja achada para louvor, honra e glória na aparição de Jesus Cristo: (1 Pedro 1:7)

Para espalhar esta verdade, eu estava disposta a fazer qualquer coisa. Nenhum preço é maior do que aquele que Jesus pagou. Deus, na sua misericórdia, ajudou-me a atingir o meu objetivo.

Sem dúvida que demorou mais de um ano a fazer isto. Não tinha dinheiro suficiente para comprar todo o equipamento, nem tinha conhecimentos suficientes para saber como gravar. Comecei a usar o meu cartão de crédito para comprar o que precisava para este novo projeto. Pensei que, como não consigo ler e lembrar-me, podia simplesmente ler o livro em voz alta e fazer um CD áudio, assim não precisava de ter memória para ler.

Como frequentava uma igreja inglesa, quase me esqueci de como se lia corretamente o guajarati, e não queria abandonar a minha língua. Muitas vezes, como sabem, por motivos de saúde, não me podia sentar durante dias ou mesmo semanas. Esquecia-me de como gravar e de como utilizar o meu equipamento de gravação. Via as minhas notas e começava de novo, mas não queria desistir.

Uma coisa que temos de recordar: o diabo nunca desiste! Temos de aprender com isso e nunca desistir!

Chegou o dia em que terminei a minha brochura de seis páginas. Para minha surpresa, demorou um ano a terminar. Estava tão feliz que pus o CD a tocar e, lentamente, fiz marcha-atrás na minha cadeira de rodas para ouvir o meu CD.

De repente, quando olhei, os meus olhos não tinham visão. Fiquei muito assustada e disse para mim própria: "Trabalhei tanto com a minha saúde debilitada. Gostava de ter cuidado melhor da minha saúde, agora não consigo ver". Não via a minha cozinha, a minha aparelhagem, a parede ou os móveis. Não havia nada, exceto uma nuvem branca e espessa. Eu disse: "Fui dura para comigo mesma, agora estou cega". De repente, naquela nuvem branca e espessa do meu quarto, vi o Senhor Jesus de pé, com um manto branco e a sorrir para mim. Em pouco tempo, Ele desapareceu e eu percebi que era uma visão. Eu sabia que a Sua glória Shekinah tinha descido. Fiquei muito feliz e percebi que o Senhor Jesus estava satisfeito com o meu esforço.

Quero sempre procurar a direção de Deus, para utilizar o meu tempo da melhor forma para Lhe dar glória. Nenhuma situação pode impedir-nos de realizar o Seu ministério. Este CD eu dei de graça para as pessoas e também coloquei no meu site
http://www.gujubible.org/web_site.htm e
https://waytoheavenministry.org

Eu Fi-Lo à "Sua Maneira"

Quem nos separará do amor de Cristo? A tribulação, ou a angústia, ou a perseguição, ou a fome, ou a nudez, ou o perigo, ou a espada? Como está escrito: "Por *amor de ti somos mortos todo o dia; somos reputados como ovelhas para o matadouro. Mas em todas estas coisas somos mais do que vencedores, por aquele que nos amou. Porque estou certo de que nem a morte, nem a vida, nem os anjos, nem os principados, nem as potestades, nem o presente, nem o porvir, nem a altura, nem a profundidade, nem alguma outra criatura nos poderá separar do amor de Deus, que está em Cristo Jesus nosso Senhor". (Romanos 8:35-39)*

Elizabeth Das

Capítulo 24

ESTUDO QUE EXPLORA

M uitas vezes, tive a oportunidade de dar estudos bíblicos noutras línguas que não o inglês. Enquanto lhes ensinava a Palavra de Deus, não conseguiam encontrar a escritura correta. Eu usava sempre a versão King James. Mas alguns deles tinham versões e línguas diferentes da Bíblia.

Uma noite estava a ensinar sobre um Deus único, o monoteísmo (Mono vem da palavra grega Monos e *theos* significa Deus) e estava a ler 1 João 5:7. Quando os alunos procuraram essa passagem na Bíblia, não a conseguiram encontrar. Já passava da meia-noite, por isso pensei que não percebiam o que estavam a ler e, quando traduzimos do inglês para a língua deles, disseram que isto não estava na nossa Bíblia.

*Porque três são os que testificam no céu: o Pai, a Palavra e o Espírito Santo, e estes **três são um**. (1 João 5:7)*

Fiquei chocada. Por isso, procurámos outra escritura.

*(KJV) 1 Timóteo 3:16, "**Deus** manifestou-se na carne"*

A Bíblia deles dizia: "*Ele apareceu num corpo*" (todas as Bíblias traduzidas do manuscrito corrompido de Alexandria têm esta mentira. Vulgata Católica Romana, Bíblia Guajarati, Bíblia NIV, espanhol e outras versões modernas da Bíblia)

{ΘC=Deus} na língua grega, mas ao remover a pequena linha de ΘC, "Deus" muda {OC = "quem" ou "ele"} para quem, que tem um significado diferente na língua grega. São duas palavras diferentes, porque "ele" pode significar qualquer pessoa, mas Deus está a falar de Jesus Cristo em carne.

Como é fácil tirar a divindade de Jesus Cristo?!?!

Apocalipse 1:8

KJV: Eu sou o Alfa e o Ómega, o <u>princípio e o fim</u>, diz o Senhor, aquele que é, e que era, e que há-de vir, o Todo-Poderoso

Tradução NVI: Apocalipse 1:8 "Eu sou o Alfa e o Ómega", diz o Senhor Deus, "que é, e que era, e que há-de vir, o Todo-Poderoso".

(A Bíblia em língua gujarati, a NIV e outras traduções retiraram "<u>Princípio e fim</u>")

Apocalipse 1:11

KJV: Dizendo: <u>Eu sou o Alfa e o Ómega, o primeiro e o último;</u> e: O que vês, escreve-o num livro, e envia-o às sete igrejas que estão na Ásia: a Éfeso, e a Esmirna, e a Pérgamo, e a Tiatira, e a Sardes, e a Filadélfia, e a Laodicéia (Apocalipse 1:11)

NVI: Apocalipse 1:11 "Escreve num rolo o que vês e envia-o às sete igrejas: a Éfeso, Esmirna, Pérgamo, Tiatira, Sardes, Filadélfia e Laodiceia."

(As versões modernas da Bíblia, a versão guajarati e a Bíblia NVI retiraram a expressão <u>Eu sou o Alfa e o Ómega, o primeiro e o último</u>)

Não consegui provar que existe "Um Deus" a partir da sua Bíblia.

Os meus ensinamentos estavam a demorar muito tempo e, para sua surpresa, eu não conseguia apresentar-lhes provas bíblicas de que existe um Deus único na Bíblia. Isto levou-me a estudar em profundidade.

Lembro-me que Paulo disse: *Porque eu sei que, depois da minha partida, entrarão no meio de vós lobos cruéis, que não pouparão o rebanho. (Atos 20:29)*

O apóstolo João, que foi o último discípulo sobrevivente de Cristo, deu-nos um aviso numa das suas epístolas:

Amados, não creiais a todo o espírito, mas provai se os espíritos são de Deus, porque muitos falsos profetas têm saído pelo mundo fora. Nisto conheceis o Espírito de Deus: Todo o espírito que confessa que Jesus Cristo veio em carne é de Deus: E todo o espírito que não confessa que Jesus Cristo veio em carne não é de Deus; e este é o espírito do anticristo, a respeito do qual tendes ouvido que havia de vir, e agora já está no mundo. (1 João 4:1-3)

Gostaria de partilhar este facto que descobri, ao pesquisar a verdade sobre a corrupção da "Palavra de Deus".

O manuscrito alexandrino era uma versão corrompida do verdadeiro manuscrito original da Bíblia. Eles removeram muitas palavras como, Sodomita, inferno, sangue, criado por Jesus Cristo, Senhor Jesus, Cristo, Aleluia, e Jeová, juntamente com muitas outras palavras e versículos do manuscrito original.

Em Alexandria, no Egipto, os escribas, que eram o anticristo, não tiveram a revelação do Deus Único e Verdadeiro porque a Bíblia foi alterada em relação ao manuscrito original. Esta corrupção começou no primeiro século.

No início, as Bíblias grega e hebraica eram escritas em rolos de papiro, que eram perecíveis. Por isso, escreviam à mão 50 cópias em países diferentes de 200 em 200 anos para as conservar mais 200 anos. Isto foi praticado pelos nossos antepassados que tinham a cópia verdadeira do manuscrito original. Este mesmo sistema foi adotado pelos alexandrinos para preservar também o manuscrito corrompido.

Eu Fi-Lo à "Sua Maneira"

No início do século XX, os bispos assumiram a posição e introduziram a corrupção progressivamente entre os anos 130 e 444 d.C.. Acrescentaram e subtraíram à cópia original do manuscrito grego e hebraico. Todos os bispos seguintes afirmaram ter recebido mensagens diretamente de Jesus e que não deviam prestar atenção aos apóstolos, discípulos, profetas e mestres. E todos os bispos afirmaram também que eram os únicos iluminados.

Bispo Orígenes de Alexandria (185-254 d.C.): Tertuliano era um bispo corrompido, que acrescentou mais trevas. Morreu por volta de 216 d.C. Clemente assumiu o cargo e foi bispo de Alexandria. Cirilo, bispo de Jerusalém, nasceu no ano 315 e morreu em 386 d.C. Agostinho, bispo de Hipona, fundador do catolicismo, nasceu em 347 e morreu em 430 d.C. Ele afastou as pessoas que acreditavam verdadeiramente na Palavra de Deus. Crisóstomo foi outro bispo de Constantinopla, onde se originou a versão corrompida. Nasceu em 354 e morreu em 417 d.C. São Cirilo de Alexandria foi nomeado bispo em 412 e morreu em 444 d.C.

Estes bispos corromperam o verdadeiro manuscrito e foram rejeitados pelos nossos antepassados que conheciam os factos de onde e como o manuscrito original foi corrompido.

Esta corrupção começou quando Paulo e João ainda estavam vivos. Os alexandrinos ignoraram a palavra de Deus e em Niceia, no ano 325 d.C., estabeleceram a doutrina da Trindade. Niceia é a atual Turquia e, na Bíblia, é conhecida como Pérgamo.

*E ao anjo da igreja que está em **Pérgamo** escreve: Isto diz aquele que tem a espada aguda de dois gumes: Conheço as tuas obras, e onde habitas, que é **onde Satanás tem o** ;seu trono e reténs o meu nome, e não negaste a minha fé, ainda nos dias em que Antipas, meu fiel mártir, foi morto entre vós, onde Satanás habita.*
(Apocalipse 2:12-13.)

Niceia

No ano 325 d.C. a Unicidade de Deus foi removida por Satanás e a Trindade foi acrescentada e Deus foi dividido. Tiraram o nome "Jesus" da fórmula do batismo, acrescentando o Pai, o Filho e o Espírito Santo.

O ladrão não vem senão para roubar, matar e destruir; eu vim para que tenham vida, e a tenham mais abundantemente (João 10:10).

Pérgamo (mais tarde chamada Niceia e atualmente Turquia) é uma cidade construída a 1000 pés acima do nível do mar. Quatro deuses diferentes eram adorados neste local. O deus principal era Asclépio, cujo símbolo é uma serpente.

A Revelação diz:

*E foi precipitado o grande **dragão**, a antiga **serpente**, chamada o Diabo e Satanás, que engana todo o mundo; ele foi precipitado na terra, e os seus anjos foram lançados com ele (Apocalipse 12:9).*

*E prendeu o dragão, a antiga **serpente,** que é o Diabo e Satanás, e amarrou-o durante mil anos, (Apocalipse 20:2).*

Neste templo havia muitas cobras de grande tamanho; também à volta daquela área havia milhares de cobras. As pessoas vinham ao templo de Pérgamo em busca de cura. Asclépio era chamado o deus da cura, e era o deus principal entre os quatro deuses. Como era chamado o deus da cura, neste local introduziam-se ervas e medicamentos para curar. Para que ele pudesse remover as faixas e o nome de Jesus para curar. O seu plano é tomar o lugar de Jesus e remover Cristo como Salvador, pois ele também se dizia salvador. A ciência médica moderna tomou o símbolo da serpente de Asclepius (Serpente).

A Bíblia diz:

*Vós sois as minhas testemunhas, diz o Senhor, e o meu servo, a quem escolhi; para que o saibais, e me creiais, e entendais que **eu sou o mesmo;** antes de mim Deus nenhum se formou, e depois de mim nenhum se formará. Eu, eu mesmo, sou o Senhor, e fora de mim não há **salvador**. (Isaías 43:10-11)*

Este é o lugar onde Satanás estabeleceu a trindade.

Hoje eles encontraram uma cópia original do manuscrito de Alexandria, sublinhando a palavra e a escritura para remover do verdadeiro manuscrito original hebraico e grego. Isto prova que foram eles que corromperam a verdadeira palavra de Deus.

A era das trevas chegou simplesmente removendo a verdade e alterando o verdadeiro documento da Bíblia.

A palavra de Deus é uma espada, luz e verdade. A palavra de Deus está estabelecida para todo o sempre.

A Bíblia NVI, a Bíblia moderna e muitas outras línguas da Bíblia foram traduzidas a partir de uma cópia corrompida da antiga Alexandria. Agora, a maioria das outras cópias da Bíblia vieram da versão NIV e estão traduzidas noutras línguas. Os direitos de cópia da Bíblia de Satanás e da Bíblia NVI pertencem a um homem chamado Rupert Murdoch.

Quando o rei Jaime assumiu o poder depois da virgem rainha Isabel, em 1603, tomou a seu cargo o projeto de traduzir a Bíblia a partir do seu manuscrito original em hebraico e grego. Este projeto foi realizado por muitos teólogos hebreus, gregos e latinos, estudiosos e pessoas muito respeitadas aos olhos dos outros. Os arqueólogos encontraram os antigos e verdadeiros manuscritos hebraicos e gregos originais que concordam em 99% com a Bíblia KJV. Um por cento são erros menores, como a pontuação.

Louvado seja Deus! A KJV é de domínio público e qualquer pessoa pode usar a Bíblia KJV para a traduzir para a sua língua materna. A minha sugestão é que devemos traduzir a partir da Bíblia KJV, uma vez que é do domínio público e é a Bíblia mais exata.

Ao remover a verdade da Bíblia original, o nome "Jesus Cristo", que é o poder que liberta as pessoas, desapareceu.

Isto causou o nascimento de muitas denominações. Agora compreenderá porque é que a Bíblia diz para não acrescentar nem subtrair.

O ataque é contra o Deus único encarnado.

A Bíblia diz.

> *E o Senhor será rei sobre toda a terra; naquele dia haverá um só Senhor, e um só será o seu nome. (Zacarias 14:9)*

O seu nome é JESUS!!!

Capítulo 25

TESTEMUNHOS PESSOAIS QUE MUDAM A VIDA

Saudações em nome de Jesus:

Estes testemunhos pessoais de "mudança de vida" são incluídos como encorajamento do Poder de Deus Todo-Poderoso. É minha sincera esperança que a sua fé aumente ao ler estes testemunhos inspiradores de crentes humildes e ministros que têm uma vocação e paixão por Deus. "Conhece-O na intimidade do Seu Amor, através da Fé, da Oração e da Palavra de Deus." A ciência e a medicina não podem explicar estes milagres, nem aqueles que se dizem sábios podem compreender as coisas de Deus.

*E dar-te-ei os **tesouros** das trevas, e as riquezas ocultas dos lugares escondidos, para que saibas que eu, o Senhor, que te chamo pelo teu nome, sou o Deus de Israel. (Isaías 45:3)*

"Esta é uma caminhada de Fé que não pode ser dissecada e não é imaginada."

"Os sábios estão envergonhados, estão desanimados e tomados; eis que rejeitaram a palavra do Senhor e que sabedoria há neles?" (Jeremias 8:9)

"Ai dos que são sábios a seus próprios olhos e prudentes à sua própria vista!" (Isaías 5:21)

"Irmãos, vedes, pois, a vossa vocação: não foram chamados muitos sábios segundo a carne, nem muitos poderosos, nem muitos nobres: Mas Deus escolheu as coisas loucas do mundo para confundir as sábias; e Deus escolheu as coisas fracas do mundo para confundir as poderosas;" (1 Coríntios 1:26-27)

Clama a mim, e responder-te-ei, e anunciar-te-ei coisas grandes e poderosas, que não sabes. (Jeremias 33:3)

Os meus sinceros agradecimentos vão para todos aqueles que contribuíram com os seus testemunhos pessoais e tempo para este livro para a Glória deDeus.

Que Deus vos abençoe

Elizabeth Das, Texas

Eu Fi-Lo à "Sua Maneira"

TESTEMUNHOS DAS PESSOAS

Todos os testemunhos são dados voluntariamente para dar glória a Deus, a glória pertence somente a Deus

Elizabeth Das

Terry Baughman,
Pastor Gilbert, Arizona, E.U.A.

Elizabeth Das é uma mulher de influência. O apóstolo Paulo e o seu companheiro missionário Silas foram atraídos para um grupo de oração de mulheres perto de Tiatira, junto à margem do rio. Foi nessa reunião de oração que Lídia ouviu os ensinamentos de Paulo e Silas e insistiu para que eles ficassem em sua casa durante o seu ministério na região. (Ver Atos 16:13-15.) A hospitalidade e... o ministério desta mulher estão registados nas Escrituras para serem recordados para sempre.

Elizabeth Das é uma mulher de Deus, muito parecida com a mulher influente, Lídia, no livro de Atos. Através da sua indústria e paixão, ela tem levado outros ao conhecimento da verdade, coordenado grupos de oração, e tem sido o instrumento de envio de ministros do Evangelho para a sua terra natal, Gujarat, Índia. A primeira vez que ouvi falar de Elizabeth Das, eu era instrutor e Diretor Académico no Christian Life College em Stockton, Califórnia. Daryl Rash, o nosso Diretor de Missões, falou-me de seu bom trabalho em solicitar ministros para irem a Ahmadabad, Índia, para ensinar e pregar nas conferências patrocinadas pelo Pastor Jaiprakash Christian and Faith Church, um grupo de mais de 60 igrejas no estado de Gujarat, Índia. Ela telefonou para o Christian Life College pedindo palestrantes para uma próxima conferência para as igrejas na Índia. Enviámos dois dos nossos instrutores para ensinar e pregar na conferência. Na vez seguinte em que Elizabeth Das ligou, Daryl Rash perguntou-me se eu gostaria de ir ensinar numa das conferências. Fiquei feliz por ir e comecei imediatamente a preparar-me para fazer a viagem. Outro instrutor, Brian Henry, acompanhou-me e pregou nos cultos noturnos da conferência. Na altura, eu era o Vice-Presidente Executivo do Christian Life College e professor a tempo inteiro, por isso arranjámos substitutos para as nossas aulas e outras responsabilidades e voámos meio mundo para partilhar os nossos ministérios com as pessoas maravilhosas de Gujarat, na Índia Ocidental. Na minha segunda viagem a Gujarat, em 2008, o meu filho acompanhou-me e teve uma experiência que mudou a sua vida na Conferência Espírito e Verdade em Anand. É um esforço dispendioso voar à volta do mundo e participar nestas conferências e viagens ministeriais, mas a recompensa não pode ser medida em termos monetários. O meu filho assumiu um novo compromisso com o Senhor nesta viagem à Índia que mudou a direção da sua vida. Ele agora lidera a adoração e é o diretor de música na igreja onde eu agora sirvo como pastor em Gilbert, Arizona. Não só as pessoas são abençoadas pelo ministério na Índia, mas também aqueles que lá vão são igualmente abençoados, por vezes de forma surpreendente.

A influência de Elizabeth Das está literalmente a ser sentida em todo o mundo. Ela não só é fundamental no envio de ministros dos Estados Unidos para a Índia, como também tem uma paixão por traduzir materiais para o gujarati, a língua da sua terra natal. Sempre que falo com ela ao telefone, está constantemente à procura de novas formas de partilhar a verdade do Evangelho. Está ativa num ministério de oração e procura ativamente formas de ministrar através de lições bíblicas impressas e na Internet através das suas gravações no YouTube. Elizabeth Das é uma demonstração viva do que uma pessoa pode fazer para mudar o mundo através da paixão, persistência e oração.

Veneda Ing
Milan, Tennesee, E.U.A.

Vivo numa pequena cidade no Oeste do Tennessee e pertenço a uma Igreja Pentecostal local. Há alguns anos atrás, participei numa conferência de oração em St. Louis, MO e conheci uma senhora chamada Tammy e ficámos logo amigas. À medida que nos fomos conhecendo, ela falou-me de um grupo de oração a que pertencia, liderado pela Irmã Elizabeth Das, a partir da sua casa no Texas. O pequeno grupo incluía pessoas de diferentes partes dos Estados Unidos que se juntavam por conferência telefónica.

Quando regressei a casa, comecei a telefonar para o grupo de oração e fui imediatamente abençoado por Deus. Eu já frequentava a igreja há cerca de 13 anos quando me juntei a este grupo, por isso a oração não era uma novidade; no entanto, o poder da "Oração Acordada" era espantoso! Comecei imediatamente a obter resultados nos meus pedidos de oração e a ouvir os relatórios de louvor todos os dias. Não só a minha vida de oração cresceu, como também o meu Ministério da

Cadeia, juntamente com outros dons do Espírito com que Deus me abençoou. Nesta altura, eu nunca tinha conhecido a Irmã Das. O seu grande desejo de rezar e de ajudar os outros a explorar os dons que têm dentro de si fez-me sempre voltar para mais. Ela é muito encorajadora e muito corajosa, não tem medo de questionar as coisas e definitivamente não tem medo de lhe dizer se sente que algo está errado da parte de Deus. Jesus é sempre a sua resposta. Quando tive a oportunidade de ir ao Texas para participar numa reunião especial de oração em casa da Irmã Das, estava ansiosa por ir.

Embarquei no avião e, em poucas horas, estava no aeroporto de Dallas-Ft. Worth, onde nos encontrámos pela primeira vez depois de mais de um ano a rezar juntos.

Uma voz familiar, mas parecia que nos conhecíamos há anos. Outras pessoas também vieram de outros estados para participar neste encontro.

A reunião de oração em casa foi algo que eu nunca tinha experienciado antes. Fiquei tão entusiasmado por Deus ter permitido que eu fosse usado para beneficiar outros. Durante esta reunião, vimos muitos serem curados de problemas nas costas e no pescoço. Vimos e experimentámos pernas e braços crescerem e testemunhámos alguém curado de diabetes, juntamente com muitos outros milagres e acontecimentos que mudaram a vida, como a expulsão de demónios. Isto deixou-me ainda mais desejoso das coisas de Deus e de O conhecer num lugar mais elevado. Permitam-me que pare por um momento e diga que Deus realizou estes milagres em nome de Jesus e só d'Ele. Deus usa a Irmã Das porque ela está disposta a ajudar e a ensinar outros a aprender como permitir que Deus os use também. Ela é uma amiga querida e uma mentora que me ensinou a ser mais responsável perante Deus. Agradeço a Deus o facto de as nossas vidas se terem cruzado e de nos termos tornado parceiras de oração. Em 13 anos de vida para Deus, nunca conheci o verdadeiro poder da oração. Encorajo-vos a formar um grupo de oração unificado e a ver o que Deus fará. Ele é um Deus maravilhoso.

Diana Guevara
Califórnia El Monte

Quando nasci, fui educada na religião católica da minha família. À medida que fui crescendo, não estava a praticar a minha religião. Chamo-me Diana Guevara e, em pequena, sempre soube que devia sentir algo quando ia à igreja, mas nunca senti. A minha rotina era rezar o Pai-Nosso e a Avé-Maria, como me ensinaram a fazer quando era pequena. A verdade é que eu não conhecia Deus. Em fevereiro de 2007, descobri que o meu namorado de 15 anos estava a ter um caso e que ele estava em diferentes sites de encontros na Internet. Fiquei tão magoada e devastada que entrei num estado depressivo, deitada no sofá a chorar a toda a hora. Fiquei tão desolada que emagreci 8 quilos em 21 dias, pois senti que o meu mundo tinha acabado. Um dia recebi um telefonema da Irmã Elizabeth Das, uma senhora que nunca tinha conhecido. Ela encorajou-me, rezou por mim e citava-me passagens da Bíblia. Durante dois meses falámos e ela continuou a rezar por mim e, de cada vez, eu sentia a Paz e o Amor de Deus. Em abril de 2007, algo me dizia que tinha de ir para o Texas, para a casa da Irmã Elizabeth. Fiz as minhas reservas e estava a caminho do Texas durante 5 dias. Durante este tempo a Irmã Elizabeth e eu orámos e estudámos a Bíblia. Ela mostrou-me escrituras sobre ser batizado em nome de Jesus. Eu fiz muitas perguntas sobre Deus e sabia que tinha de ser batizada em Nome de Jesus o mais depressa possível. Depois de ter sido batizado, soube então que era essa a razão pela qual sentia a urgência de ir para o Texas. Eu tinha finalmente encontrado o que me faltava quando era criança, a presença de Deus Todo-Poderoso! Quando regressei à Califórnia, comecei a frequentar a Life Church.

Foi aqui que recebi o dom do Espírito Santo com a evidência de falar em línguas. Posso realmente dizer que há uma diferença entre a verdade e a religião. Foi através do amor de Deus que Ele usou a Irmã Elizabeth para me ensinar estudos bíblicos e mostrar-me o Plano de Salvação de acordo com a Palavra de Deus. Eu nasci numa religião e isso era tudo o que eu sabia sem explorar a Bíblia por mim própria. Tendo-me sido ensinadas orações para repetir, as minhas orações agora nunca são rotineiras ou aborrecidas. Gosto de falar com o Senhor. Sempre soube que Deus existia, mas na altura não sabia que também podia sentir a

Sua presença e o Seu amor como sinto agora. Ele não só está presente na minha vida, como me deu paz e consertou o meu coração quando eu pensava que o meu mundo tinha acabado. O Senhor Jesus deu-me o Amor que sempre me faltou na minha vida. Não consigo imaginar a minha vida sem Jesus, porque sem Ele eu não sou nada. Porque Ele preencheu os espaços vazios do meu coração com o Seu amor, eu vivo para Ele e só para Ele. Jesus é tudo e pode curar o teu coração também. Dou toda a honra e glória apenas a Nosso Senhor Jesus Cristo.

Jairo Pina
O meu testemunho

O meu nome é Jairo Pina e tenho atualmente 24 anos de idade e vivo em Dallas, TX. Na minha infância, eu e a minha família só íamos à igreja uma vez por ano, acreditando na fé católica. Eu sabia sobre Deus, mas não o conhecia. Quando tinha 16 anos, diagnosticaram-me um tumor maligno no perónio direito, conhecido como osteossarcoma (cancro dos ossos). Passei por um ano de quimioterapia e cirurgias para o combater. Foi durante este período que tenho a mais antiga recordação de Deus a revelar-se a mim. Ele arrastou-me para um pequeno edifício em Garland, TX, com um amigo e a mãe dele. A mãe do meu amigo era amiga de um casal cristão que nos levou a um pastor de origem africana. Mais tarde descobriria que este pastor tinha o dom da profecia.

O pastor profetizou sobre os indivíduos que foram connosco para este pequeno edifício, mas foi o que ele profetizou sobre mim que ficou comigo para sempre. Ele disse: "Uau! Vais ter um grande testemunho e levar muitas pessoas a Deus com ele!". Eu estava cético e simplesmente encolhi os ombros, sem saber verdadeiramente o que iria acontecer mais tarde na minha vida. Cerca de dois anos depois de ter terminado a minha primeira batalha contra o cancro, tive uma recaída no mesmo local mencionado anteriormente. Fiquei extremamente devastada com isto, porque tinha mais quimioterapia programada e precisava de amputar a minha perna direita. Nessa altura, passava muito tempo sozinho, na esperança de me preparar mentalmente. Um dia, estacionei num lago e comecei a rezar a Deus do fundo do meu coração. Não sabia o que significava verdadeiramente rezar, por isso comecei a falar com Ele a partir do que me ia na mente e no coração. Eu disse: "Deus, se és verdadeiramente genuíno, mostra-me e se te preocupas comigo, mostra-me".

Cerca de 15 minutos depois, fui cancelar a minha inscrição no ginásio LA Fitness, onde vi um dos meus amigos a trabalhar. Expliquei-lhe porque é que estava a cancelar a minha inscrição e ele perguntou-me porque é que eu queria cancelar. Ele então disse: "Mano! Devias ir à minha igreja. Eu já vi muitos milagres lá e pessoas serem curadas". Eu não tinha nada a perder, então comecei a ir. Ele começou a mostrar-me os versículos do livro de Atos sobre o batismo e ser cheio do Espírito Santo. Falou-me sobre o falar em línguas, o que eu achei estranho, mas ele orientou-me para a evidência bíblica. Quando dei por mim, estava na igreja dele quando perguntaram quem queria entregar a sua vida a Cristo e ser batizado. Aproximei-me do púlpito quando um pastor colocou a mão sobre a minha cabeça. Ele começou a orar por mim e eu comecei a falar em línguas no mesmo dia em que me batizaram. Isso marcou a minha experiência de nascer de novo, sem saber que eu estava agora na guerra espiritual.

Mesmo depois desta experiência, comecei a ser atacado e afastado de Deus. Também gostaria de mencionar que, mesmo antes de ser batizado, os demónios atacaram-me espiritualmente, e até ouvi alguns deles de forma audível. Ouvi um a rir-se com voz de criança do lado de fora da minha janela às 3 da manhã, um a rir-se enquanto me tocava sexualmente, e um a dizer-me que me ia levar para o inferno. Há mais alguns ataques que sofri, mas estes são os que mais se destacam. Agora, voltando ao ponto em que parei, sobre ser afastado de Deus. Tive uma relação com uma rapariga que acabou por me trair e partiu o meu coração em pedaços. Estivemos juntos durante cerca de um ano e acabou tragicamente. Enquanto tentava lidar com o vazio, comecei a beber e a fumar. Comecei então a pedir a Deus que me ajudasse e me aproximasse de novo dele, enquanto chorava. Eu estava a falar a sério e comecei a experimentar a misericórdia de Deus, sem saber bem o que isso era.

Voltei a ir à igreja com o meu amigo e a mãe dele, onde fui batizado na igreja pentecostal. Foi nessa altura que o meu conhecimento da Bíblia começou a crescer imenso. Fiz cursos de fundamentos e aprendi muito lendo a palavra de Deus. A mãe da minha amiga acabou por me dar o livro de Elizabeth Das *Eu Fi-lo À Sua Maneira*, dizendo-me que era um livro influente sobre a sua caminhada com Deus. Quando terminei o livro, reparei que o e-mail dela estava no livro. Entrei em contacto com a Elizabeth e a mãe da minha amiga também lhe falou de mim. Comecei a falar com ela ao telefone e acabei por a conhecer pessoalmente. Desde que a conheci, apercebi-me de que ela realmente ama e aplica a palavra deDeus à sua vida. Já impôs as mãos sobre os doentes e reza por muitas pessoas no seu tempo livre. Considero-a a minha mentora espiritual, pois ensinou-me muito sobre Deus e a sua palavra, o que me é extremamente grato. Diria que até nos tornámos amigas e continuamos a ver-nos até hoje.

Em janeiro de 2017, tinha um contrato de arrendamento de um apartamento que pertencia à universidade que frequentava. Na verdade, estava a tentar conseguir que alguém assumisse o meu arrendamento devido a problemas financeiros. Não estava a trabalhar e não tinha dinheiro para continuar a pagar a renda do apartamento. Infelizmente, não consegui encontrar alguém que assumisse o meu aluguer, o que me deixaria responsável por continuar a pagar a renda. Telefonei à Elizabeth Das, como faço muitas vezes, para pedir oração sobre esta questão da quebra do contrato. Nesse mesmo mês de janeiro, fiz uma TAC ao peito que revelou que tinha uma mancha no lobo inferior direito do pulmão. Tive de ser operado para remover a mancha que aparecia no exame, que se revelou maligna. Apesar de ter sido uma chatice, consegui sair do contrato de arrendamento do apartamento nesse mesmo mês devido a este facto. Dizem que Deus age de forma misteriosa, por isso confiei-lhe o que se estava a passar. Durante este tempo, eu estava a fazer as minhas aulas prévias, na esperança de terminar e ser aceite na escola de enfermagem. A Elizabeth rezava para que eu arranjasse um bom emprego e entrasse na escola de enfermagem de acordo com a vontade deDeus para a minha vida.

Cerca de três meses mais tarde, foi-me marcada outra TAC ao tórax para ver se estava bem. No entanto, a tomografia mostrou outra mancha no meu pulmão, próxima da mesma que estava lá em janeiro de 2017. O oncologista disse que acredita que se trata de um cancro que está a voltar e que temos de o remover através de cirurgia. Não podia acreditar que isto estava a acontecer. Pensei que era o fim para mim. Contei o sucedido à Elizabeth e muitas outras pessoas começaram a rezar por mim nessa altura. Apesar de tudo o que estava a acontecer, ainda tinha um pouco de fé que tudo iria correr bem e que Deus iria cuidar de mim. Lembro-me de um dia, à noite, ao conduzir, ter pedido a Deus: "Se me tirares desta situação, prometo partilhar com os outros o que fizeste por mim".

Algumas semanas depois, fui operado e removeram um diâmetro maior do lobo inferior direito do meu pulmão. A Elizabeth e a sua amiga até foram ao hospital impor as mãos sobre mim e rezar para que Deus me curasse. Cerca de duas semanas depois da cirurgia, voltei ao hospital para receber os resultados. Para além disso, ainda estava à procura de emprego num hospital para melhorar as minhas hipóteses de entrar na escola de enfermagem durante este período. Nesse mesmo dia, quando me aproximei do balcão de check-in para obter os resultados da cirurgia, perguntei se estavam a contratar. Uma gerente estava lá na frente quando eu estava a fazer o check-in e deu-me os seus dados para a informar quando eu submetesse a minha candidatura online. Quando dei por mim, estava numa sala à espera que o oncologista aparecesse com os meus resultados. Estava extremamente nervoso e com medo do que ele me iria dizer.

O oncologista entrou na sala e a primeira coisa que disse foi: "Já alguém lhe disse os seus resultados?" Eu disse-lhe que não e que queria que ele me dissesse o que fazer a seguir. Ele disse-me então: "Então os seus resultados mostraram que era apenas uma acumulação de cálcio, não é cancro". Fiquei completamente em choque, sabendo que tinha sido Deus a fazer isto por mim. Fui para o meu carro e comecei a chorar lágrimas de alegria! Telefonei à Elizabeth e contei-lhe as boas notícias. Festejámos os dois juntos. Alguns dias depois, fui entrevistado para o trabalho no hospital e, uma semana depois, ofereceram-me o emprego. Algumas semanas depois de ter recebido o emprego, fui aceite na escola de enfermagem. Glória a Deus por ter organizado tudo isto, pois ainda me dá alegria falar sobre o assunto.

Neste momento, estou no meu último semestre da escola de enfermagem e vou terminar o curso em maio de 2019. Tenho experimentado tanto e estou grata por todas as portas que Deus abriu e fechou para mim. Até me encontrei numa relação com outra pessoa e ela tem sido fantástica para mim, estando presente desde que o cancro metastizou para o meu pulmão, em janeiro de 2017, até ao momento presente. Elizabeth ensinou-me muito e rezou por mim muitas vezes, o que me mostra o poder da oração e da imposição das mãos sobre os doentes. Leitor, eu não sou de modo algum mais especial do que tu. Deus ama-vos igualmente e Jesus Cristo morreu pelos vossos pecados e pelos meus. Se o procurares com todo o teu coração, encontrá-lo-ás.

"Porque eu bem sei os pensamentos que tenho a vosso respeito, diz o Senhor, pensamentos de paz, e não de mal, para vos dar um fim esperado. Então me invocareis, e ireis, e orareis a mim, e eu vos ouvirei. E buscar-me-eis, e me achareis, quando me buscardes de todo o vosso coração" Jeremias 29:11-13 KJV.

Madalyn Ascencio
El Monte, Califórnia, E.U.A.

Eu acreditava que um homem me completava. Quando me apaixonei por Jesus, descobri que é Ele e só Ele que me completa. Fui criada para O adorar e adorar! O meu nome é Madalyn Ascencio e este é o meu testemunho.

Em março de 2005 comecei a sofrer de ansiedade e ataques de pânico durante 3 anos. Fui várias vezes ao hospital e tudo o que me ofereceram foram antidepressivos e Valium, mas recusei-me a depender de medicamentos para me sentir normal. Rezei a Deus para que me ajudasse. Num sábado de manhã, em meados de outubro de 2008, tive um ataque de pânico muito grave e telefonei à Irmã Elizabeth. Ela perguntou-me o que estava a acontecer e rezou por mim. Quando me senti melhor, deu-me algumas escrituras para ler. Rezei e pedi a Deus que me desse sabedoria e entendimento. Enquanto lia as escrituras,

*João 3:5-7: Respondeu Jesus: Em verdade, em verdade te digo que, **se alguém não nascer da água e do Espírito, não pode entrar no reino de Deus.** O que é nascido da carne é carne, e o que é nascido do Espírito é espírito. Não te maravilhes de eu te ter dito: Necessário vos é nascer de novo.*

João 8:32: E conhecereis a verdade, e a verdade vos libertará.

João 10:10: O ladrão não vem senão para roubar, matar e destruir; eu vim para que tenham vida, e a tenham em abundância

Eu sabia que Deus estava a falar comigo. Quanto mais orava e falava com a Irmã Elizabeth, sabia que precisava de ser batizada de novo. Tinha estado a rezar tanto para que Deus me aproximasse. Frequentei uma igreja cristã não denominacional de 2001 a 2008 e em abril de 2007 fui batizada. A irmã Elizabeth perguntou-me o que senti quando fui batizada e eu disse-lhe: "Senti-me bem". A resposta dela foi "É só isso?" Perguntou-me se eu tinha sido batizada em nome de Jesus e eu disse-lhe que tinha sido batizada em nome do Pai, do Filho e do Espírito Santo. Ela disse-me para ler e estudar.

*Atos 2:38: Então Pedro disse-lhes: Arrependei-vos, e cada um de vós seja batizado em **nome de Jesus Cristo para remissão dos pecados**, e recebereis o dom do Espírito Santo.*

*Atos 8:12-17: E, quando creram em Filipe, que lhes pregava as coisas concernentes ao reino de Deus e ao nome de Jesus Cristo, foram batizados, tanto homens como mulheres. E creu também o próprio Simão; e, tendo sido batizado, ficou com Filipe, e maravilhou-se, vendo os sinais e milagres que se faziam. Ouvindo, pois, os apóstolos que estavam em Jerusalém que Samária recebera a palavra de Deus, enviaram-lhes Pedro e João; os quais, tendo descido, oraram por eles, para que recebessem o Espírito Santo (porque ainda não tinha caído sobre nenhum deles, mas somente eram **batizados em nome do Senhor Jesus**). Então lhes impuseram as mãos, e eles receberam o Espírito Santo.*

Atos 10:43-48: A ele todos os profetas dão testemunho de que, pelo seu nome, todo aquele que nele crê receberá a remissão dos pecados. Estando Pedro ainda a dizer estas palavras, caiu o Espírito Santo sobre todos os que ouviam a palavra. E os fiéis da circuncisão, todos os que tinham vindo com Pedro, maravilharam-se de que também sobre os gentios se derramasse o dom do Espírito Santo. Porque os ouviam falar em línguas e magnificar a Deus. Respondeu então

*Pedro: Pode alguém porventura recusar a água, para que não sejam batizados estes, que também receberam o Espírito Santo como nós? E **ordenou-lhes que fossem baptizados em nome do Senhor.***

*Atos 19:1-6: E aconteceu que, estando Apolo em Corinto, Paulo, tendo passado pelas regiões superiores, chegou a Éfeso e, encontrando alguns discípulos, perguntou-lhes: Recebestes o Espírito Santo desde que crestes? Responderam-lhe eles: Ainda nem sequer ouvimos dizer se existe o Espírito Santo. Perguntou-lhes então: Em que fostes batizados? E eles responderam: No batismo de João. Então disse Paulo: João batizou com o batismo de arrependimento, dizendo ao povo que cresse naquele que havia de vir depois dele, isto é, em Cristo Jesus. Quando ouviram isso, **foram batizados em nome do Senhor Jesus**. E, impondo-lhes Paulo as mãos, veio sobre eles o Espírito Santo, e falavam em línguas e profetizavam.*

*Levanta-te, e batiza-te, e lava **os teus pecados, invocando o nome do Senhor.***

O Senhor revelou-me que o Espírito Santo também estava disponível para mim e que, se eu fosse **batizada em Nome de Jesus,** seria curada e libertada deste terrível sofrimento. Nos dias em que estava muito mal, telefonava à Irmã Elizabeth e ela orava por mim. Percebi que estava a ser atacada pelo inimigo, afinal de contas, a sua missão é roubar, matar e destruir, como diz João 10:10. Há muitos anos, li Efésios 6:10-18 e percebi que precisava de usar diariamente toda a armadura de Deus. Sempre que começava a sentir a ansiedade a apoderar-se de mim, começava a lutar e não a temer. No dia 2 de novembro de 2008 fui batizada em Nome de Jesus na Igreja Life, em Pasadena, CA. Eu senti a mais incrível Paz que eu nunca conheci antes e isso foi antes mesmo de eu entrar na água para ser batizada. Quando saí da água, senti-me leve como uma pena, como se estivesse a andar nas nuvens e não conseguia parar de sorrir. Senti a presença, a paz e o amor de Deus como nunca. No dia 16 de novembro de 2008 recebi o dom do Espírito Santo pela evidência de falar noutras línguas. O vazio que sempre senti desde criança estava agora preenchido. Eu sabia que Deus me amava e tinha um grande propósito para a minha vida e quanto mais eu o procurava e orava, mais ele se revelava a mim. Deus mostrou-me que devo partilhar a minha Fé, dar Esperança e Amor. Desde o meu novo nascimento apostólico e libertação da ansiedade, Jesus trouxe muitas pessoas à minha vida que também sofrem de ansiedade. Agora tenho um ministério no meu testemunho para partilhar com eles.

Estou muito grata a Jesus pela Irmã Elizabeth Das. Foi através das suas orações e ensinamentos que agora também estou a trabalhar para Jesus. Ela também levou a minha mãe, a minha filha, a minha tia e alguns amigos ao Senhor através das suas orações e do seu ministério. Eu fui criado para dar a Jesus toda a Glória! Bendito seja o Seu Santo Nome.

Martin Razo
Santa Ana, Califórnia, E.U.A.

Em criança, vivia na tristeza. Embora as pessoas me rodeassem, tinha a sensação de uma profunda solidão. O meu nome é Martin Razo e esta foi a minha infância. No liceu, todos sabiam quem eu era, mesmo que não estivessem no círculo do que eu considerava as "pessoas fixes". Tinha um par de namoradas, drogava-me e vivia a vida como se fosse algo normal, porque quase toda a gente o fazia. Às sextas e sábados à noite, drogava-me com os meus amigos e ia a discotecas engatar raparigas. O meu pai andava sempre atrás de mim a ver o que eu fazia e onde.

A irmã Elizabeth, amiga da família, estava a partilhar o seu testemunho comigo. Não era aborrecido, na verdade, era muito interessante o que ela estava a dizer. Eu costumava pensar que ela acreditava mesmo no que estava a dizer. Então, de repente, tudo deu errado em casa. Parecia que o Senhor me estava a avisar e a chamar-me através do medo. Tive três experiências muito assustadoras que me fizeram acreditar nisso. Primeiro, fui apanhado com drogas e fugi de casa, mas não por muito tempo. A minha tia obrigou-me a telefonar à minha mãe e, depois de saber que a minha mãe tinha diabetes, regressei a casa. Em segundo lugar, estava a vir de uma discoteca às 2:00 da manhã e tive um acidente de viação em que o carro explodiu e foi pelos ares. Durante esse tempo, estava a frequentar o estudo bíblico com a Irmã Das. Três, pedi boleia a um amigo e quando começámos a falar, ele disse-me que tinha vendido a alma ao diabo e que tinha o poder de ligar e desligar as luzes.

Usando os candeeiros da rua, ele demonstrou-me isso piscando os olhos para os ligar e desligar. Vi a sua cara como se estivesse a transformar-se num demónio. Saltei do carro e corri para casa o mais depressa que pude. Horas mais tarde, pus-me a pensar no que a Irmã Elizabeth tinha dito e pensei que também devia ser real. A Irmã Das deu-me um estudo bíblico por telefone sobre o batismo em Nome de Jesus, tal como é dito no Livro de Atos e na igreja primitiva. Na altura, ela não sabia da minha tendência suicida, mas algo lhe dizia que eu precisava de ouvir isto imediatamente, porque ela podia não voltar a ver-me. Fui batizado quando frequentava uma igreja que acreditava que Deus é uma trindade de três pessoas. Eu estava a fazer a transição dessa igreja para a doutrina dos apóstolos. Deus é um só! Deus é Espírito, Jesus era Deus vindo em carne para habitar entre os homens e o Espírito Santo é Deus em nós. Esta era e é a doutrina dos Apóstolos. Eu só aceitava como verdade o que me ensinavam. Eu não sabia a origem de quando e de onde veio esta crença.

Uma semana depois, a Irmã Isabel pediu-me para ir a casa do meu tio para um estudo bíblico. O irmão James Min, que tem o dom da cura e da libertação, foi com ela. Houve milagres nessa noite e, depois do estudo bíblico, perguntaram-nos se queríamos receber o Espírito Santo. A maioria de nós disse que sim. Eu ainda estava a pensar que isto era uma loucura e que não era possível, mas dei um passo em frente na mesma.

Enquanto o Irmão James e a Irmã Elizabeth oravam por mim, um poder tomou conta de mim. Eu não sabia como reagir a esse poderoso sentimento de alegria. Primeiro, reprimi o sentimento desse poder. Depois, uma segunda vez, veio mais forte do que da primeira vez, e ficou mais forte quando eu tentei suprimi-lo novamente.

Na terceira vez, não consegui reprimir o Espírito e comecei a falar noutra língua ou idioma que não conhecia. Eu pensava que falar em línguas era uma mentira, por isso, quando a alegria do Espírito Santo veio sobre mim pela primeira vez, eu estava a tentar falar, mas tentei parar, porque estava com medo. Nesse dia, Jesus curou-me de toda a depressão e pensamentos suicidas.

Tenho agora 28 anos e o Senhor mudou verdadeiramente a minha vida para melhor. Terminei a Escola Bíblica e o Senhor abençoou-me com uma linda esposa. Temos um ministério de jovens na nossa igreja e eu também estou a seguir um ministério como Servo de Deus. A Irmã Das nunca desistiu da Família Razo ou de mim. Por causa das suas muitas orações e por partilhar os seus testemunhos do poder de Deus, o bem chegou a toda a Família Razo. Muitos dos nossos familiares e vizinhos também se converteram ao Senhor Jesus Cristo. Agora eu tenho um testemunho. Deixem-me dizer-vos que nunca devem desistir de rezar pelos vossos entes queridos e pelas pessoas em geral. Nunca saberemos o que Deus está a fazer e como ele cria estratégias para o realizar à Sua maneira!

Tammy Alford
Monte. Herman, Louisiana, U.S.A.

Basicamente, estive na igreja durante toda a minha vida. O meu fardo é para as pessoas que estão a sofrer e quero chegar até elas com a Palavra da Verdade para que saibam que Jesus é a sua Esperança. Quando o Senhor me deu este fardo, escrevi "O Povo" num pano de oração e partilhei-o com a minha igreja. Começámos a rezar e a interceder e, como resultado, todos receberam uma toalha de oração para levar para casa e rezar sobre ela.

Foi através do nosso antigo pastor e da sua família (que agora foram chamados para a Índia como missionários) que conheci a Irmã Elizabeth Das. Elizabeth Das. A nossa Country Church em Franklinton, Louisiana, recebeu-a quando ela partilhou o seu poderoso testemunho. Todos foram abençoados. Alguns meses depois, a Irmã Elizabeth e eu tornámo-nos parceiras de oração. Uma Senhora Radiante que não só gosta de orar, mas vive-a! É incrivelmente verdadeiro que ela vive, "Na estação e fora da estação". O nosso tempo de oração foi de manhã cedo, por telefone, do Texas para o Louisiana. Recebemos as bênçãos do Senhor. Ele deu o aumento e logo tínhamos um grupo de oração de diferentes estados.

Através de uma linha partilhada da conferência, começámos a orar e a jejuar e, em seguida, começaram a chegar relatórios de louvor. O nosso

Elizabeth Das

Deus é tão maravilhoso! A Irmã Elizabeth é aquela Mulher Radiante que tem um desejo ardente de ver almas salvas. A sua chama ardente tem despertado e incendiado muitos outros a orar e a ter visão. Não há doença, dor ou demónio no inferno que a detenha. Há muitos anos que ela tem estado a alcançar e a rezar pelos perdidos e moribundos; só a eternidade o dirá. Agradeço a Deus pela sua determinação de bulldog e pelo seu amor pelo "Povo". Tenho visto Deus fazer obras fantásticas, milagres e responder a orações através dela. Os meus amigos aqui e as pessoas que conheço podem testemunhar que quando chamamos a Irmã Elizabeth, a oração da fé é rezada. As coisas acontecem! Por exemplo, uma senhora que frequenta a nossa igreja de vez em quando ia ser submetida a uma grande cirurgia. Embora ela vivesse fora da cidade, eu disse-lhe que ligaria à Irmã Elizabeth e que rezaríamos pela sua doença por telefone. Rezámos e as suas dores desapareceram. A Irmã Elizabeth disse-lhe: "Não precisa de ser operada, está curada". Ela ficou com a cirurgia marcada até que o hospital ligou para cancelar a cirurgia e ela foi lá e remarcou-a. O hospital não efetuou mais testes pré-operatórios e avançou com a cirurgia. Após a cirurgia, foi informada de que não tinham encontrado nada de errado com ela, nem mesmo um vestígio da doença grave.

Outro milagre aconteceu com uma amiga minha que tem um filho pequeno. Ele estava doente, com febre e tinha adormecido. Telefonámos à Irmã Elizabeth e rezámos em alta voz. O rapazinho acordou de repente, levantou-se, correu normalmente e ficou curado. Muitas vezes orámos sobre casas com espíritos demoníacos e pudemos realmente sentir que algo tinha acontecido. Regozijamo-nos com o relato de que eles nos disseram que sentiram uma paz repentina ou que puderam ter uma boa noite de sono sem serem atormentados.

Sei que a minha fé aumentou desde que passei a fazer parte deste grupo de oração. A Irmã Elizabeth tem sido uma professora para mim de muitas maneiras. Ela deu-me orientação espiritual através da Palavra de Deus. A sua vida é um belo exemplo, mostrando as metáforas da Bíblia, onde se fala da "luz sobre o monte que não pode ser escondida" e também da "árvore plantada junto aos rios de água". As suas raízes estão profundamente enraizadas em Jesus e ela é capaz de fornecer aos outros a força e a sabedoria de que necessitam. Através das provações sombrias por que passei, sei que a Irmã Elizabeth orou por mim e estou grata pelo seu ministério. Ela é verdadeiramente a Joia deslumbrante escolhida em Cristo, sendo usada poderosamente para o Seu Reino. Todas as manhãs, bem cedo, ela traz aqueles vasos vazios diante de Jesus e Ele enche-os de novo. Os meus agradecimentos à Irmã Elizabeth por se entregar verdadeiramente, mas puramente, a Jesus e ao Seu Reino. A Deus seja a Glória!

Rhonda Callahan
Fort Worth, Texas 20 de maio de 2011

Em 2007, eu estava a conduzir pela cidade de Dallas ao longo de uma passagem superior e reparei num par de homens sem-abrigo a dormir debaixo de uma ponte. Senti compaixão e disse ao Senhor: "Senhor, se estivesses na Terra hoje, tocarias naqueles homens, curarias as suas mentes e os curarias! Eles tornar-se-iam homens produtivos da comunidade, vivendo vidas normais".... Imediatamente, Jesus falou ao meu coração e disse: "Tu és as minhas mãos e tu és os meus pés". Soube naquele momento o que Deus me estava a dizer. Comecei a chorar e a louvá-Lo. Eu tinha o poder de tocar naqueles homens e de os curar. Não pelo meu próprio poder, mas pelo Seu poder.

De acordo com Atos 1:8 "Mas recebereis poder, ao descer sobre vós o Espírito Santo, e ser-me-eis testemunhas, tanto em Jerusalém, como em toda a Judeia, e Samaria, e até aos confins da terra."

Além disso, Efésios 1:13-14 diz-nos;

"Em quem também vós confiastes, depois que ouvistes a palavra da verdade, o evangelho da vossa salvação; em quem também, depois que crestes, fostes selados com o santo Espírito da promessa, que é o penhor da nossa herança, até à redenção da possessão adquirida, para louvor da sua glória."

Eu tinha recebido o poder e sido selado em 1986, quando Deus gloriosamente me batizou com o Espírito Santo. Muitas vezes temos a mentalidade de que se Deus estivesse aqui hoje, milagres aconteceriam entre nós. Temos de compreender que quando Ele nos enche com o Seu

Espírito Santo. Ele dá-nos poder para fazer milagres. Tornamo-nos as Suas mãos e pés, somos chamados a pregar esta maravilhosa mensagem a todos os que precisam.

Lucas 4:18

"O Espírito do Senhor está sobre mim, porque ele me ungiu para pregar o evangelho aos pobres; enviou-me a curar os quebrantados de coração, a pregar libertação aos cativos, e restauração da vista aos cegos, a pôr em liberdade os que estão feridos, a pregar o ano aceitável do Senhor".

Apesar de ter sido cheio do Espírito Santo desde 1986, tinha sofrido alguns golpes duros nos últimos anos. Frequentava a igreja fielmente; era professor da escola dominical e tinha acabado de completar 4 anos de faculdade bíblica. Oferecia-me como voluntário para fazer tudo o que me era pedido na igreja.

No entanto, eu tinha-me tornado extremamente oprimida. Eu ainda acreditava que Deus era capaz de fazer tudo o que havia prometido, mas eu era um vaso quebrado. Houve um tempo em que eu trabalhava diante do Senhor em oração e intercessão, lia a minha Bíblia todos os dias, testemunhava sempre que podia, mas agora eu não orava muito. Desanimada e deprimida, sentia-me sobrecarregada por um constante tormento mental. A minha filha tinha deixado recentemente o marido e tinha pedido o divórcio. Na altura, o meu neto tinha 4 anos e eu via a dor que ele estava a sofrer devido a um lar desfeito. Fiquei cada vez mais atormentada com os pensamentos sobre a vida que ele teria se fosse criado num lar desfeito. Preocupava-me a possibilidade de ser maltratado por um padrasto que não o amava, ou a possibilidade de crescer sem se sentir amado pelo pai ou pela mãe por causa do divórcio. A minha mente estava cheia de pensamentos terríveis e eu chorava todos os dias. Exprimi estes pensamentos a alguns amigos próximos. Eles respondiam sempre da mesma maneira... Confia em Deus! Eu sabia que Deus era capaz, mas tinha perdido a fé em mim próprio. Quando rezava, dava por mim a implorar, a chorar e a desejar que Deus o mantivesse em segurança. Eu sabia que Ele podia, mas será que o faria por mim?

Eu lutava para comer e precisava constantemente de me empanturrar. A minha carne tinha-se tornado a soberana da minha vida. Já não andava no espírito, mas andava mais na carne e satisfazia continuamente a concupiscência da carne ou, pelo menos, era assim que me sentia.

No dia 27 de março de 2011, tivemos um almoço da Associação de Senhoras depois da igreja. Pediram-me para falar. Lembrem-se que eu ainda estava a trabalhar na igreja normalmente, mas estava quebrada e poucos ou nenhuns compreendiam a profundidade do meu quebrantamento. Depois do almoço, a Irmã Elizabeth Das aproximou-se de mim com um sorriso doce e deu-me o seu número de telefone. Disse-me: "Liga-me se alguma vez precisares de um lugar para ir depois da igreja, podes ficar em minha casa". A razão pela qual ela me disse que eu podia ficar com ela foi porque, para mim, são 65 quilómetros de carro até à igreja e é muito difícil ir para casa e voltar para a cerimónia da noite, por isso tentei ficar até à cerimónia da noite em vez de conduzir de volta para casa entre as cerimónias.

Tinham passado cerca de duas semanas e eu sentia-me mais deprimida. Uma manhã, a caminho do trabalho, procurei na minha carteira o número da Irmã Isabel. Telefonei-lhe e pedi-lhe que rezasse por mim.

Esperava que ela dissesse ok e terminasse o telefonema. Mas, para minha surpresa, ela disse: "Vou rezar por ti agora". Encostei o carro na berma da estrada e ela rezou por mim.

Na semana seguinte, depois da missa, fui para casa com ela. Depois de conversarmos um pouco, ela pediu para rezar por mim. Pôs as mãos sobre a minha cabeça e começou a rezar. Com poder e autoridade na sua voz, ela orou para que Deus me libertasse. Ela repreendeu as trevas que me rodeavam; comer demais, tormento mental, depressão e opressão.

Sei que naquele dia Deus usou aquelas mãos para me libertar da terrível opressão que sofria. No momento em que a irmã Elizabeth se entregou a Deus, Ele libertou-me!

Marcos 16:17-18 diz-nos: "E estes sinais seguirão aos que crerem: Em meu nome expulsarão demónios; falarão novas línguas; pegarão em serpentes; e, se beberem alguma coisa mortífera, não lhes fará dano algum; porão as mãos sobre os enfermos, e eles sararão".

Isaías 61:1 "O Espírito do Senhor Deus está sobre mim, porque o Senhor me ungiu para pregar boas novas aos mansos; enviou-me a restaurar os quebrantados de coração, a proclamar liberdade aos cativos, e a abertura de prisão aos presos".

Jesus precisa de nós para sermos as Suas mãos e os Seus pés. A irmã. Elizabeth é uma verdadeira serva de Deus. Está cheia do Seu poder e é obediente à Sua voz. Estou tão grata por existirem mulheres como a Irmã Elizabeth a andar entre nós, que ainda acreditam no poder libertador do precioso poder de Jesus. Elizabeth a caminhar entre nós, que ainda acreditam no poder libertador do precioso sangue de Jesus, que foram ungidas pelo Seu Espírito e que estão a cumprir o maravilhoso chamamento que Ele lhe deu. Naquele dia, Deus transformou a minha dor em beleza e removeu o espírito de tristeza, substituindo-o pelo óleo da alegria.

Isaías 61:3 "Para ordenar aos que choram em Sião que lhes deem formosura em vez de cinza, óleo de alegria em vez de pranto, veste de louvor em vez de espírito angustiado, a fim de que se chamem árvores de justiça, plantação do Senhor, para que ele seja glorificado".

Desafio-vos hoje: procurai Deus de todo o coração, para que possais andar na plenitude do Seu poder. Ele precisa que partilheis Jesus com os outros e que sejais as Suas mãos e os Seus pés. Amém!

Vicky Franzen
Josephine Texas

O meu nome é Vicki Franzen, frequentei a Igreja Católica durante a maior parte da minha vida adulta; no entanto, sempre senti que faltava alguma coisa. Há alguns anos, comecei a ouvir um programa de rádio que ensinava sobre o Fim dos Tempos. Muitas perguntas que eu tinha durante toda a minha vida foram respondidas. Isso levou-me a uma igreja apostólica para continuar a minha busca pela verdade. Lá, fui batizada em nome de Jesus e recebi o batismo do Espírito Santo, com a evidência de falar em línguas, como descrito no livro de Atos.

Nos quatro anos seguintes, parecia que a capacidade de falar em línguas já não estava disponível para mim; apesar de frequentar a igreja regularmente, orar, estudar e estar envolvido em diferentes ministérios. Sentia-me muito "seca" e sem o Espírito Santo. Outro membro da minha igreja disse-me que quando a Irmã Liz lhe impôs as mãos e rezou, "algo" saiu dela; fazendo-a sentir-se completamente livre da opressão, depressão, etc.

Várias senhoras da nossa igreja estavam reunidas para almoçar, o que me deu a oportunidade de conhecer a Irmã Isabel. Começámos a conversar sobre os demónios e o mundo espiritual. Eu sempre tive muita curiosidade sobre este assunto, mas nunca tinha ouvido um ensinamento sobre ele. Trocámos números de telefone e começámos um estudo bíblico em casa dela. Perguntei-lhe como é que uma pessoa que tinha sido batizada em nome de Jesus e batizada com o Espírito Santo podia ter um demónio. Ela disse-me que é preciso viver uma vida santa e justa, orando, jejuando, lendo a palavra de Deus e permanecendo cheio do Espírito Santo, falando em línguas todos os dias. Nessa altura, partilhei a minha experiência de me sentir seca e de não conseguir falar em línguas. Ela impôs as mãos sobre mim e orou. Senti-me bem, mas muito cansado. Liz explicou que quando um espírito mau sai do corpo, deixa-nos cansados e esgotados. Ela continuou a orar por mim e eu comecei a falar em línguas. Eu estava tão excitado e cheio de alegria. O facto de ser capaz de falar em línguas fez-me saber que ainda tinha o Espírito Santo.

Liz e eu tornámo-nos boas amigas, rezando juntas. A Irmã Elizabeth tem um espírito tão doce e gentil, mas quando reza, Deus unge-a com uma ousadia divina para curar os doentes e expulsar demónios. Ela reza com autoridade e quase sempre vê a resposta imediatamente. Deus deu-lhe um talento para ensinar as Escrituras que torna o seu significado muito claro para mim.

Elizabeth Das

Estava a contar à Liz sobre a filha da minha amiga Valerie, Mary. Foi-lhe diagnosticada DDA e DPOC. Também tinha rutura de discos que estavam a tentar tratar sem cirurgia. Estava constantemente no hospital com vários problemas físicos. Estava a tomar muitos medicamentos diferentes sem bons resultados. Mary estava tão incapacitada que não podia trabalhar; e tinha quatro filhos para cuidar sem qualquer apoio do seu ex-marido.

A Irmã Liz começou a dizer-me que algumas dessas coisas são demónios e que podem ser expulsas em nome de Jesus. Eu tinha algumas dúvidas sobre isso, simplesmente porque nunca tinha ouvido falar dessa doença em particular como sendo causada por demónios. Quando a minha amiga, a sogra dela e eu nos sentámos para tomar café recentemente, elas começaram a contar-me como a Maria falava com elas de forma viscosa. Ela gritava, berrava e amaldiçoava-as. Elas sabiam que ela tinha sentido muitas dores nas costas e fortes dores de cabeça que os medicamentos não pareciam aliviar; no entanto, isto era diferente. Falaram de como os seus olhos eram por vezes odiosos e de como isso os assustava.

Alguns dias depois, a minha amiga telefonou a dizer que não aguentava mais! As descrições de como a sua filha estava a agir começaram a confirmar as coisas que a Sis. Liz me estava a contar sobre os Demónios. Tudo o que ela me dizia, Deus confirmava através de outros. O estado da Mary estava a piorar e ela começou a falar em acabar com a sua vida. Começámos a rezar de comum acordo para expulsar os demónios da Mary e da sua casa. Deus acordou a Irmã Liz duas noites seguidas para interceder pela Mary. Liz pediu especificamente a Deus que mostrasse a Mary o que se estava a passar ali.

Quando Maria estava a rezar durante a noite, teve uma visão de que o seu marido (que a tinha deixado e estava a viver com outra mulher) estava em sua casa. Ela pensou que a visão era a resposta de Deus à sua oração de que ele voltaria para casa no Natal. A Irmã Liz disse-me que suspeitava que estavam a ser usadas bruxarias contra a Mary. Provavelmente pelo seu ex-marido ou pela mulher com quem ele estava a viver. Eu não compreendia como é que ela podia saber isso. Não partilhei com ninguém as coisas que a Liz me disse. Passados alguns dias, Valerie disse-me que a sua filha, Mary, estava a receber mensagens de texto estranhas e feias da mulher que vivia com o seu ex-marido. Mary sabia que a linguagem era definitivamente usada para bruxaria. Isto foi uma confirmação do que a Irmã Liz me tinha dito.

Nos últimos meses, depois de sabermos do estado de saúde de Mary, tentámos ir rezar por ela. Mas nunca deu certo. A Irmã Liz disse: "mesmo que não consigamos ir a casa dela, Deus irá e tomará conta da situação".

Tendo Jesus entrado em Cafarnaum, aproximou-se dele um centurião, que lhe rogava e dizia: Senhor, o meu servo jaz em casa, paralítico e atormentado. Disse-lhe Jesus: Eu irei e curá-lo-ei. Respondeu o centurião: Senhor, não sou digno de que entres debaixo do meu telhado; mas dize somente uma palavra, e o meu criado sarará. Porque eu sou homem sujeito a autoridade, e tenho soldados debaixo de mim; e digo a este: Vai, e ele vai; e a outro: Vem, e ele vem; e ao meu servo: Faze isto, e ele faz. Quando Jesus ouviu isto, admirou-se e disse aos que o seguiam: Em verdade vos digo que nunca encontrei tamanha fé, nem em Israel. (Mateus 8: 5-10)

Dois dias depois de termos orado para expulsar demónios da Maria e da sua casa, ela relatou à sua mãe que estava a dormir melhor e que não tinha mais sonhos. Esta é uma das muitas coisas que a Sis. Liz me disse, que quando se tem muitos sonhos e noites de maré, pode ser uma indicação de espíritos malignos em casa. No dia seguinte, uma colega de trabalho de Valerie contou-lhe um sonho que tivera na noite anterior. Uma cobra preta e achatada estava a rastejar para longe da casa de Maria. Nesse dia, Maria telefonou à sua mãe para lhe dizer que se sentia muito feliz e alegre. Tinha ido às compras com os seus gémeos de 15 meses, o que já não fazia há muito tempo. Esta foi mais uma confirmação de que o DDA, o TDAH, a Bipolaridade e a Esquizofrenia são ataques do inimigo. Nós temos poder sobre escorpiões e serpentes (todos estes são espíritos malignos mencionados na Bíblia) que só podemos expulsar em nome de Jesus.

Eis que vos dou poder para pisar serpentes e escorpiões, e toda a força do inimigo, e nada vos fará dano algum. Lucas 10:19

A irmã Liz também me disse que devemos ungir diariamente a nossa família, o nosso lar e a nós próprios com azeite abençoado contra os ataques do inimigo. Devemos também deixar que a palavra de Deus permeie nosso lar.

Esta experiência ajudou-me a ver algumas situações que são definitivamente controladas por demónios, tal como se diz na Bíblia.

Porque não temos de lutar contra a carne e o sangue, mas sim contra os principados, contra as potestades, contra os príncipes das trevas deste século, contra as hostes espirituais da maldade, nos lugares celestiais. (Efésios 6:12)

Só posso falar por mim. Cresci a acreditar que os milagres, o falar em línguas, a cura dos doentes e a expulsão de demónios eram apenas para os tempos bíblicos, quando Jesus e os seus apóstolos estavam na terra. Nunca pensei muito sobre a possessão demoníaca nos dias de hoje. Agora sei e compreendo: ainda estamos nos tempos bíblicos! A Sua Palavra foi sempre para o presente. O "presente" foi ontem, o "presente" é agora, e o "presente" será amanhã!

Jesus Cristo é o mesmo ontem, e hoje, e eternamente. (Hebreus 13:8)

Satanás conseguiu enganar e desviar-nos do poder que Deus deu à Sua Igreja. A Igreja de Deus são aqueles que se arrependem, são batizados em nome de Jesus e recebem o dom do Espírito Santo, com a evidência de falar em línguas. Eles então receberão poder do alto.

Mas recebereis poder, ao descer sobre vós o Espírito Santo, e ser-me-eis testemunhas, tanto em Jerusalém, como em toda a Judeia, e em Samaria, e até aos confins da terra. (Atos 1:8)

E o meu discurso e a minha pregação não foram com palavras sedutoras de sabedoria humana, mas em demonstração do Espírito e de poder (1 Coríntios 2:4)

Eu Fi-Lo à "Sua Maneira"

Porque o nosso evangelho não chegou até vós somente em palavras, mas também em poder, e no Espírito Santo, e em muita certeza; pois bem sabeis que tipo de homens fomos entre vós por amor de vós.
(1 Tessalonicenses 1:5)

A Palavra de Deus é para nós AGORA!

Elizabeth Das

SECÇÃO II

I Nunca pensei em incluir esta segunda parte no meu livro. No entanto, dediquei algum tempo e acrescentei esta parte porque muitas pessoas pediram essa informação. Desde que comecei a dar estudos bíblicos a diferentes nacionalidades, deparámo-nos com mudanças nas Bíblias modernas. Comecei a investigar a fundo a história e encontrei algumas informações muito chocantes. Tendo esta informação, creio que é minha responsabilidade dar a conhecer esta verdade aos meus irmãos e irmãs e travar o inimigo para que ele não continue a enganar as pessoas.

Elizabeth Das

A.
LÍNGUAS QUE DEUS USOU

Ao longo dos séculos, a Bíblia tem sido traduzida de muitas maneiras diferentes e, mais notavelmente, em diferentes línguas. Ao longo da história, vemos quatro línguas principais em que a Bíblia foi traduzida: primeiro, o hebraico, depois o grego, seguido do latim e, finalmente, do inglês. Os parágrafos seguintes apresentam sucintamente estas diferentes fases.

Desde cerca de 2000 a.C., o tempo de Abraão, até aproximadamente 70 d.C., altura da destruição do segundo templo em Jerusalém, Deus escolheu falar ao Seu povo através das línguas semíticas, principalmente o hebraico. Foi através desta língua que foi mostrado o caminho ao seu povo escolhido, e também que eles estavam de facto a precisar de um Salvador para os corrigir quando pecavam.

À medida que o mundo avançava, surgiu uma superpotência, cuja principal forma de comunicação era através da língua grega. O grego foi uma língua proeminente durante três séculos, e foi uma escolha lógica de Deus. Foi através do grego que Deus escolheu comunicar o Novo Testamento; e como a história prova, espalhou-se como um incêndio. Apercebendo-se da ameaça eminente que seria um texto escrito na língua das massas, Satanás decidiu destruir a credibilidade e da Bíblia. Esta Bíblia "falsa" foi escrita em grego, mas teve origem em Alexandria, no Egipto; o Antigo Testamento era designado por "Septuaginta" e o Novo Testamento por "Texto de Alexandria". A informação foi pervertida pelas ideias do homem e suprimiu muitas das palavras de Deus. É também evidente que hoje em dia estes apócrifos (que em grego significa "escondido", nunca foram considerados como a palavra de Deus) se infiltraram na nossa Bíblia moderna.

Por volta de 120 d.C., o latim tinha-se tornado uma língua comum e a Bíblia foi novamente traduzida em 1500. Como o latim era uma língua muito falada na altura, a Bíblia era facilmente lida em toda a Europa. Na altura, o latim era considerado uma língua "internacional". Isto permitiu que a Bíblia viajasse pelos países e fosse traduzida para dialetos regionais. Esta versão inicial foi chamada de Vulgata, que significa "Bíblia comum". O Diabo respondeu a esta ameaça criando um livro irmão em Roma. Os romanos afirmavam que a sua Bíblia, que estava cheia de "livros descartados" dos apócrifos e de textos que pretendiam assemelhar-se à Bíblia verdadeira, era de facto a Bíblia verdadeira. Nesta altura, temos duas Bíblias dramaticamente diferentes uma da outra; para proteger a sua falsa Bíblia, o Diabo teve de destruir os textos verdadeiros. Os católicos romanos enviaram mercenários para aniquilar e martirizar aqueles que estavam na posse da verdadeira Vulgata Latina. Os mercenários foram bem-sucedidos na maior parte do tempo, mas acabaram por não conseguir erradicá-la completamente, e a palavra de Deus foi preservada.

Entre os anos 600 e 700 d.C., desenvolveu-se uma nova língua mundial, o inglês. Deus começou a lançar as bases que depois despoletaram um movimento missionário maciço. Primeiro, William Tyndale, nos anos 1500, começou a traduzir os textos originais hebraicos e gregos para a nova língua. Muitos, depois dele, tentaram fazer o mesmo, esforçando-se por igualar os textos hebraicos e gregos anteriores. Entre estas pessoas estava o rei Jaime VI que, em 1604, encarregou um conselho de produzir a versão inglesa mais exata dos textos. Em 1611, estava em circulação uma versão autorizada, vulgarmente conhecida como a Bíblia do Rei Jaime. Os missionários começaram a traduzir a partir desta Bíblia para todo o mundo.

O ataque contínuo de Satanás à Palavra de Deus:

Agora estamos a enfrentar outro ataque do diabo. A Bíblia publicada em 2011, alegando ser a KJV de 1611, inseriu os Apócrifos, que nunca foram considerados a Palavra de Deus. Os Apócrifos foram removidos da KJV pelos Estudiosos Autorizados sabendo do facto de não ser a palavra de Deus.

Satanás nunca desiste!

Eu Fi-Lo à "Sua Maneira"

B.
COMO É QUE DEUS PRESERVOU A SUA PALAVRA?

Deus dá a maior importância à Sua palavra escrita, o que é muito claro.

As palavras do Senhor são palavras puras, como prata provada em forno de barro, purificada sete vezes. Tu as guardarás, Senhor, tu as guardarás desta geração para sempre (Salmos 12:6-7)

A Palavra de Deus está acima de todos os nomes:

*"No teu santo templo adorarei, e louvarei o teu nome pela tua benignidade e pela tua verdade; <u>**porque engrandeceste a tua palavra acima de todo o teu nome**</u>." (Salmos 138:2)*

O Senhor também nos advertiu sobre a visão que tem de Sua palavra. Ele deu sérias advertências àqueles que corromperiam as Escrituras. Deus advertiu contra o acréscimo à Sua palavra:

<u>**Toda a palavra de Deus é pura**</u>; *ele é um escudo para os que nele confiam. Não acrescentes nada às suas palavras, para que ele não te repreenda, e tu sejas achado mentiroso. (Provérbio 30:5-6)*

Deus tem preservado as Suas Palavras para todas as gerações, sem falhar!

Muitos homens devotos tentavam heroicamente conter a maré crescente de apostasia e descrença; devido, em parte, à diluição da autoridade da Palavra de Deus. Durante a Idade Média, a Igreja Católica controlava o povo fazendo com que a Bíblia fosse escrita apenas em latim. As pessoas comuns não sabiam ler ou falar latim.

Por volta do ano 400 d.C., a Bíblia foi traduzida para 500 línguas a partir dos manuscritos originais que eram verdadeiros. Para controlar as pessoas, a Igreja Católica fez uma lei severa, segundo a qual a Bíblia só podia ser escrita e lida em latim. Esta versão latina não foi traduzida a partir dos manuscritos originais.

John Wycliffe:

John Wycliffe era conhecido como pastor, acadêmico, professor de Oxford e teólogo. Em 1371, J. W. começou a escrever à mão os manuscritos em inglês, com a ajuda de muitos escribas e seguidores fiéis. O primeiro manuscrito da Bíblia de Wycliffe em língua inglesa foi traduzido da Vulgata Latina. Isto ajudaria a pôr fim aos falsos ensinamentos da Igreja Católica Romana. Para escrever e distribuir apenas um exemplar da Bíblia, foram necessários dez meses e um custo de quarenta libras. A mão de Deus estava sobre Wycliffe. A Igreja Católica Romana enfureceu-se contra o Sr. Wycliffe. Os seus muitos e importantes amigos ajudaram-no a não ser prejudicado. Embora a Igreja Católica tenha feito tudo o que estava ao seu alcance para recolher e queimar todos os exemplares, isso não deteve Wycliffe. Ele nunca desistiu, porque sabia que o seu trabalho não era em vão. A Igreja Católica não conseguiu obter todos os exemplares. Restaram cento e setenta exemplares. A Deus seja dada a glória!

A Igreja Católica Romana continuou com a sua ira. Quarenta e quatro anos após a morte de John Wycliffe, o Papa ordenou que os seus ossos fossem desenterrados, esmagados e atirados ao rio. Cerca de cem anos após a morte de J. Wycliffe, a Europa começou a aprender grego.

John Hus:

Um dos seguidores de John Wycliffe, John Hus, continuou o trabalho que Wycliffe tinha iniciado; também ele se opunha aos falsos ensinamentos. A Igreja Católica estava determinada a impedir qualquer mudança que não fosse a sua, ameaçando de execução quem lesse uma Bíblia que não fosse latina. A ideia de Wycliffe, de que a Bíblia deveria ser traduzida para a sua própria língua, não surtiu efeito. John Hus foi queimado na fogueira em 1415, juntamente com o manuscrito de Wycliffe, que foi utilizado para atear o fogo. As suas últimas palavras foram: "Dentro de 100 anos, Deus levantará um homem cujos apelos à reforma não poderão ser suprimidos!". Em 1517, a sua profecia tornou-se realidade, quando Martinho Lutero publicou a sua famosa Tese de Contenção sobre a Igreja Católica em Wittenberg. No mesmo ano, o livro de Fox sobre os mártires regista que a Igreja Católica Romana queimou 7 pessoas na fogueira pelo crime de "ensinar os seus filhos a rezar a oração do Senhor em inglês em vez de latim".

Johannes Guttenberg:

O primeiro livro a ser impresso na imprensa foi a Bíblia em língua latina, inventada por Johannes Guttenberg em 1440.

Esta invenção permitiu a impressão de um grande número de livros num período de tempo muito curto. Este facto viria a revelar-se um instrumento vital para fazer avançar a Reforma Protestante.

Dr. Thomas Linacre:

O Dr. Thomas Linacre, um professor de Oxford, decidiu aprender grego na década de 1490. Leu e terminou a Bíblia na língua grega original. Depois de terminar os seus estudos, afirmou: "Ou isto não é o Evangelho ou não somos cristãos".

As versões católicas romanas da Vulgata Latina tinham-se corrompido de tal forma que a verdade foi escondida. A Igreja Católica continuou a tentar impor a sua lei rigorosa e dura, exigindo que as pessoas lessem a Bíblia apenas na língua latina.

John Colet:

Em 1496, John Colet, outro professor de Oxford, começou a traduzir a Bíblia do grego para o inglês para os seus alunos e, mais tarde, para o público na Catedral de S. Paulo, em Londres. Paul, em Londres. No espaço de seis meses, rebentou um reavivamento e mais de 40.000 pessoas assistiram ao seu culto. Incentivou as pessoas a lutarem por Cristo e a não se envolverem em guerras religiosas. Tendo muitos amigos em posições de destaque, escapou à execução.

Desiderius Erasmus, 1466-1536:

O Sr. Desiderius Erasmus, um grande académico, observou os acontecimentos de Colet e Linacre. Ficou impressionado ao converter a Vulgata Latina de volta à verdade. A conversão foi efetuada com a ajuda do Sr. J. Froben, que imprimiu e publicou o manuscrito em 1516.

Erasmo queria que todos soubessem o quão corrompida a Vulgata Latina havia se tornado. Encorajou-os a concentrarem-se na verdade. Sublinhou o facto de que a utilização dos manuscritos originais, em grego e hebraico, manteria a pessoa no caminho certo para continuar em fidelidade e liberdade.

Uma das citações mais famosas e divertidas do famoso académico e tradutor Erasmo foi,

> *"Quando tenho um pouco de dinheiro, compro livros; e se sobra algum, compro comida e roupa".*

A Igreja Católica continuou a atacar quem quer que fosse encontrado a participar em qualquer tradução da Bíblia que não fosse a latina.

William Tyndale (1494-1536):

O Sr. William Tyndale nasceu em 1494 e morreu aos 42 anos de idade. Tyndale não era apenas o capitão do exército dos reformadores, mas também era conhecido como o seu líder espiritual. Era um grande homem de integridade e respeito. O Sr. Tyndale frequentou a

Universidade de Oxford, onde estudou e cresceu. Depois de receber o grau de mestre aos vinte e um anos de idade, partiu para Londres.

Tinha o dom de falar muitas línguas: hebraico, grego, espanhol, alemão, latim, francês, italiano e inglês. Um dos colaboradores do Sr. Tyndale disse que quando alguém o ouvia falar uma destas línguas, pensava que ele estava a falar na sua língua materna. Ele usou essas línguas para abençoar os outros. Ele traduziu o Novo Testamento grego para o inglês. Surpreendentemente, foi o primeiro homem a imprimir a Bíblia em inglês. Sem dúvida, este dom permitiu-lhe escapar com sucesso às autoridades durante os anos de exílio em Inglaterra. Por fim, o Sr. Tyndale foi apanhado e preso pelo crime de heresia e traição. Em outubro de 1536, após um julgamento injusto e quinhentos dias numa prisão com condições miseráveis, Tyndale foi queimado na fogueira. Há registos de que a Tyndale House Publishers é uma empresa moderna que tem o nome deste herói extraordinário.

Martinho Lutero:

A Igreja Católica Romana tinha governado durante demasiado tempo e Martinho Lutero não tolerava a corrupção no seio da Igreja. Estava farto dos falsos ensinamentos que eram impostos ao povo. No Dia das Bruxas de 1517, não teve dúvidas ao afixar as suas 95 Teses de Contenção na igreja de Wittenberg. O conselho da Dieta de Worms, formado pela Igreja, planeou martirizar Martinho Lutero. A Igreja Católica temia a eventual perda de poder e de rendimentos. Deixaria de poder vender indulgências pelos pecados ou a libertação de entes queridos do "purgatório", uma doutrina inventada pela Igreja Católica.

Martinho Lutero teve um avanço sobre Tyndale e, em setembro de 1522, publicou a sua primeira tradução do Novo Testamento greco-latino de Erasmo para alemão. Tyndale queria usar o mesmo texto original. Iniciou o processo e foi aterrorizado pelas autoridades. Deixou a Inglaterra em 1525 e foi para a Alemanha, onde trabalhou ao lado de Martinho Lutero. No final do ano, o Novo Testamento foi traduzido para a língua inglesa. Em 1526, o Novo Testamento de Tyndale tornou-se a primeira edição das Escrituras a ser impressa em língua inglesa. Isso foi bom! Se as pessoas pudessem ter acesso à leitura da Bíblia na sua própria língua, a Igreja Católica deixaria de ter poder ou domínio sobre elas. A escuridão do medo que controlava o povo deixaria de ser uma ameaça. O público poderia desafiar a autoridade da igreja por qualquer mentira revelada.

A liberdade tinha finalmente chegado; a salvação era livre para todos através da fé e não das obras. Será sempre a Palavra de Deus que é verdadeira, não a do homem. A Palavra de Deus é verdadeira e a Verdade libertar-vos-á.

Rei James VI:

Em 1603, quando Tiago VI se tornou rei, havia um projeto pendente de uma nova tradução da Bíblia. A razão para a nova tradução foi o facto de a Grande Bíblia, a Bíblia deMateus, a Bíblia do Bispo, a Bíblia de Genebra e a Bíblia de Coverdale, em uso, estarem corrompidas. Na Conferência de Hampton Court, o Rei Tiago aprovou a tradução da Bíblia. Quarenta e sete estudiosos da Bíblia, teólogos e linguistas foram cuidadosamente escolhidos para esta grande obra de tradução. Os tradutores foram divididos em seis grupos e trabalharam nas Universidades de Westminster, Cambridge e Oxford. Os diferentes livros da Bíblia foram atribuídos a estes académicos hebreus, gregos, latinos e ingleses. Para que a tradução se efetuasse, era necessário seguir determinadas diretrizes. A tradução da Bíblia Sagrada a partir das línguas originais ficou concluída em 1611 e espalhou-se por todo o mundo.

Eu Fi-Lo à "Sua Maneira"

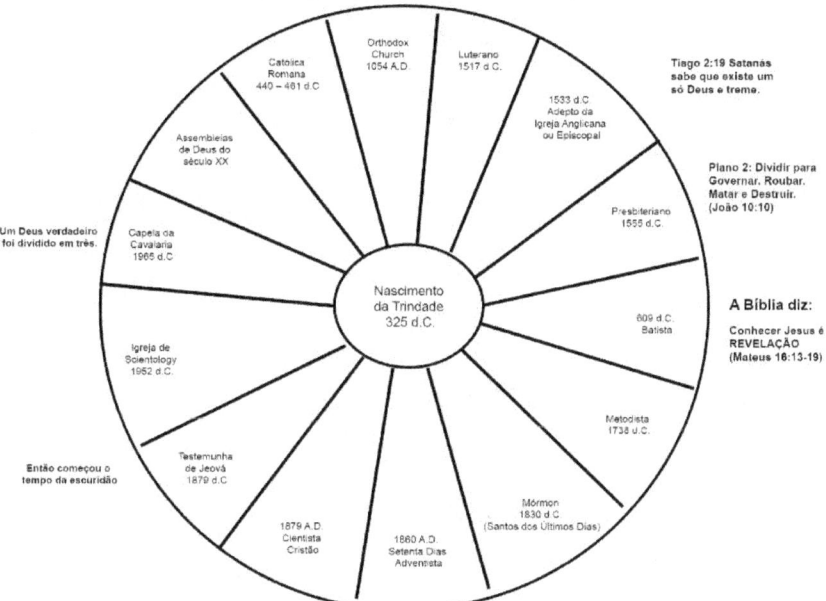

COMO RESULTADO, TEMOS MUITAS DENOMINAÇÕES.

C.

TRADUÇÕES DA BÍBLIA DO NOSSO TEMPO:

A verdade sobre as diferentes versões da Bíblia: A Palavra de Deus é a autoridade final para a nossa vida. Atualmente, existem muitas traduções diferentes da Bíblia para além da versão King James (KJV). Os verdadeiros seguidores de Cristo gostariam de saber se todas as versões da Bíblia estão corretas ou não. Procuremos a verdade em todas estas diferentes versões da Bíblia. Temos a NIV, a NKJV, a Bíblia Católica, a Bíblia Latina, a American Standard Version, a Revised Standard Version, a English Standard Version, a New American Standard Version, a International Standard Version, a Bíblia Grega e Hebraica, e a Bíblia da Tradução do Novo Mundo (Testemunha de Jeová), etc. Além disso, há muitas outras Bíblias traduzidas em diferentes épocas e eras por muitos estudiosos diferentes. Como é que sabemos que todas estas diferentes versões estão corretas ou foram corrompidas? Se foram corrompidas, como e quando é que isso aconteceu?

Vamos começar a nossa viagem através destas muitas variações para encontrar a verdade:

O que é preciso saber é poder determinar qual é a versão verdadeira:

Eu Fi-Lo à "Sua Maneira"

A recente descoberta da Escritura Original de Alexandria tem uma linha, linhas ou traços sobre palavras e escrituras. Isto significava omitir essas palavras e versículos específicos da sua tradução. Encontraram estas linhas sobre palavras como: Santo, Cristo e Espírito, juntamente com muitas outras palavras e versículos. Os escribas que tinham a tarefa de editar esses manuscritos não acreditavam no Senhor Jesus Cristo como o Messias (Salvador). Quem fez a edição removeu e alterou muitas palavras e escrituras. Este manuscrito foi recentemente descoberto em Alexandria, no Egipto.

Esta é uma prova maravilhosa de que a Bíblia foi alterada e corrompida em Alexandria pelos seus corruptos líderes religiosos e políticos.

A versão King James da Bíblia diz:

Toda a Escritura é inspirada por Deus e proveitosa para ensinar, para repreender, para corrigir, para instruir em justiça:
(2 Tim 3:16 KJV)

Sabendo primeiramente isto: que nenhuma profecia da Escritura é de particular interpretação. Porque a profecia não veio outrora por vontade de homem algum, mas os homens santos de Deus falaram movidos pelo Espírito Santo. (2 Pedro 1: 20-21)

Esta verdadeira palavra de Deus escrita pelo único Deus.

A Palavra de Deus é eterna:

Porque em verdade vos digo que, até que o céu e a terra passem, nem um jota ou um til se omitirá da lei, até que tudo seja cumprido.
(Mateus 5:18)

E é mais fácil passar o céu e a terra do que falhar um til da lei.
(Lucas 16:17)

Não acrescenteis nem diminuais a Palavra de Deus:

A Palavra de Deus não pode ser subtraída, acrescentada ou deturpada:

Porque eu testifico a todo aquele que ouvir as palavras da profecia deste livro: Se alguém acrescentar alguma coisa a estas coisas, Deus lhe acrescentará as pragas que estão escritas neste livro: E, se alguém tirar qualquer coisa das palavras do livro desta profecia, Deus tirará a sua parte do livro da vida, e da cidade santa, e das coisas que estão escritas neste livro. (Apocalipse 22:18-19)

Não acrescentareis nada à palavra que vos mando, nem diminuireis nada dela, para que guardeis os mandamentos do Senhor vosso Deus, que eu vos mando. (Deuteronómio 4:2)

A Palavra de Deus é viva e mais afiada do que uma espada de dois gumes:

Toda a palavra de Deus é __pura;__ ele é um escudo para os que nele confiam. (Provérbio 30:5)

O Salmo 119 diz-nos que a Palavra de Deus nos ajuda a permanecer puros e a crescer na fé. A Palavra de Deus é o único guia para viver uma vida pura.

A tua palavra é __lâmpada__ para os meus pés e __luz__ para o meu caminho.(Salmos 119:105)

Tendo nascido de novo, não de semente corruptível, mas de incorruptível, pela __palavra de Deus__, que vive e permanece para sempre. (1 Pedro 1:23)

Das muitas versões inglesas disponíveis atualmente, apenas a versão King James (1611) segue sem falta o texto hebraico massorético tradicional superior. Este método meticuloso foi usado pelos Masoritas para fazer cópias do Antigo Testamento. Uma prova fiável da promessa de Deus de preservar a Sua Palavra, que nunca falhou.

Deus vai preservar a Sua Palavra:

Eu Fi-Lo à "Sua Maneira"

*As palavras do Senhor são **palavras puras**, como prata provada em forno de barro, purificada sete vezes. Tu as guardarás, Senhor, **tu as guardarás desta geração para sempre**. (Salmos 12:6, 7)*

A tecnologia atual provou a exatidão e a veracidade da Bíblia King James Version.

O Journal of Royal Statistical Society and Statistical Science é uma nova agência de investigação:

Estudiosos hebreus, dois matemáticos de Harvard e dois de Yale, utilizaram estas duas técnicas científicas estatísticas e ficaram espantados com a exatidão da Bíblia KJV. Fizeram um estudo informático utilizando a sequência equidistante de letras. Introduziram um nome dos primeiros cinco livros (Torah) da Bíblia KJV e, ao introduzirem esse nome, o teste da sequência equidistante de letras foi capaz de preencher automaticamente a data de nascimento e de morte dessa pessoa e a cidade onde nasceu e morreu. Este foi o relatório mais exato. O teste identificou pessoas que viveram no início do século com facilidade e resultados exatos. Tratava-se de testes simples, mas os resultados eram muito exatos.

A mesma técnica falhou quando colocaram os nomes usados na NIV, New American Standard Version, The Living Bible e outras línguas e traduções destas versões. Este método prova a inexatidão das cópias corrompidas da Bíblia.

Tentaram a mesma análise matemática para o Pentateuco Samaritano, bem como para a Versão de Alexandria e também não funcionou.

O Livro do Apocalipse diz-nos isso mesmo:

E, se alguém tirar qualquer coisa das palavras do livro desta profecia, Deus tirará a sua parte do livro da vida, e da cidade santa, e das coisas que estão escritas neste livro. (Apocalipse 22:19)

Com este estudo, chegaram à conclusão de que a Bíblia KJV é a Bíblia mais verdadeira que temos atualmente.

Um Texto Grego baseado no Texto Massorético e no Textus Receptus: (significa simplesmente textos recebidos por todos) que foi originalmente escrito está subjacente à Bíblia KJV. Mais de cinco mil manuscritos concordam 99% com a Bíblia KJV.

A Bíblia KJV é do domínio público e não necessita de autorização para ser utilizada na tradução.

As versões modernas da Bíblia não usam o Texto Massorético hebraico. Usam o Manuscrito de Leninegrado, editado pela Septuaginta, uma versão grega corrupta do Antigo Testamento. Ambos os falsos textos hebraicos da Bíblia Hebraica oferecem nas suas próprias notas de rodapé sugestões de alterações. Textos hebraicos falsos, BHK ou BHS, são usados para o Antigo Testamento em todas as versões modernas para traduções.

O texto hebraico massorético tradicional que está na base da KJV é exatamente o mesmo que o manuscrito original. Hoje em dia, os arqueólogos encontraram todos os livros da Bíblia, o que prova que a Bíblia KJV é a tradução exata do livro original.

A Palavra de Deus mudou:

A Bíblia diz que a palavra de Deus é a nossa espada e é usada como a única arma de ofensa contra o inimigo; no entanto, nas traduções modernas, a Palavra de Deus não pode ser usada como uma ofensa ou espada contra o inimigo. Houve tantas mudanças na Palavra de Deus que, quando vemos a pessoa que usa as traduções modernas, ela é instável, deprimida, ansiosa e tem problemas emocionais.

É por isso que a psicologia e a medicina entraram na igreja; as novas traduções são responsáveis por esta causa.

Vejamos algumas alterações e a razão subtil que lhes está subjacente:

Veremos mudanças nas seguintes versões da Bíblia. Estou a mencionar algumas das versões, mas existem muitas outras versões e traduções feitas a partir desta Bíblia, sobre as quais também pode fazer a sua própria pesquisa. New Living Translation, English Standard Version, New American Standard Bible, International Standard Version, American Standard Version, Bíblia das Testemunhas de Jeová e Bíblia NIV e outras traduções.

<u>KJV: Lucas 4:18 O Espírito do Senhor [está] sobre mim, porque ele me ungiu para pregar o evangelho aos pobres; enviou-me a curar os quebrantados de coração, a pregar libertação aos cativos, e recuperação da vista aos cegos, a pôr em liberdade os que estão feridos,</u>

Esta escritura diz que Ele cura os de coração partido.

A NVI diz: Lucas 4:18 "O Espírito do Senhor está sobre mim, porque ele me ungiu para pregar boas novas aos pobres. Enviou-me a proclamar a liberdade aos presos e a recuperação da vista aos cegos, a libertar os oprimidos";

(<u>Curar os quebrantados de coração é omitido </u>na NVI e noutras versões também. As traduções modernas não podem curar o coração partido).

*KJV: Marcos 3:15: E ter **poder para curar doenças** e expulsar demónios:*

NVI: Marcos 3:15: E ter autoridade para expulsar demónios.

("**E ter poder para curar as doenças**" é omitido na NVI e noutras traduções. Não tendes poder para curar os doentes).

*KJV: Atos 3:11 Quando o **coxo que fora curado** segurou Pedro e João, todo o povo correu para junto deles no pórtico chamado de Salomão, maravilhando-se muito.*

NVI: Atos 3:11: Enquanto o mendigo se agarrava a Pedro e João, todo o povo ficou admirado e correu para eles no lugar chamado Colunata de Salomão.

A Bíblia NVI retirou: "**Homem coxo que foi curado**" que é o versículo chave.

Além disso, a NVI removeu "Assento de Misericórdia" cinquenta e três vezes. A Misericórdia de Deus é omitida. A palavra Sangue foi omitida quarenta e uma vezes.

Efésios 6:4 fala sobre nutrir a igreja... A palavra Nutrir deriva da palavra Enfermeira. Tal como segurar e cuidar de um bebé, Deus alimenta-nos e humilha-nos, mas algumas versões modernas dizem "disciplina" e "castigar".

*A versão KJV de Daniel 3:25b diz: e a do quarto é como o **Filho de Deus***.

*NVI Daniel 3:25b: mudou as palavras; e o quarto parece um **filho dos deuses***.

Filho de Deus não é filho de deuses... isto apoiará o politeísmo.

Ao mudar "O" para "A", está a apoiar outras religiões. Exemplo: Um evangelho, um filho, um salvador....JESUS NÃO É O ÚNICO SALVADOR?!?!?

A Bíblia diz:

Disse-lhe Jesus: Eu sou o caminho, a verdade e a vida; ninguém vem ao Pai senão por mim. (KJV João 14:6)

*KJV: Mateus 25:31: Quando o Filho do Homem vier na sua glória, e todos os **santos anjos** com ele, então se assentará no trono da sua glória.*

*NVI: Mateus 25:31: Quando o Filho do Homem vier em sua glória, e todos os **anjos** com ele, sentar-se-á em seu trono na glória celestial*

(A NVI retirou a palavra "Santo". Sabemos que a Bíblia também fala de anjos maus e profanos)

Deus é Santo:

A NVI também removeu o Espírito Santo ou Espírito Santo de alguns lugares. Estes são apenas alguns exemplos das muitas alterações da NVI, da NKJV, da Bíblia Católica, da Bíblia Latina, da American Standard Version, da Revised Standard Version, da Bíblia Grega e Hebraica e também de outras versões da Bíblia, que foram traduzidas da antiga e corrompida Escritura Alexandrina e da NVI.

O que se segue prova que a Bíblia NIV é o Anticristo:

Muitas palavras como Jesus Cristo ou Cristo, Messias, Senhor, etc. foram removidas da NVI e de outras traduções da Bíblia. A Bíblia diz quem é o Anticristo.

O Anticristo:

Quem é o mentiroso senão aquele que nega que Jesus é o Cristo? Esse é o anticristo, que nega o Pai e o Filho. (KJV 1 João 2:22)

*A graça de Nosso Senhor **Jesus Cristo** [esteja] com todos vós. Amém. (KJV: Apocalipse 22:21)*

A graça do Senhor Jesus esteja com o povo deDeus. *Amém. (NVI: Apocalipse 22:21 removeu **Cristo**).*

KJV João 4:29: Vinde, vede um homem que me disse tudo o que eu fiz; não é este o Cristo?

João 4:29 (NVI): "Venham ver um homem que me disse tudo o que eu fiz. Será que este é o Cristo?

(A divindade de Cristo é posta em causa) Ao retirar palavras, o significado é alterado.

O Anticristo nega o Pai e o Filho...

*KJV: João 9:35 "tu acreditas no **Filho de Deus**".*

*NVI: João 9:35 "Alterado para credes no **Filho do Homem**".*

KJV Atos 8:37 "E disse Filipe: Se crês de todo o teu coração, podes. E ele, respondendo, disse: Creio que Jesus Cristo é o Filho de Deus."

Atos 8:37; todo o versículo foi retirado da NVI

*KJV: Gálatas 4:7 Portanto, já não és servo, mas filho; e se és filho, és herdeiro de **Deus por Cristo***

NVI: Gálatas 4:7 Assim, já não és escravo, mas filho; e, sendo filho, Deus te constituiu também herdeiro.

NVI omitido herdeiro de Deus por meio de Cristo.

*KJV: Efésios 3:9 E para que todos vejam qual é a comunhão do mistério que desde o princípio do mundo esteve oculto em Deus, que criou todas as coisas **por Jesus Cristo**:*

NVI: Efésios 3:9 e para tornar claro a todos a administração deste mistério, que desde tempos imemoriais esteve oculto em Deus, que criou todas as coisas.

A NVI retirou "**Por Jesus Cristo**". Jesus é o Criador de todas as coisas.

Jesus Cristo vem em carne e osso:

*1 João 4:3 KJV...E todo o espírito que não confessa que **Jesus Cristo veio em carne** não é de Deus.*

A NVI diz: Mas todo espírito que não reconhece Jesus não é de Deus.

("Jesus Cristo veio em carne e osso" foi removido)

Livro de Atos 3:13, 26 A KJV diz que Ele é um Filho de Deus. A NKJV retirou Filho de Deus e disse servo de Deus.

As novas versões da Bíblia não querem que Jesus seja o "Filho de Deus". Filho de Deus significa Deus em carne e osso.

*João 5:17-18 KJV mas Jesus respondeu-lhes: **Meu Pai** trabalha até agora, e eu trabalho. Por isso, os judeus procuravam ainda mais matá-lo, porque não só tinha violado o sábado, mas também tinha dito que **Deus era seu Pai**, fazendo-se **igual a Deus***

A Bíblia KJV define Jesus ou Jesus Cristo ou O Senhor Jesus. Mas as novas traduções modernas dizem "ele".

*KJV: E cantam o cântico de Moisés, servo de Deus, e o cântico do Cordeiro, dizendo: Grandes e admiráveis são as tuas obras, Senhor Deus Todo-Poderoso; justos e verdadeiros são os teus caminhos, **Rei dos santos**. (Apocalipse 15:3)*

*NVI: e cantaram o cântico de Moisés, servo de Deus, e o cântico do Cordeiro: "Grandes e maravilhosos são os teus feitos, Senhor Deus Todo-Poderoso. Justos e verdadeiros são os teus caminhos, **Rei dos séculos**." (Apocalipse 15:3)*

(Ele é o Rei dos santos, que nasceram de novo. Que são batizados em nome de Jesus e receberam o seu Espírito).

*KJV: E **Deus** enxugará todas as lágrimas dos seus olhos; (Apocalipse 21:4)*

*NVI: **Ele enxugará** dos seus olhos toda lágrima. (Apocalipse 21:4)*

"**Deus**" é substituído por "Ele". Quem é "Ele"? (Isto servirá de apoio a outras religiões).

*KJV: E olhei, e eis que um Cordeiro estava de pé sobre o monte Sião, e com ele cento e quarenta [e] quatro mil, tendo **o nome do** seu **Pai** escrito nas suas testas. (Revelação 14:1)*

*NVI: Então olhei, e diante de mim estava o Cordeiro, de pé sobre o monte Sião, e com ele 144.000 que tinham **o seu nome e o nome** de **seu Pai** escritos nas suas testas. (Apocalipse 14:1)*

A NVI acrescentou "Seu nome" com "o nome do Seu Pai", agora dois nomes.

João 5,43b: Eu vim em nome do meu Pai.

Por isso, o nome do Pai é Jesus. Jesus, na língua hebraica, significa Jeová Salvador

*Zacarias 14:9 E o Senhor será rei sobre toda a terra; naquele dia haverá um só Senhor, e um **só será o** seu **nome***

KJV Isaías 44:5 Um dirá: Eu sou do Senhor; e outro se chamará pelo nome de Jacob; e outro subscreverá com a sua mão ao Senhor, e se apelidará pelo nome de Israel.

NVI: Isaías 44:5 Um dirá: "Eu pertenço ao Senhor"; outro se chamará pelo nome de Jacó; outro ainda escreverá na mão: "do Senhor", e tomará o nome de Israel.

(NVI Removida a palavra **Sobrenome**)

Agora ouvimos dizer que o livro do "Pastor de Hermas" vai ser introduzido na versão moderna da Bíblia. O Livro de Hermas diz: "Tomem o nome, entreguem-se à besta, formem um governo mundial único e matem aqueles que não receberem O Nome". (Jesus não é o nome a que se está a referir aqui)

KJV Apocalipse 13:17: E para que ninguém pudesse comprar ou vender, senão aquele que tivesse o sinal, ou o nome da besta, ou o número do seu nome.

E não se surpreendam se o Livro do Apocalipse desaparecer da Bíblia. Ora, o Livro do Apocalipse é onde estão registados o passado, o presente e as coisas futuras. O Pastor de Hermas está no Manuscrito Sinaiticus, que está na base da Bíblia NVI.

Símbolos:

Eu Fi-Lo à "Sua Maneira"

Qual é o significado do símbolo e quem o utiliza:

Um **símbolo** é algo como uma marca específica que representa uma informação, por exemplo, um octógono vermelho pode ser o símbolo de "STOP". Num mapa, a imagem de uma tenda pode representar um parque de campismo.

666 =

O livro da profecia diz:

Aqui está a sabedoria. Aquele que tem entendimento calcule o número da besta, porque é o número de um homem; e o seu número é seiscentos e sessenta e seis. (Apocalipse 13:18)

Este símbolo ou logótipo de um 666 entrelaçado (antigo símbolo da trindade) é utilizado pelas pessoas que acreditam na doutrina trinitária.

Deus não é a trindade ou três pessoas diferentes. Um Deus Jeová veio em carne e osso e agora o Seu Espírito está a trabalhar na Igreja. Deus é Um e sempre será Um.

Mas Atos 17:29 diz: Pois que somos descendência de Deus, não devemos pensar que a Divindade seja semelhante ao ouro, ou à prata, ou à pedra, esculpidos pela arte e imaginação do homem.

(Fazer um símbolo para representar a Divindade é contra a Palavra de Deus) Os adeptos da Nova Era admitem que três seis entrelaçados ou "666" é uma marca da Besta.

A Bíblia avisa-nos que Satanás é falso:

"E não é de admirar, porque o próprio Satanás se transforma em anjo de luz. Portanto, não é grande coisa se os seus ministros também se transformarem em ministros da justiça;" (2 Coríntios 11:14-15)

Satanás é, em última análise, uma contrafação:

> *Subirei acima das alturas das nuvens; serei como o Altíssimo.*
> *(Isaías 14:14)*

Eu serei como o Deus Altíssimo. É óbvio que Satanás tentou tirar a identidade de Jesus Cristo mudando a Palavra de Deus. Lembre-se que Satanás é subtil e o seu ataque é contra "A Palavra de Deus".

Nova versão King James:

Vejamos esta versão da Bíblia chamada NKJV. A Nova Versão King James **não é** uma versão King James. A Bíblia King James Version foi traduzida por 54 estudiosos teólogos hebreus, gregos e latinos, em 1611.

A Nova Versão King James foi publicada pela primeira vez em 1979. Ao estudar a Nova Versão King James, descobriremos que esta versão não é apenas a mais mortal, mas também muito enganadora para o corpo de Cristo.

Porquê??????

O editor da NKJV diz:

.... Que se trata de uma Bíblia King James não é verdade. A KJV não tem direito de cópia; pode traduzi-la para qualquer língua sem obter autorização. A NKJV tem um direito de cópia que é propriedade da Thomas Nelson Publishers.

.... Que se **baseia** no Textus Receptus, que é apenas uma verdade parcial. Este é outro ataque subtil. Tenham cuidado com esta Nova KJV. Já vão descobrir porquê.

A Nova Bíblia King James afirma ser a Bíblia King James, só que melhor. A "NKJV", omitiu e alterou muitos versículos.

Vinte e duas vezes "Inferno" é mudado para "Hades" e "Sheol". O movimento satânico da Nova Era diz que "o Hades" é um estado intermediário de purificação!

Eu Fi-Lo à "Sua Maneira"

Os gregos acreditam que o "Hades" e o "Sheol" são uma morada subterrânea dos mortos.

Há muitas supressões das seguintes palavras: arrepender-se, Deus, Senhor, céu e sangue. As palavras Jeová, demónios, e condenação, e Novo Testamento foram removidas da NKJV.

Mal-entendidos sobre a salvação:

KJV	NKJV
1 Coríntios 1:18	
"São salvos"	Ser salvo.
Hebreus 10:14	
"São santificados"	Estão a ser santificados.
II Coríntios 10:5	
"Derrubar a imaginação"	Rejeitar argumentos.
Mateus 7:14	
"Caminho estreito" II Coríntios 2:15	Caminho difícil
"São salvos"	Ser salvo

"Sodomitas" é alterado para "pessoas pervertidas". A NKJV é uma versão deturpada pelo anticristo

O maior ataque de Satanás é contra Jesus como Deus.

NVI: Isaías 14:12 é um ataque subtil ao Senhor Jesus, que é conhecido como **Estrela da Manhã**.

Como caíste do céu, ó estrela da manhã, filho da aurora! Foste lançado à terra, tu que outrora abatias as nações!

(A NVI tem Notas de Rodapé para esta escritura 2 Pedro 1:19 "E nós temos a palavra dos profetas mais certa, e faremos bem em prestar

atenção a ela, como a uma luz que brilha em um lugar escuro, até que o dia amanheça e a estrela da manhã nasça em seus corações."

Ao acrescentar **Estrela da Manhã** e dar outra referência em Apocalipse 2:28, engana o leitor, que Jesus é a Estrela da Manhã, que caiu).

Mas Isaías 14:12 diz: "Como caíste do céu, ó Lúcifer, filho da manhã! [Como foste cortado por terra, tu que enfraquecias as nações!"

(A Bíblia NVI retirou o nome de Lúcifer e substituiu "filho da manhã" por "**Estrela da Manhã**". No livro das Revelações, Jesus é referido como "A Estrela da Manhã".

Eu, Jesus, enviei o meu anjo para vos testificar estas coisas nas igrejas. Eu sou a raiz e a descendência de David, e a estrela brilhante e da manhã (KJV 22:16).

Assim, a versão NVI de Isaías 14:12 interpreta mal o significado bíblico ao afirmar que Jesus caiu do céu e abateu as nações). A Bíblia KJV diz que Jesus é a Estrela Brilhante e Matutina.

*"Eu, Jesus, enviei o meu anjo para vos testificar estas coisas nas Igrejas. Eu sou a raiz e a descendência de David, e a **estrela brilhante e matutina**." (Apocalipse 22:16 KJV)*

KJV:

Temos também uma palavra de profecia mais firme, à qual bem fazeis em estar atentos, como a uma luz que brilha em lugar escuro, até que o dia amanheça e a estrela da alva surja em vossos corações: (KJV 2 Pedro 1:19)

*E ele os regerá com vara de ferro; como vasos de oleiro, serão quebrados em pedaços, assim como eu recebi de meu Pai. E dar-lhe-ei a **estrela da manhã**. (KJV Rev. 2:27-28)*

As traduções modernas acomodam todas as religiões, usando "ele" ou "ele" em vez de Jesus, Cristo ou Messias, e removendo muitas palavras e versículos sobre Jesus. Estas traduções provam que o Senhor Jesus não é o Criador, o Salvador ou o Deus na Carne; fazem d'Ele apenas mais um mito.

Estes homens apóstatas produziram um manuscrito para uma Bíblia mais ao seu gosto. Atacaram a divindade de Jesus Cristo e outras doutrinas da Bíblia. O caminho foi aberto para que uma Bíblia da Nova Era desse origem a uma religião mundial. A união de todas as igrejas e de todas as religiões trará a "Religião Mundial Única".

Agora compreende-se o plano conivente e subtil que Satanás concebeu. Ele até se atreveu a mudar a Palavra de Deus. Satanás desenvolveu um plano enganador para confundir as pessoas!

Lembrai-vos do que disse Satanás:

Subirei acima das alturas das nuvens; serei como o Altíssimo.
(Isaías 14:14)

D.
KJV VS BÍBLIA MODERNA: ALTERAÇÕES QUE FORAM ADICIONADAS OU RETIRADAS.

TRADUÇÃO NIV:

T texto grego de Westcott & Hort vem dos manuscritos Sinaiticus e Vaticanus. A igreja primitiva considerou que se tratava de um ataque subtil à Palavra de Deus, omitindo e alterando a verdade da Bíblia. O Sinaiticus (Aleph) e o Vaticanus (Codex-B) foram ambos rejeitados pela igreja primitiva e admirados pelos falsos mestres. A fonte da Bíblia NVI é baseada nas versões corrompidas de Westcott & Hort, que podem ser encontradas nas notas de rodapé da NVI. Não temos como saber como e onde esse texto grego de Westcott & Hort se originou, sem uma extensa pesquisa. Quando vemos referências dadas por Westcott e Hort, geralmente acreditamos nelas sem questionar, simplesmente porque estão impressas numa Bíblia.

A Bíblia NIV é admirada porque as pessoas acreditam que é mais fácil de compreender, uma vez que o inglês antigo foi alterado para palavras atuais. De facto, a Bíblia KJV tem a linguagem mais fácil de compreender por qualquer idade. O vocabulário da KJV é mais simples do que o vocabulário da NVI. Só por mudar palavras como "tu", "teu" e "tua", as pessoas pensam que é mais fácil de ler. Como sabe, a Palavra de Deus só é explicada pelo Espírito Santo, que é escrito por Deus. O Espírito de Deus está na KJV, o que nos ajuda a compreender o Seu entendimento. Não são necessárias mudanças na Palavra de Deus; no entanto, a verdadeira Palavra precisa de mudar o nosso pensamento.

Muitas igrejas estão agora a aceitar a versão NIV em vez da KJV. Fazer pequenas alterações ao longo do tempo condiciona o nosso pensamento e torna-se uma forma subtil de lavagem cerebral. As mudanças que a Bíblia NVI tem feito na sua versão, está subtilmente a diluir o Evangelho. Essas mudanças são principalmente contra o senhorio do Senhor Jesus Cristo. Uma vez que isso é feito, muitas religiões acham mais fácil aceitar a Bíblia NVI porque ela então apoia suas doutrinas. Isto, por sua vez, torna-se "inter-religiosidade", o objetivo da religião mundial de que fala o Apocalipse.

A KJV foi baseada na família bizantina de manuscritos que eram normalmente chamados de manuscritos Textus Receptus. A NKJV (New King James Version) é a pior tradução. Difere 1200 vezes da KJV. A Nova Versão do Rei Tiago não é definitivamente a mesma que a Versão do Rei Tiago. A MKJV também não é a KJV. A maioria das traduções da Bíblia não é outra versão, mas uma perversão, e está desviada da verdade.

Os seguintes versículos não constam da **NVI** e de **outras traduções modernas**. A seguir, uma lista de "omissões" na NVI.

Isaías 14:12

*KJV: Isa.14:12: Como caíste do céu, ó **Lúcifer**, **filho da manhã**! Como foste cortado por terra, tu que enfraquecias as nações!*

*NVI Isa.14:12 Como caíste do céu, ó **estrela da manhã**, filho da aurora! Foste lançado à terra, tu que antes abatias as nações!*

(A Bíblia NVI retirou Lúcifer e substituiu "filho da estrela da manhã" por "estrela da manhã". Isto está a induzir-vos a acreditar que "JESUS", que é a "ESTRELA DA MANHÃ", caiu do céu.

*Eu, Jesus, enviei o meu anjo para vos dar testemunho destas coisas nas igrejas. Eu sou a raiz e a descendência de David, e o brilhante e **estrela da manhã**. (KJV Revelation 22:16)*

(Jesus é a estrela da manhã)

Isaías 14:12 (NVI), é uma escritura muito confusa. As pessoas pensam que Jesus caiu do céu e foi cortado.

A NVI torna Lúcifer (Satanás) igual a Jesus Cristo; isto é blasfémia da mais alta ordem. É por isso que algumas pessoas não acreditam em Jesus Cristo, pois vêem-no igual a Satanás.

Daniel 3:25

*KJV: Dan.3:25 Ele respondeu e disse: Eis que vejo quatro homens soltos, andando no meio do fogo, e não têm nenhum ferimento; e a forma do quarto é semelhante ao **Filho de Deus**.*

*NVI: Dan. 3:25 Ele disse: "Vejam! Estou vendo quatro homens andando no fogo, sem amarras e sem ferimentos, e o quarto parece um **filho dos deuses**".*

(Mudar Filho de Deus para **Filho dos deuses** irá acomodar a crença do politeísmo, e isto irá apoiar outras religiões).

Mateus 5:22

*KJV Mt.5:22 Eu, porém, vos digo que qualquer que**, sem causa,** se irar **contra seu irmão,** correrá perigo no juízo; e qualquer que disser a seu irmão: Raca, correrá perigo no conselho; mas qualquer que disser: Insensato, correrá perigo no fogo do inferno.*

*NVI Mt.5:22 Eu, porém, vos digo que todo aquele que se **irar** contra seu irmão estará sujeito a julgamento. E quem disser a seu irmão: "Raca", responderá **perante o Sinédrio**. Mas quem disser: "Seu tolo!" corre o risco do fogo do inferno.*

Eu Fi-Lo à "Sua Maneira"

(A Bíblia KJV diz, **zangado sem causa** NIV diz apenas zangado. A verdade da Palavra é que podemos ficar **zangados** se houver motivo, mas não deixaremos que o sol se ponha sobre isso).

Mateus 5:44

*KJV Mt.5:44 Eu, porém, vos digo: Amai os vossos inimigos, **bendizei os que vos maldizem**, fazei bem aos que vos odeiam, e orai **pelos que vos maltratam** e vos perseguem;*

NVI Mt.5:44 Eu, porém, vos digo: amai os vossos inimigos e orai pelos que vos perseguem,

(O destaque na KJV foi retirado da Bíblia NVI)

Mateus 6:13

*KJV Mt. 6:13 E não nos deixes cair em tentação, mas livra-nos do mal: **Porque teu é o reino, e o poder, e a glória, para sempre. Amém**.*

*NVI Mt. 6:13 E não nos deixes cair em tentação, mas livra-nos do mal. **maligno**.*

(**O mal** não é o maligno. **Porque teu é o reino, e o poder, e a glória, para sempre. Amém**: retirado da NVI)

Mateus 6:33

*KJV Mt 6:33 Mas buscai primeiro o **reino de Deus** e a sua justiça, e todas estas coisas vos serão acrescentadas.*

*NVI Mt 6:33 Mas busquem primeiro o seu reino e a **sua** justiça, e todas essas coisas também lhes serão dadas.*

(**o reino de Deus** é substituído pelo "seu" reino... A NVI substituiu Deus pelo seu. Quem é "dele"?)

Mateus 8:29

*KJV Mt.8:29 E eis que eles clamaram, dizendo: Que temos nós contigo, **Jesus**, Filho de Deus? vieste aqui para nos atormentar antes do tempo? (Específico)*

*NVI Mt.8:29 "Que queres de nós, **Filho de Deus**?", gritavam eles."Viestes aqui para nos torturar antes da hora marcada?"*

(**Jesus** está fora da Bíblia NVI e eles só mantiveram Filho de Deus... Jesus é o Filho de Deus. Filho de Deus significa o Deus Todo-Poderoso andando em carne).

Mateus 9:13b

*KJV Mt.9:13b Porque eu não vim chamar os justos, mas os pecadores ao **arrependimento**.*

NVI Mt.9:13b Porque eu não vim chamar os justos, mas os pecadores.

(**Arrepender-se** está fora de questão. O arrependimento é o primeiro passo; está a afastar-se do pecado e de um estilo de vida pecaminoso, reconhecendo e confessando que estava errado).

Mateus 9:18

*KJV:Mt 9:18 Enquanto lhes falava estas coisas, eis que chegou um certo chefe, e **o adorou**, dizendo: Minha filha já está morta; mas vem, impõe a tua mão sobre ela, e viverá.*

(Adorava Jesus)

*NVI Mt 9:18 Enquanto ele dizia isso, chegou um chefe, ajoelhou-se **diante dele** e disse: "Minha filha acabou de morrer. Mas vem e põe a tua mão sobre ela, e ela viverá".*

(A adoração é **mudada para ajoelhar-se**. A adoração faz de Jesus um Deus).

Mateus 13:51

*KJV Mt 13:51 Disse-lhes Jesus: Compreendestes todas estas coisas? Eles responderam-lhe: **Sim, Senhor**.*

NVI Mt 13:51 "Vocês entenderam todas essas coisas?" perguntou Jesus.

(JESUS É O SENHOR. A NVI retirou **Sim, Senhor**; deixando de fora o senhorio deJesus Cristo)

Mateus 16:20

*KJV Mt 16:20 Então ordenou aos seus discípulos que a ninguém dissessem que ele era **Jesus**, o Cristo.*

(O nome "JESUS" foi retirado de vários versículos da Bíblia NVI).

NVI Mt 16:20 Então ele avisou os seus discípulos para não dizerem a ninguém que ele era o Cristo.

(Quem é "ele"? Porque não Jesus, o Cristo? "Cristo" significa Messias, o Salvador deste mundo: João 4:42).

Mateus 17:21

KJV: Mt 17:21: Mas esta espécie não sai senão pela oração e pelo jejum.

(A oração e o jejum derrubarão o forte domínio doDiabo. O jejum mata a nossa carne).

A NVI retirou a escritura completamente. Também foi eliminada da "Bíblia" das Testemunhas deJeová. Atualmente, o jejum é alterado para a dieta de Daniels. Esta é outra mentira. (Jejum é não comer e não beber água. Comer não é jejuar e jejuar não é comer ou beber)

Alguns exemplos de jejum bíblico na Bíblia KJV

Ester 4:16 KJV:

*Ide, reuni todos os judeus que se acham em Susã, e **jejuai** por mim, e **não comais nem bebais por três** dias, **nem** de noite nem de dia: Também eu e as minhas moças **jejuaremos** da mesma maneira; e assim entrarei na presença do rei, o que não é conforme a lei; e se eu perecer, perecerei*

*Jonas 3:5, 7 O povo de Nínive creu em Deus, **proclamou um jejum** e vestiu-se de pano de saco, desde o maior deles até ao menor. E fez apregoar e publicar em Nínive, por decreto do rei e dos seus nobres, o seguinte: Não provem **coisa alguma** nem homens nem animais, nem gado nem rebanho**; não se alimentem nem bebam água**:*

Mateus 18:11

KJV Mt 18:11: ***Porque o Filho do Homem veio salvar o que se tinha perdido.***

(Este versículo foi eliminado da NVI e de muitas outras versões da Bíblia. Jesus não deve ser o único Salvador. Mason ensina que podemos salvar-nos a nós próprios e que não precisamos de Jesus).

Mateus 19:9

*KJV: Mt 19:9: E eu vos digo que qualquer que repudiar sua mulher, a não ser por causa de fornicação, e casar com outra, comete adultério; **e quem casar com a repudiada comete adultério.***

NVI: Mt 19:9 Digo-vos que quem se divorciar da sua mulher, exceto por infidelidade conjugal, e casar com outra mulher, comete adultério".

("quem assim casar com a repudiada comete adultério" é omitido)

Mateus 19:16,17

*KJV Mt 19:16 E eis que se aproximou um deles e lhe disse: **Bom Mestre**, que bem farei para ter a vida eterna?*

17 E ele lhe disse: Por que me chamas bom? Não há ninguém bom senão um só, que é Deus; mas se queres entrar na vida, guarda os mandamentos.

NVI Mt 19:16 Um homem aproximou-se de Jesus e perguntou: "Mestre, que bem devo fazer para obter a vida eterna?

17 "Por que me perguntas sobre o que é bom?" Jesus respondeu. "Só há um que é bom. Se queres entrar na vida, cumpre os mandamentos".

(Jesus disse: "Porque me chamas bom?") Só Deus é bom e se Jesus é bom, então ele deve ser Deus. Bom Mestre é mudado para "Mestre" na NVI e o significado perde-se. Além disso, algumas religiões apoiam a crença da autossalvação).

Mateus 20:16

*KJV Mt 20:16: Assim, os últimos serão os primeiros, e os primeiros, os últimos; **porque muitos são chamados, mas poucos escolhidos**.*

(É importante o que escolhemos. Podemos perder-nos se não escolhermos corretamente)

NIV E RSV

NVI Mt. 20:16: "Assim, os últimos serão os primeiros, e os primeiros serão os últimos".

(não interessa escolher)

Mateus 20:20

*KJV Mt 20:20: Então veio ter com ele a mãe dos filhos de Zebedeu, com os seus filhos, **adorando-o** e pedindo-lhe uma certa coisa.*

*NVI Mt 20:20: Então a mãe dos filhos de Zebedeu aproximou-se de Jesus com os seus filhos e, **ajoelhando-se**, pediu-lhe um favor.*

(**Adoração ou ajoelhar-se...**? Deixando de fora o senhorio de Jesus Cristo, os judeus só adoram um Deus)

Mateus 20:22, 23

*KJV Mt 20:22, 23: Mas Jesus respondeu e disse: Não sabeis o que pedis. Podeis vós beber do cálice que eu hei-de beber, e ser **batizados com o batismo com que eu sou batizado**? Disseram-lhe eles, somos capazes.*

*E disse-lhes: Bebereis, sim, do meu cálice e sereis **batizados com o batismo com que eu sou batizado;** mas o sentar-se à minha direita e à minha esquerda não me pertence concedê-lo, mas é concedido àqueles para quem está preparado por meu Pai.*

(Poderias passar pelo sofrimento que eu passei?)

NVI Mt 20:22,23: "Não sabeis o que estais a pedir", disse-lhes Jesus. "Podeis beber o cálice que eu vou beber?" "Podemos", responderam eles. Jesus disse-lhes: "Beberão do meu cálice, mas sentar-se à minha direita ou à minha esquerda não me compete a mim conceder. Esses lugares pertencem àqueles para quem foram preparados pelo meu Pai."

(Todas as frases destacadas e sublinhadas na KJV foram removidas da NIV)

Mateus 21:44

*KJV Mt 21:44: E qualquer que cair sobre esta pedra será despedaçado; mas aquele sobre quem ela cair será **reduzido a pó**.*

Eu Fi-Lo à "Sua Maneira"

*NVI Mt 21:44: "Aquele que cair sobre esta pedra será **despedaçado**, mas aquele sobre quem ela cair será esmagado".*

(Moê-lo até ficar em pó foi removido)

Mateus 23:10

*KJV Mt 23:10: E não vos chameis **mestres**, porque um só é o vosso **Mestre**, o **Cristo**.*

NVI Mt 23:10: Nem vos chameis "mestre", pois tendes um só Mestre, o Cristo.

(É preciso fazer descer Deus ao nível dos místicos para que Jesus se torne mais um místico. A verdade é que Cristo satisfaz tudo).

Mateus 23:14

KJV: Mt 23:14: Ai de vós, escribas e fariseus, hipócritas! Porque devorais as casas das viúvas e, por pretexto, fazeis longas orações; por isso recebereis maior condenação.

(A NIV, a Nova L T, a English Standard Version, a New American Standard Bible e as traduções do Novo Mundo têm este versículo suprimido. Verifique-o você mesmo na sua Bíblia).

Mateus 24:36

KJV: Mt 24:36: Daquele dia e hora, porém, ninguém sabe, nem os anjos do céu, nem o Pai.

*NVI: Mt 24:36: "Daquele dia e hora ninguém sabe, nem os anjos do céu, nem **o Filho**, mas só o Pai."*

("nem o filho" é acrescentado na Bíblia NVI. João 10: 30 **Eu e meu Pai somos um**. Portanto, Jesus conhece o tempo da Sua vinda. Isso implica que Jesus não está na Divindade. Mas naqueles dias, depois daquela tribulação, o sol escurecerá, e a lua não dará a sua luz, Marcos 13:24. Será difícil dizer o tempo).

Mateus 25:13

*KJV: Mt 25:13 Vigiai, pois, porque não sabeis o dia nem a hora **em que o Filho do homem há-de vir**.*

NVI: Mt 25:13 "Portanto, vigiai, porque não sabeis o dia nem a hora".

("**Onde o Filho do homem vem**". Deixando de fora quem está a voltar? De que relógio?)

Mateus 25:31

*KJV: Mt 25:31 Quando o Filho do homem vier na sua glória, e todos os **santos anjos** com ele, então se assentará no trono da sua glória*

*NVI: Mt 25:31 "Quando o Filho do Homem vier na sua glória, e todos os **anjos** com ele, sentar-se-á no seu trono na glória celestial".*

(A KJV diz todos os anjos "santos". A NVI diz apenas "os anjos". Isso implica que os anjos caídos ou profanos estão a vir com Jesus. Não é mesmo? Há uma heresia por aí que diz que não importa o que faz de bom ou de mau, você ainda vai para o céu. Os espíritos dos nossos entes queridos mortos que nunca acreditaram em Jesus, supostamente voltam para dizer aos seus entes queridos que eles estão bem no céu, e que não é preciso fazer nada para entrar no céu. Esta é uma doutrina do diabo).

Mateus 27:35

*KJV MT 27:35: E crucificaram-no, e repartiram as suas vestes, lançando sortes; **para que se cumprisse o que foi dito pelo profeta: Repartiram entre si as minhas vestes, e sobre a minha vestidura lançaram sortes.***

NVI MT 27:35: Depois de o terem crucificado, repartiram as suas vestes, lançando sortes.

("para que se cumprisse o que foi dito pelo profeta, repartiram entre si as minhas vestes, e sobre a minha vestidura lançaram sortes". Totalmente retirado da Bíblia NVI)

Marcos 1:14

*KJV MARK 1:14: Depois de João ter sido preso, veio Jesus para a Galileia, **pregando o evangelho do reino de Deus***

*NVI MARCOS 1:14: Depois de João ter sido preso, Jesus foi para a Galileia, **anunciando as boas novas de Deus.***

(O Evangelho do Reino de Deus é omitido na NVI)

Marcos 2:17

*KJV Marcos 2:17: Quando Jesus ouviu isso, disse-lhes: os que estão sãos não precisam de médico, mas sim os que estão doentes: Eu não vim chamar os justos, mas os pecadores ao **arrependimento**.*

NVI Marcos 2:17: Ao ouvir isso, Jesus disse-lhes: "Não são os que têm saúde que precisam de médico, mas sim os doentes. Eu não vim chamar os justos, mas os pecadores".

(Desde que acredites que está tudo bem, podes fazer o que quiseres, e está tudo bem. Mudando ligeiramente a escritura, o pecado é bem-vindo).

Marcos 5:6

*KJV Marcos 5:6: Mas quando ele viu Jesus de longe, correu e **adorou-o**,*

(Ele reconhece que Jesus é o Senhor Deus).

Elizabeth Das

> *NVI Marcos 5:6: Quando ele viu Jesus de longe, correu e* **<u>caiu de joelhos diante dele</u>**.

(Mostra-se respeitoso como homem, mas não o reconhece como Senhor Deus).

Marcos 6:11

> *KJV: Marcos 6:11 "E todo aquele que não vos receber, nem vos ouvir, ao partirdes dali, sacudi o pó debaixo dos vossos pés, em testemunho contra eles.* **<u>Em verdade vos digo que, no dia do juízo, haverá mais tolerância para Sodoma e Gomorra do que para aquela cidade</u>**.

> *NVI Marcos 6:11 "E se algum lugar não vos receber nem vos ouvir, sacudi o pó dos vossos pés quando sairdes, como testemunho contra eles."*

(A NVI removeu: "Em verdade vos digo que, no dia do juízo, haverá mais tolerância para Sodoma e Gomorra do que para aquela cidade. " O julgamento é removido porque eles não acreditam nele e não importa a escolha que faz. Todas as palavras e ações erradas serão corrigidas no purgatório ou na reencarnação).

Marcos 7:16

> *KJV Marcos 7:16: Se alguém tem ouvidos para ouvir, ouça*

(NVI, Bíblia das Testemunhas de Jeová e traduções modernas removeram esta escritura. UAU!)

Marcos 9:24

> *KJV Marcos 9:24: E logo o pai da criança gritou, e disse com lágrimas:* **<u>Senhor</u>**, *eu creio; ajuda a minha incredulidade.*

> *NVI Marcos 9:24: Imediatamente o pai do menino exclamou: "Eu creio; ajuda-me a vencer a minha incredulidade!"*

(O Senhor está ausente na NVI. O Senhorio de Jesus Cristo está omitido)

Marcos 9:29

> *KJV Marcos 9:29: E ele disse-lhes: Este género de coisas não pode surgir por nada, senão pela oração e pelo **jejum**.*

> *NVI Marcos 9:29: Ele respondeu: "Esse tipo de coisa só pode sair pela oração".*

(**O jejum** é removido. Ao jejuar, derrubamos os fortes laços de Satanás. Buscar a face de Deus através do jejum bíblico e da oração traz a unção e o poder especiais).

Marcos 9:44

> *KJV Marcos 9:44: Onde o seu verme não morre, e o fogo não se apaga.*

(As escrituras foram retiradas da NIV, da transição moderna e da Bíblia das Testemunhas de Jeová. Eles não acreditam em punição no inferno).

Marcos 9:46

> *KJV: Marcos 9:46: Onde o seu verme não morre, e o fogo não se apaga.*

(A escritura foi retirada da NIV, tradução moderna e da Bíblia das Testemunhas de Jeová. Mais uma vez, eles não acreditam em julgamento).

Marcos 10:21

> *KJV Marcos 10:21: E Jesus, vendo-o, amou-o e disse-lhe: Falta-te uma coisa: vai, vende tudo o que tens e dá-o aos pobres, e terás um tesouro no céu; e vem, **toma a cruz** e segue-me.*

(O cristão tem uma cruz para carregar. Há uma mudança na sua vida).

NVI Marcos 10:21: Jesus olhou para ele e o amou. "Uma coisa te falta", disse ele. "Vai, vende tudo o que tens e dá-o aos pobres, e terás um tesouro no céu. Depois vem e segue-me".

(A NVI retirou "tomar a cruz", não há necessidade de sofrer pela verdade. Vive da maneira que queres viver. A cruz é muito importante para a caminhada cristã).

Marcos 10 :24

*KJV Marcos 10:24: E os discípulos ficaram admirados com as suas palavras. Mas Jesus, respondendo, disse-lhes: Filhos, quão difícil é para os **que confiam nas riquezas** entrar no reino de Deus!*

NVI Marcos 10.24: Os discípulos ficaram admirados com as suas palavras. Mas Jesus disse novamente: "Filhos, como é difícil entrar no reino de Deus!"

("**que confiam nas riquezas**" é eliminado; não há necessidade destas palavras na Bíblia NVI, uma vez que eles querem esmolas. Isso também vos faz sentir que é difícil entrar no Reino de Deus e desencoraja-vos).

Marcos 11:10

*KJV Marcos 11:10: Bendito seja o reino de nosso pai David, **que vem em nome do Senhor**: Hosana nas alturas.*

*NVI Marcos 11:10: "Bendito seja **o reino vindouro** do nosso pai David!" "Hosana nas alturas!"*

(NVI: "que vem em nome do Senhor" foi removido)

Marcos 11:26

KJV: Marcos 11:26 Mas, se não perdoardes, também vosso Pai, que está nos céus, não perdoará as vossas ofensas.

(Esta Escritura foi completamente removida da NVI, da Bíblia das Testemunhas de Jeová (chamada de tradução do Novo Mundo) e de muitas outras traduções modernas. O perdão é muito importante, se quiser ser perdoado).

Marcos 13 :14

*KJV Marcos 13:14: Quando, porém, virdes que a abominação da desolação, de que **falou o profeta Daniel,** está onde não deve estar (quem lê entenda), então os que estiverem na Judeia fujam para os montes:*

NVI Marcos 13:14: "Quando virem a abominação que causa desolação em pé onde não pertence - que o leitor entenda - então os que estiverem na Judeia fujam para as montanhas.

(As informações sobre o Livro de Daniel foram retiradas da NVI. Estudamos o tempo do fim no Livro de Daniel e Apocalipse. BEM-AVENTURADOS OS QUE LÊEM AS PALAVRAS DESTE LIVRO. Bem-aventurado aquele que lê, e os que ouvem as palavras desta **profecia**, e guardam as coisas que nela estão escritas, porque o tempo está próximo. (Apocalipse 1:3) Ao remover o nome de Daniel, deixa-o confuso)

Marcos 15:28

KJV: Marcos 15:28: E cumpriu-se a Escritura que diz: E ele foi contado com os transgressores.

(Removido da NVI, da Bíblia das Testemunhas de Jeová e de traduções modernas)

Lucas 2:14

> *KJV: Lucas 2:14 Glória a Deus nas alturas, e paz na terra, **<u>boa vontade para com os homens</u>**.*

> *NVI Lucas 2:14: Glória a Deus nas alturas, e paz na terra aos homens sobre os quais repousa o seu favor.*

(Mudança subtil. Em vez de "boa vontade para com os homens", a Bíblia NVI diz paz apenas para certas pessoas a quem Deus favorece. Isto também é contra o princípio de Deus).

Lucas 2:33

> *KJV Lucas 2:33: E **José** e sua mãe*

> *NVI Lucas 2:33: O pai e a mãe do menino.*

(**José** é retirado)

Lucas 4:4

> *KJV Lucas 4:4 Respondeu-lhe Jesus: Está escrito que nem só de pão viverá o homem, **mas de toda a palavra de Deus**.*

> *NVI Lucas 4:4 Jesus respondeu: Está escrito: "Nem só de pão viverá o homem".*

O ataque de Satanás é contra a PALAVRA **DE DEUS** Em Génesis 3: Satanás atacou a PALAVRA DE DEUS. Ele tem um ataque subtil "**<u>Mas por toda a palavra de Deus</u>**" é removido da NVI

<u>A NVI e a tradução moderna da Bíblia para foramtor não se preocupam com a Palavra de Deus.</u> Mudam a redação para se adequar à sua doutrina, na sua parcialidade quanto ao que acham que deve dizer. A palavra de Deus é viva e traz convicção para nós mesmos. Quando Deus nos convence do pecado, isso leva ao arrependimento. Se a palavra de Deus foi alterada, ela não pode trazer verdadeira convicção; portanto, não se buscará arrependimento. Ao fazer isto, a NVI indica que toda a religião está bem, o que sabemos que não é verdade.

Lucas 4:8

*KJV Lucas 4:8 Respondeu-lhe Jesus: Para **trás de mim, Satanás**, porque está escrito: Ao Senhor teu Deus adorarás, e só a ele servirás.*

(Jesus repreendeu Satanás. Tu e eu podemos repreender Satanás em nome de Jesus).

NVI Lucas 4:8 Jesus respondeu: Está escrito: "Adorem o Senhor, o seu Deus, e sirvam somente a ele"

("**Afasta-te de mim, Satanás**" foi retirado da NVI).

Lucas 4:18

*KJV Lucas 4:18: O Espírito do Senhor está sobre mim, porque ele me ungiu para pregar o evangelho aos pobres; enviou-me a **curar os quebrantados de coração**, a pregar libertação aos cativos, e recuperação da vista aos cegos, a pôr em liberdade os que estão feridos,*

NVI Lucas 4:18 "O Espírito do Senhor está sobre mim, porque ele me ungiu para anunciar boas novas aos pobres. Ele me enviou para proclamar liberdade aos presos e recuperação da visão aos cegos, para libertar os oprimidos."

("**para curar os quebrantados de coração**" foi retirado da NVI: As pessoas que usam esta versão corrompida são geralmente ansiosas, emocionalmente instáveis e deprimidas. Mudar a Palavra de Deus tira o poder da Palavra. A verdade libertar-te-á, por isso retiraram a verdade da Bíblia moderna).

Lucas 4:41

*KJV Lucas 4:41: E de muitos saíam também demónios, clamando e dizendo: **Tu és o Cristo, o Filho de Deus**. E ele, repreendendo-os, não lhes permitiu falar, porque sabiam que ele era o Cristo.*

(Os homens confessam "Tu és Cristo, o Filho de Deus?" Não, a menos que isso seja revelado pelo Seu Espírito).

*NVI Lucas 4:41: Além disso, saíam demónios de muitas pessoas, gritando: "**Tu és o Filho de Deus**!" Mas ele os repreendia e não os deixava falar, porque sabiam que ele era o Cristo.*

(Ao remover "**Cristo**", o demónio não confessou Cristo como o Filho de Deus. Satanás não quer que as pessoas aceitem Jesus como Jeová Salvador, por isso muda a Palavra de Deus com uma intenção mais profunda. O demónio sabia que Jesus é Deus em carne e osso).

Lucas 8:48

*KJV Lucas 8:48: E ele disse-lhe: Filha, **consola-te**; a tua fé te salvou; vai em paz.*

NVI Lucas 8:48: Então ele lhe disse: "Filha, a tua fé te curou. Vai em paz".

("Tende bom ânimo" é omitido na NVI. Portanto, o conforto foi-se, não se pode ser confortado lendo a Bíblia NVI)

Lucas 9:55

*KJV Lucas 9:55: Mas ele, voltando-se, repreendeu-os e disse: **Não sabeis de que espírito sois**.*

NVI Lucas 9:55: Mas Jesus voltou-se e repreendeu-os.

(A NVI retirou estas palavras: "**Não sabeis de que tipo de espírito sois**").

Lucas 9:56

*KJV: Lucas 9:56: Porque **o Filho do Homem não veio para destruir a vida dos homens, mas para os salvar**. E foram para outra aldeia.*

Eu Fi-Lo à "Sua Maneira"

NVI Lucas 9:56 E foram para outra aldeia.

(NVI REMOVIDO: **O Filho do homem não veio para destruir a vida dos homens, mas para os salvar**. A razão da vinda de Jesus é destruída pela remoção desta parte da escritura).

Lucas 11:2-4

*KJV Lucas 11:2-4: E ele lhes disse: **Quando orardes, dizei: Pai nosso que estás nos céus**, santificado seja o teu nome. Venha a nós o vosso reino. **Seja feita a tua vontade, como no céu, assim na terra**. O pão nosso de cada dia nos dai todos os dias. E perdoa-nos os nossos pecados, porque nós também perdoamos a todos os que nos devem. E não nos deixeis cair em tentação, **mas livrai-nos do mal**.*

NVI Lucas 11:2-4: Ele disse-lhes: "Quando orardes, dizei: 'Pai, santificado seja o teu nome, venha a nós o teu reino. Dá-nos o pão nosso de cada dia. Perdoa-nos os nossos pecados, porque nós também perdoamos a todos os que pecam contra nós. E não nos deixes cair em tentação'".

(A NIV não é específica. Tudo o que é realçado na KJV é omitido na NIV e noutras versões modernas da Bíblia)

Lucas 17:36

KJV Lucas 17:36 Dois homens estarão no campo; um será preso e o outro deixado.

(A NVI, a versão moderna e a Bíblia das Testemunhas de Jeová retiraram a escritura completa)

Lucas 23:17

Lucas 23:17: (Porque era necessário que ele lhes soltasse um na festa).

(A NVI, a Bíblia das Testemunhas de Jeová e muitas versões modernas da Bíblia removeram completamente a escritura).

Lucas 23:38

KJV Lucas 23:38: E também sobre ele estava escrita uma inscrição **em letras gregas, latinas e hebraicas**: *ESTE É O REI DOS JUDEUS.*

NVI Lucas 23:38: Havia um aviso escrito acima dele, que dizia: ESTE É O REI DOS JUDEUS.

(A NVI e outras traduções modernas removeram: "**em letras do grego, do latim e do hebraico**", remove a evidência das línguas faladas naquela época).

Lucas 23:42

KJV Lucas 23:42: E ele disse a Jesus: **Senhor**, *lembra-te de mim quando entrares no teu reino.*

(O ladrão apercebeu-se de que Jesus é o Senhor)

NVI Lucas 23:42: Então ele disse "Jesus, lembra-te de mim quando entrares no teu reino"

(Não querendo reconhecer o senhorio de Jesus)

Lucas 24:42

KJV Lucas 24:42: E deram-lhe um pedaço de peixe assado e um favo **de mel**.

NVI Lucas 24:42: Deram-lhe um pedaço de peixe assado.

(As Bíblias atuais dão metade da informação. "O favo de mel" não aparece na NVI e noutras versões da Bíblia)

João 5:3

*KJV João 5:3: Nestes jazia uma grande multidão de impotentes, de cegos, de paralíticos, de ressequidos, **<u>esperando o movimento da água</u>***

NVI João 5:3: Aqui jazia um grande número de deficientes: cegos, coxos e paralíticos.

(Retiraram a informação de que estava a acontecer um milagre naquele local "à espera do movimento das águas").

João 5:4

KJV: João 5:4: Porque um anjo desceu a certa altura ao tanque, e agitou a água; e o primeiro que ali desceu, depois de agitada a água, ficou curado de toda a enfermidade que tinha.

(A NIV e as traduções modernas, juntamente com a Bíblia das Testemunhas de Jeová, removeram completamente a escritura).

João 6:47

*KJV: João 6:47: Em verdade, em verdade vos digo que aquele que **<u>crê em mim</u>** tem a vida eterna.*

NVI: João 6:47: Em verdade vos digo que aquele que crê tem a vida eterna.

(**Believeth on me** foi alterado para **Believes**. Acreditar em quem? A palavra Believeth tem "eth" no final, o que significa que a palavra é contínua. Qualquer palavra que tenha "eth" no final, significa que é contínua, não apenas uma vez).

João 8:9a

*KJV João 8:9a: E os que o ouviram, convencidos **pela sua própria consciência**, foram-se embora.*

NVI João 8:9a: os que ouviram começaram a afastar-se

(A NVI retirou "**sendo convencidos pela sua própria consciência**", pois não acreditam que haja uma consciência).

João 9:4a

KJV João 9,4a: **Eu** *devo fazer as obras daquele que me enviou.*

NVI João 9:4a: **Devemos** *fazer a obra daquele que me enviou.*

(Jesus disse "**EU**", a NVI e algumas outras versões mudaram "**EU**" para "**NÓS**")

João 10:30

KJV: João 10:30: Eu e ***o meu*** *Pai somos um.*

NVI: João 10:30: Eu e o Pai somos um.

(Eu e meu pai somos **um** e não dois. O "meu pai" faz de Jesus o Filho de Deus. Isso significa Deus em carne e osso. A NVI removeu "meu" e mudou o significado completo da escritura).

João 16:16

KJV: João 16:16: Um pouco, e não me vereis; e outra vez, um pouco, e ver-me-eis, **porque vou para o Pai**.

NVI: João 16:16: "Daqui a pouco não me vereis mais, e depois de um pouco me vereis".

(NVI retirou "porque eu vou para o Pai". Muitas religiões acreditam que Jesus foi para o Himalaia ou outro lugar e não morreu).

Atos 2:30

KJV: Atos 2:30: Sendo ele, pois, profeta, e sabendo que Deus lhe havia prometido com juramento que, do fruto dos seus lombos, segundo a carne, levantaria **o Cristo, para o assentar no seu trono**

NVI: Atos 2:30: Mas ele era profeta e sabia que Deus lhe tinha prometido sob juramento que colocaria um dos seus descendentes no seu trono.

(**A NVI retirou** "**ele levantaria Cristo para se sentar no seu trono**", a profecia sobre a vinda de Jesus em carne e osso foi eliminada).

Atos 3:11

*KJV: Atos 3:11: E como o **coxo que fora curado** segurava em Pedro e João, todo o povo correu para junto deles no pórtico chamado de Salomão, maravilhando-se muito.*

NVI: Atos 3:11: Enquanto o mendigo se agarrava a Pedro e João, todo o povo ficou admirado e correu para eles no lugar chamado Colunata de Salomão.

("**homem coxo que foi curado**" é a parte chave desta escritura, a NVI removeu isto)

Atos 4:24

*KJV: Atos 4:24: E, ouvindo isto, levantaram unanimemente a voz a Deus, e disseram: Senhor, **tu és Deus**, que fizeste o céu, a terra, o mar e tudo o que neles há:*

NVI: Atos 4:24: Quando ouviram isto, levantaram as suas vozes em oração a Deus. "Soberano Senhor", disseram eles, "tu fizeste o céu, a terra, o mar e tudo o que neles há"

(A NVI e as traduções modernas retiraram "tu és Deus". Não confessar o único Deus verdadeiro que fez um milagre).

Atos 8:37

KJV: Atos 8:37: E disse Filipe: Se crês de todo o teu coração, podes. E ele, respondendo, disse: Creio que Jesus Cristo é o Filho de Deus.

(A NIV e as versões modernas da Bíblia retiraram completamente a escritura)

A palavra "Mestre" da KJV foi removida nas versões modernas da Bíblia e alterada para "professor", colocando Jesus na mesma classe que todos os outros professores de diferentes religiões. A razão para esta mudança deve-se principalmente ao movimento ecuménico que afirma que não se pode colocar Jesus como o único caminho para a salvação porque isso rebaixa todas as outras fés que não acreditam que Jesus é o nosso único e verdadeiro Salvador. Por exemplo, os hindus e a maioria das outras religiões orientais.

Atos 9:5

> KJV Atos 9:5: E ele perguntou: Quem és tu, Senhor? E o Senhor disse: Eu sou Jesus, a quem tu persegues; **é-te difícil dar pontapés nas picadas**.

> NVI: Atos 9:5: Quem és tu, Senhor? perguntou Saulo. "Eu sou Jesus, a quem tu persegues", respondeu ele.

(A NVI e as traduções modernas removeram o "**é difícil para ti chutar contra as picadas**". Isso significa que, ao remover toda essa escritura, eles não prevalecerão).

Atos 15:34

> KJV: Atos 15:34: Contudo, pareceu bem a Silas ficar ali ainda.

> (A Bíblia NVI e outras traduções modernas da Bíblia retiraram a escritura).

Atos 18:7

> KJV Atos 18:7: E, partindo dali, entrou em casa de um certo homem, chamado Justo, que adorava a Deus, **cuja casa ficava junto à sinagoga**.

NVI: Atos 18:7: Então Paulo saiu da sinagoga e foi ao lado da casa de Tício Justo, um adorador de Deus.

("**cuja casa se unia fortemente à sinagoga**" foi retirada)

Atos 23:9b

> **KJV**... *Não lutemos contra Deus*

(A NIV, a Bíblia moderna e a Bíblia das Testemunhas de Jeová retiraram a frase "**Não lutemos contra Deus**".)

Atos 24 :7

> *KJV: Atos 24:7: Mas o comandante Lísias veio sobre nós e, com grande violência, o arrebatou das nossas mãos,*

(A NVI e as versões modernas da Bíblia removeram completamente esta escritura).

Atos 28:29

> *KJV: Atos: 28:29: E, tendo ele dito estas palavras, os judeus retiraram-se, e tiveram grande discussão entre si*

(A NVI e outras versões da Bíblia removeram completamente a escritura. Vê-se que havia aqui um conflito. O raciocínio era sobre quem era Jesus? Por isso, é obrigatório remover esta passagem).

Romanos 1:16

> *KJV: Romanos 1:16: Porque não me envergonho do evangelho **de Cristo**, pois é o poder de Deus para salvação de todo aquele que crê; primeiro do judeu, e também do grego.*

Elizabeth Das

> *NVI: Romanos 1:16: Não me envergonho do evangelho, porque ele é o poder de Deus para a salvação de todo aquele que crê: primeiro do judeu, depois do gentio.*

(A NVI retirou o Evangelho de "Cristo" e manteve apenas "Evangelho". A maioria dos ataques é contra Jesus como Cristo. O Evangelho é a morte, o sepultamento e a ressurreição de Jesus Cristo. Não há necessidade desta escritura).

Romanos 8:1

> *KJV: Romanos 8:1: Portanto, agora nenhuma condenação há para os que estão em Cristo Jesus, **que não andam segundo a carne, mas segundo o Espírito**.*

> *NVI: Romanos 8:1: Portanto, agora nenhuma condenação há para os que estão em Cristo Jesus*

("**que não andam segundo a carne, mas segundo o Espírito**" foi retirado da NVI, para que possas viver da forma que quiseres).

Romanos 11:6

> *KJV: Romanos 11:6 E, se é pela graça, já não é pelas obras; do contrário, a graça já não é graça. **Mas, se é pelas obras, já não é mais graça; do contrário, a obra já não é obra.***

> *NVI: Romanos 11:6 E, se é pela graça, já não é pelas obras; se o fosse, a graça já não seria graça.*

("Mas, se é pelas obras, já não é graça; se não, já não é obra". Parte da escritura foi retirada da NVI e de outras versões).

Romanos 13:9b

> *KJV: Romanos13:9b: **Não levantarás falso testemunho***

(A NVI retirou estas palavras da Escritura. A Bíblia diz: não acrescente, não subtraia)

Romanos 16:24

KJV: Romanos 16:24: A graça de nosso Senhor Jesus Cristo seja com todos vós. Amém.

NVI: Romanos 16:24: (A NIV e outras Bíblias modernas removeram completamente a escritura).

1 Coríntios 6:20

*KJV:1Coríntios 6:20: Porque fostes comprados por bom preço; glorificai, pois, a Deus no vosso corpo **e no vosso espírito, que são de Deus**.*

NVI:1Coríntios 6:20: vocês foram comprados por um preço. Portanto, honrem a Deus com o vosso corpo.

(A Bíblia moderna e a NVI retiraram "e no vosso espírito, que são de Deus". O nosso corpo e espírito pertencem ao Senhor).

1 Coríntios 7:5

*KJV:1 Coríntios 7:5: Não defraudeis um ao outro, exceto [seja] com consentimento por um tempo, para que vos entregueis ao **jejum e à oração**; e volte a se reunir, para que Satanás não o tente por sua incontinência.*

*NVI:1 Coríntios 7:5: Não se privem um do outro, a não ser de comum acordo e por algum tempo, para que se dediquem à **oração**. Depois juntem-se de novo para que Satanás não vos tente por causa da vossa falta de autocontrolo.*

(A NVI e as versões modernas da Bíblia retiraram o "jejum", uma vez que este serve para derrubar as fortalezas de Satanás. O jejum também mata a carne).

2 Coríntios 6:5

*KJV:2 Coríntios 6:5: Em açoites, em prisões, em tumultos, em trabalhos, em vigílias, em **jejuns**;*

*NVI:2 Coríntios 6:5: em espancamentos, prisões e motins; em trabalho árduo, noites sem dormir e **fome**;*

(**Jejum não é fome**, é mudar a Palavra da Verdade. O Diabo não quer que tenha uma relação mais próxima, poderosa e profunda com Deus. Lembre-se, a rainha Ester e os judeus jejuaram, e Deus devolveu o plano de Satanás ao inimigo)

2 Coríntios 11:27

*KJV:2 Coríntios 11:27: Na fadiga e na dor, em vigílias frequentes, na fome e na sede, **em jejuns frequentes**, no frio e na nudez.*

NVI:2 Coríntios 11:27: Trabalhei e labutei e muitas vezes fiquei sem dormir; conheci a fome e a sede e muitas vezes fiquei sem comer; passei frio e fiquei nu.

(Mais uma vez, o jejum está fora da NVI e das versões modernas da Bíblia).

Efésios 3:9

*KJV Efésios 3:9: E para que todos vejam qual é a comunhão do mistério que, desde o princípio do mundo, esteve oculto em Deus, que criou **todas as coisas por Jesus Cristo**:*

NVI Efésios 3:9: E para tornar claro a todos a administração deste mistério, que desde tempos imemoriais esteve oculto em Deus, que criou todas as coisas.

(A NVI e outras versões da Bíblia retiraram "**todas as coisas por Jesus Cristo**". Jesus é Deus e Ele é o Criador de tudo)

Efésios 3:14

*KJV: Efésios 3:14: Por esta razão, ponho-me de joelhos perante o Pai **de nosso Senhor Jesus Cristo**,*

NVI:Efésios 3:14: Por isso me ajoelho diante do Pai,

("**de nosso Senhor Jesus Cristo**", foi retirado da NVI e de outras versões. Esta é a prova de que Jesus é o Filho de Deus. O "Filho de Deus" é um Deus Poderoso em carne e osso que veio para derramar o sangue por você e por mim. Lembre-se que Satanás acredita que há um só Deus e treme. Tiago 2:19)

Efésios 5:30

*KJV:Efésios 5:30:Porque somos membros do seu corpo, da sua carne e **dos seus ossos**.*

NVI:Efésios 5:30:pois somos membros do seu corpo.

("**De carne, e dos seus ossos**". Parte da Escritura foi retirada da NVI e de muitas outras versões da Bíblia).

Colossenses 1:14

*KJV:Colossenses 1:14: Em quem temos a redenção **pelo seu sangue**, a saber, o perdão dos pecados:*

NVI:Colossenses 1:14: em quem temos a redenção, o perdão dos pecados.

("**pelo seu sangue**", Jesus é chamado O Cordeiro de Deus que veio para tirar os pecados deste mundo. A redenção é **apenas** através do sangue. Sem derramamento de sangue não há remissão de pecados Hebreus 9:22. É por isso que batizamos em nome de Jesus, para aplicar o Seu sangue sobre os nossos pecados).

1 Timóteo 3:16b

KJV:1 Timóteo 3:16b: **Deus manifestou-se** *na carne*

NVI:1 Timóteo 3:16b: **Ele** *apareceu num corpo.*

(Não aparecemos todos num corpo? A NVI e a maioria das versões modernas dizem que "ele" apareceu num corpo. Bem, eu também apareço num corpo. "Ele" quem? No versículo acima, eles estão novamente a mudar a redação para que "Ele" seja outro deus. Mas na KJV, podemos ver claramente "E, sem controvérsia, grande é o mistério da piedade: '**Deus** manifestou-se em carne'. Só existe um Deus. É por isso que Jesus disse que se me vistes, vistes o Pai. O Pai é um espírito, não se pode ver um espírito. Mas se o espírito se revestiu de carne, pudemos vê-lo).

Atos 20:28b diz: Para apascentar a **<u>igreja de Deus,</u>** *que ele adquiriu com* **<u>o</u>** *seu* **<u>próprio sangue</u>**.

Deus é um espírito e, para derramar sangue, precisa de um corpo de carne e osso. **Um Deus** que se revestiu de carne.

Exemplo simples: Gelo, água e vapor, a mesma coisa, mas uma manifestação diferente.

KJV 1 João 5:7: "Porque três são os que testificam no céu: o Pai, a Palavra e o Espírito Santo; e estes **<u>três são um</u>**.*"*

Deus, Jesus (Verbo feito carne) e o Espírito Santo são um e não três. (1 João 5:7 foi completamente removido da NIV e de outras traduções atuais).

2 Timóteo 3:16

KJV: 2 Timóteo 3:16: **Toda a** *Escritura é inspirada por Deus e proveitosa para ensinar, para repreender, para corrigir, para instruir em justiça:*

> ASV: 2 Timóteo 3:16: **Toda a** Escritura inspirada por Deus é proveitosa para ensinar.

(Aqui decidirão qual deles é e qual não é. A heresia será condenada à morte. A heresia será condenada à morte).

1 Tessalonicenses 1:1

> KJV: 1 Tessalonicenses 1:1: Paulo, Silvano e Timóteo, à igreja dos Tessalonicenses, que está em Deus Pai e no Senhor Jesus Cristo: Graça e paz seja convosco, **da parte de Deus nosso Pai e do Senhor Jesus Cristo**.

> NVI:1 Tessalonicenses 1:1: Paulo, Silas e Timóteo, À igreja dos Tessalonicenses, em Deus Pai e no Senhor Jesus Cristo: Graça e paz a vós.

("de Deus, nosso Pai, e do Senhor Jesus Cristo" foi retirado das traduções modernas e da NVI).

Hebreus 7:21

> KJV: Hebreus 7:21: (**Porque aqueles sacerdotes foram feitos sem juramento**, mas este com juramento por aquele que lhe disse: O Senhor jurou e não se arrependerá: Tu és sacerdote para sempre, **segundo a ordem de Melquisedeque**):

> NVI: Hebreus 7:21: mas ele se tornou sacerdote **com juramento**, quando Deus lhe disse: "O Senhor jurou e não mudará de ideias": "Tu és sacerdote para sempre".

(A NVI retirou o "Porque esses sacerdotes foram feitos sem juramento" e "segundo a ordem de Melquisedeque").

Tiago 5:16

KJV: Tiago 5:16: Confessai as vossas **culpas** uns aos outros, e orai uns pelos outros, para serdes curados. A oração fervorosa e eficaz de um homem justo é muito útil.

NVI: Tiago 5:16: Portanto, confessem os seus **pecados** uns aos outros e orem uns pelos outros para que sejam curados. A oração de um homem justo é poderosa e eficaz.

(**Faltas vs. Pecados**: Pecados que se confessam a Deus, uma vez que só Ele pode perdoar. Mudar a palavra "faltas para pecados" ajuda a apoiar a visão católica de confessar "pecados" a um padre).

1 Pedro 1:22

KJV: 1 Pedro 1:22: Tendo purificado as vossas almas na obediência à verdade **pelo Espírito, para o** amor não fingido dos irmãos, vede que vos ameis uns aos outros com um **coração puro e fervoroso**:

NVI: 1 Pedro 1:22: Agora que vocês se purificaram obedecendo à verdade, de modo que têm um amor sincero pelos seus irmãos, amem uns aos outros profundamente, de coração.

("**pelo Espírito até**" e "**coração puro fervorosamente**" foram retirados da NVI e de outras versões modernas).

1 Pedro 4:14

KJV:1 Pedro 4:14: Se fordes injuriados por causa do nome de Cristo, felizes sois vós, porque o espírito de glória e de Deus repousa sobre vós: da **parte deles, ele é injuriado, mas da vossa parte ele é glorificado**.

NVI:1 Pedro 4:14: Se sois insultados por causa do nome de Cristo, sois bem-aventurados, porque o espírito da glória e de Deus repousa sobre vós.

(da "**parte deles ele é mal falado, mas da vossa parte ele é glorificado**" foi retirado da NVI e de outras versões modernas).

1 João 4:3a

*KJV:1 João 4:3a: E todo o espírito que não confessa que Jesus **Cristo veio em carne** não é de Deus.*

NVI:1 João 4:3a: Mas todo espírito que não reconhece Jesus não é de Deus.

("**Cristo veio em carne**". Ao retirar estas palavras, a NVI e outras versões provam que são anticristo).

1 João 5:7-8

*KJV: 1 João 5:7: **Porque três são os que testificam no céu: o Pai, a Palavra e o Espírito Santo, e estes três são um.***

(Removido da NVI)

KJV: 1 João 5:8: E são três os que dão testemunho na terra: o Espírito, a água e o sangue; e estes três concordam num só.

*NVI: 1 João 5:7: 8: **Porque três são os que testificam**: 8 o Espírito, a água e o sangue; e os três estão de acordo*

(Este é um dos MAIORES versículos que testemunham a Divindade. Um Deus, não três deuses. A **Trindade** não é bíblica. A palavra **Trindade** não está na Bíblia. É por isso que a NVI, as versões modernas da Bíblia e as Testemunhas de Jeová a omitiram deste versículo. Eles não acreditam na Divindade e não acreditam que em Jesus habita corporalmente toda a plenitude da Divindade. Não há nenhuma raiz ou evidência na Bíblia para a aceitação da **Trindade**. Porque é que a NVI a deixa de fora...? Foram escritos livros inteiros sobre as provas manuscritas que apoiam a inclusão deste versículo na Bíblia. Acredita na Divindade? Se sim, então esta remoção deve ofender-te. A Trindade nunca foi ensinada por Jesus e nunca foi mencionada por Ele. Satanás dividiu um Deus para poder dividir as pessoas e governar).

1 João 5:13

*KJV:1João 5:13: Estas coisas vos escrevi, a vós que credes no nome do Filho de Deus, para que saibais que tendes a vida eterna **e para que acrediteis no nome do Filho de Deus**.*

NVI:1João 5:13: Escrevo-vos estas coisas, a vós que credes no nome do Filho de Deus, para que saibais que tendes a vida eterna.

("**e para que acrediteis no nome do Filho de Deus**". Foi retirado da NVI e de outras traduções modernas)

Apocalipse 1:8

*KJV: Apocalipse 1:8: Eu sou o Alfa e o Ómega, **o princípio e o fim**, diz o Senhor, que é, e que era, e que há de vir, o Todo-Poderoso*

NVI: Apocalipse 1:8: "Eu sou o Alfa e o Ómega", diz o Senhor Deus, "que é, e que era, e que há-de vir, o Todo-Poderoso".

(A NVI retirou **o início e o fim**)

Apocalipse 1:11

*KJV:Apocalipse 1:11:**Dizendo: Eu sou o Alfa e o Ómega, o primeiro e o último; e: O que vês, escreve-o num livro e envia-o às sete igrejas que estão na Ásia**, a Éfeso, a Esmirna e a Pérgamo, Tiatira, Sardes, Filadélfia e Laodiceia*

NVI: Apocalipse 1:11: que diz: "Escreve num rolo o que vês e envia-o às sete igrejas: a Éfeso, Esmirna, Pérgamo, Tiatira, Sardes, Filadélfia e Laodiceia".

(Alfa e Ómega, princípio e fim, primeiro e último; estes títulos são dados a Jeová Deus no Antigo Testamento e no Apocalipse também são dados a Jesus. Mas a NVI e outras versões modernas removeram isso do Apocalipse para provar que Jesus não é o Deus Jeová).

Apocalipse 5:14

KJV: Apocalipse 5:14: E os **quatro animais** disseram: Amém. E os **vinte e quatro** anciãos prostraram-se e adoraram aquele **que vive para todo o sempre**.

NVI: Apocalipse 5:14: Os quatro seres viventes disseram: "Amém", e os anciãos se prostraram e adoraram.

(A NVI e outras versões fornecem apenas metade da informação. "**quatro animais**", alterado para quatro criaturas, "**quatro e vinte**", "**que vive para todo o sempre**" é removido).

Apocalipse 20:9b

KJV: Apocalipse 20:9b: Desceu fogo do céu, da parte **de Deus**.

NVI: Apocalipse 20:9b: Desceu fogo do céu

(A NVI e outras versões retiraram "**de Deus**").

Apocalipse 21:24a

KJV: Apocalipse 21:24a: E as nações **dos que são salvos** andarão na sua luz.

NVI: Apocalipse 21:24a: As nações andarão à sua luz.

("**dos que se salvam**" foi retirado da NVI e das versões modernas da Bíblia. Não é toda a gente que vai para o céu, mas sim os que se salvam).

2 Samuel 21:19

KJV: 2 Samuel 21:19: E houve novamente uma batalha em Gob com os Filisteus, onde El-Hanã, filho de Jaareoregim, um belemita, matou o **irmão de Golias**, o giteu, cuja lança tinha a haste como um feixe de tecelão.

Elizabeth Das

*NVI:2 Samuel 21:19: Em outra batalha contra os filisteus em Gob, Elhanan, filho de Jaare-Oregim, o belemita, **matou Golias**, o giteu, que tinha uma lança com uma haste como a vara de um tecelão.*

(Aqui foi morto o irmão deGolias e não Golias. "David matou Golias." A NVI deturpa a informação).

Oseias 11:12

*KJV: Oseias 11:12: Efraim me cerca com mentiras, e a casa de Israel com engano; **<u>mas Judá ainda governa com Deus, e é fiel com os santos.</u>***

*NVI: Oseias 11:12: Efraim me cercou de mentiras, a casa de Israel de enganos. E Judá é **<u>rebelde contra</u>** Deus, **<u>contra o</u>** Santo fiel.*

(A palavra "Jeová" é mencionada quatro vezes na Bíblia KJV. A NVI removeu todas elas. Com as subtis MUDANÇAS feitas na Bíblia NVI, a missão de Satanás torna-se clara. A partir das escrituras acima, pode ver que o ataque é contra Jesus. Os títulos Deus, Messias, Filho de Deus e Criador fazem de Jesus, Deus. Ao remover estes títulos, a confusão faz-nos perder o interesse e não confiar na Palavra de Deus. (I Coríntios 14:33 Porque Deus não é autor de confusão, mas de paz).

A Bíblia das Testemunhas de Jeová, (a Tradução do Novo Mundo) tem as mesmas supressões que a NVI. A única diferença entre as supressões da NVI e da Tradução do Novo Mundo é que a Bíblia das Testemunhas de Jeová não inclui notas de rodapé! Estes métodos estão a dessensibilizá-lo para as mudanças subtis que estão a ser feitas gradual e continuamente na Palavra de Deus.

A geração ocupada e preguiçosa de hoje tem influenciado muitos cristãos professos que abraçaram os caminhos de um espírito preguiçoso. É um trabalho árduo dedicar tempo para estudar e certificar-se de que as informações que nos são dadas são verdadeiras. Tornámo-nos demasiado ocupados com a vida quotidiana, que está cheia de acontecimentos e coisas sem importância. As nossas prioridades para o que é realmente importante para a vida eterna foram

Eu Fi-Lo à "Sua Maneira"

diluídas e confundidas. Estamos a aceitar a maior parte da informação que nos é dada, sem questionar; quer seja do governo, médica, científica, conteúdo dos nossos alimentos, e a lista continua.

Muitas das nossas versões modernas da Bíblia foram escritas por homens que nos dizem a sua interpretação e a sua doutrina em vez do que os manuscritos realmente dizem. Por exemplo, "a inclusão do género" não constava dos manuscritos originais. É um conceito feminista moderno nascido da REBELIÃO. Encorajo-vos a obter uma Bíblia na versão King James. Se ler uma Bíblia moderna, reserve algum tempo para comparar as escrituras; desejo de tomar a decisão correta. Seremos responsabilizados pelas nossas decisões. A diferença entre ir para o Céu ou para o Inferno é razão suficiente para se certificar de que está a escolher a Sua Palavra! Lembre-se de que a Nova Versão Internacional elimina muitas palavras, como: Divindade, regeneração, remissão, imutável, Jeová, Calvário, propiciatório, Espírito Santo, Consolador, Messias, vivificado, onipotente, infalível, etc. A maioria das Bíblias modernas segue de perto a NIV; juntamente com a Bíblia Tradução do Novo Mundo (a Bíblia das Testemunhas deJeová).

Esta é a obra do Anticristo.... (As Escrituras seguintes foram retiradas de KJV)

> *Filhinhos, é a última hora; e, como ouvistes que há-de vir o **anticristo**, também agora há muitos **anticristos**; por onde conhecemos que é a última hora. (1 João 2:18)*

> *Quem é o mentiroso senão aquele que nega que Jesus é o Cristo? Esse é o **anticristo**, que nega o Pai e o Filho. (1 João 2:22)*

> *E todo o espírito que não confessa que Jesus Cristo veio em carne não é de Deus; e este é o espírito do **anticristo**, a respeito do qual tendes ouvido que havia de vir, e agora já está no mundo. (1 João 4:3)*

> *Porque já muitos enganadores entraram no mundo, os quais não confessam que Jesus Cristo veio em carne. Este é um enganador e um **anticristo**. (2 João 1:7)*

Elizabeth Das

Isto faz-nos lembrar a "parábola da semente" que é a "PALAVRA DE DEUS" na Bíblia

Propôs-lhes outra parábola, dizendo: O Reino dos Céus é semelhante a um homem que semeou boa semente no seu campo: Mas, enquanto os homens dormiam, veio o seu inimigo, semeou joio no meio do trigo, e retirou-se. Mas, quando a erva brotou e deu fruto, apareceu também o joio. Chegaram, pois, os servos do dono da casa e disseram-lhe: Senhor, não semeaste boa semente no teu campo? Ele respondeu-lhes: Foi um inimigo que fez isso. Perguntaram-lhe os servos: Queres, então, que vamos recolhê-las? Mas ele disse: Não; para que, ao colher o joio, não arranqueis também o trigo com ele. Deixai crescer ambos juntos até à ceifa; e no tempo da ceifa direi aos ceifeiros: ajuntai primeiro o joio e atai-o em molhos para o queimar; mas o trigo recolhei-o no meu celeiro. Amém!
(Mateus 13:24-30)

AMÉM!